GÜTERSDIE
LOHERVISION
VERLAGSEINER
HAUSNEUENWELT

Ich widme dieses Buch meinem Vater Manfred, der meinen Weg nicht nur mit Interesse verfolgt hat, sondern mich immer unterstützt hat, auch wenn es phasenweise ja so gar nicht nach seinen Vorstellungen lief.
Mehr kann man sich von seinem Vater nicht wünschen, wenn man seinen eigenen Weg geht. Danke, Papa.

Tom Franz
Mit Regina Carstensen

Sehnsucht Israel

Mein Leben zwischen
Kippa, Küche und Koriander

GÜTERSDIE
LOHERVISION
VERLAGSEINER
HAUSNEUENWELT

INHALT

PROLOG

»Hey Tom, kannst du nicht unter deinem Shirt ein Unterhemd tragen? Es klebt vor Nässe an deinem Körper, das kommt nicht gut bei den Aufnahmen.«

Ich schwitze während des Kochens mächtig, denn die Scheinwerfer und die vielen Kochstationen erhitzen die Halle gewaltig. Aber es ist noch Sommer, wir haben draußen gut 30 Grad, und hier drin laufen vierzehn Backöfen konstant bei 180 Grad. Hinzu kommt, dass meine Kochstation in der riesigen Halle ganz hinten liegt und ich immer einiges abzulaufen habe, mindestens fünfzig Meter, bis ich in dem Bereich angelangt bin, in dem sich die Vorräte befinden, ein Raum, so groß wie ein Delikatessenladen, in dem nichts fehlt. Und wenn doch etwas fehlt, muss man es nur sagen, und es wird umgehend besorgt – außer man will so etwas wie frische Trüffel. Die Meter summieren sich, wenn man dieses oder jenes im kleinen Supermarkt vergessen hat und deshalb hin- und herrennt. Mich hat man extra in die letzte Reihe platziert, weil alle Kandidaten kleiner sind als ich und ich niemandem die Sicht wegnehmen soll.

Ich wechsele mein Shirt, ein Unterhemd habe ich nicht dabei, aber die Requisite hat noch weitere Oberteile, die fast gleich aussehen, in Reserve, es würde nicht auffallen, wenn ich sie austausche. In den letzten vier Monaten habe ich gut dreißig Gerichte gekocht, mal bessere, mal schlechtere. Ich habe den Juroren Reibekuchen nach dem Rezept meiner Mutter vorgesetzt, und einer von ihnen, Yonatan Roshfeld, meinte: »Das ist schon krank, wie gut das schmeckt.« Man hatte mir körbeweise Zitronen hingestellt und gesagt: »Mach was daraus!«, dabei habe ich für Zitronen so gut wie gar nichts übrig. Die gehören in einen frischen israelischen Salat, aber auf Fisch sind mir schon ein paar Tropfen zu viel. Das war meine Kochmission, bei der ich am meisten ins Schleudern geriet, zum Glück waren zwei Kandidaten noch schlechter als ich bei der Zitronenherausforderung. Ich war noch einmal drum herumgekommen, rausgeworfen zu werden.

An einem Tag mussten wir etwas mit Ptitim zaubern, kleinen gerösteten Nudeln, die fast wie Reis aussehen und auch als Ersatz für diesen erfunden wurden, in den Fünfzigerjahren auf Geheiß von David Ben-Gurion, als Reis wie andere Nahrungsmittel gerade knapp war. Bislang hatte ich sie nur zweimal probiert, jeweils mit einer dünnen Tomatensauce, aufregend hatte das gerade nicht geschmeckt, ich wusste nicht einmal, wie man sie kochte. Zwanzig Minuten nachdem unsere Uhr lief, hatte Haim Cohen, der Oberjuror, der Alfons Schuhbeck der israelischen Küche, verkündet: »Das beste Gericht des Tages wird bei mir im Restaurant eine Woche lang auf der Speisekarte stehen.« Das war eine Ansage, und ich legte mich ins Zeug. Und gewann. Mit einem Mal war das Studio, in der die Kochshow produziert wurde, nicht mehr so surreal, das, was ich hier tat, hatte auch etwas mit der Realität zu tun.

Ein anderes Mal mussten wir uns Gerichte, die andere Kandidaten zubereitet hatten, nach Fotos aussuchen. Roshfeld gab mir lakonisch zu verstehen: »Mach doch mal was Marokkanisches!« Er wollte mich provozieren, frei nach dem Motto: »Das kannst du sowieso nicht.« Ich sah ein Bild, das er wohl bei seiner Bemerkung im Sinn gehabt hatte. »Meinst du das hier?«, fragte ich und wies mit dem Finger auf etwas Undefinierbares. Er nickte. Es war bei genauerer Betrachtung Kalbshirn in einer pikanten Paprikasauce. Ich dachte: Bist du eigentlich bescheuert, warum willst du gerade dieses Gericht nachkochen? Hirn ist so schwierig. Und das Rezept, das Jackie, meine orthodoxe marokkanische Kollegin, aufgeschrieben hatte, konnte nicht gerade unter Kochbuchniveau verbucht werden. Vier Zeilen, das war's dann. Keine Mengen- und keine Zeitangaben. Zum Nachkochen sehr geeignet. Ich musste quasi bei null anfangen. Ich sah mir das Foto ein paar Minuten an, ließ mich auf das ein, was ich da erblickte. Folgte meiner Intuition. Die Juroren fanden meine Umsetzung perfekt, fantastisch, so was von lecker. Das Hirn hatte tatsächlich die richtige Konsistenz, fast ein Wunder, denn ein solches kann man ja nicht einmal probieren, weil es ganz ist. Das Kalbshirn in der Paprikasauce war mein wichtigstes Gericht, es hatte mir bislang am meisten bedeutet. Roshfeld sagte bei der Bewertung: »Mit diesem Hirn hast du dich als sicheren Kandidaten fürs Finale aufgestellt, wenn nicht gar als den, der das Konfetti auf den Kopf bekommt.« Das war eine Ansage gewesen.

Und jetzt stehe ich im Finale vom *MasterChef*. Meine Konkurrentin ist Salma Fajumi, Palästinenserin und eine gläubige Muslimin, die auch beim Kochen ihr geschlossenes Kopftuch nicht ablegt. Sie will als ersten Hauptgang das traditionelle arabische Reisgericht Maklube machen. Ich improvisiere und rolle kleine Rouladen zusammen, eine Reminiszenz an meine alte Heimat Deutschland. Danach soll ein Steak mit Auberginencreme und Paprikapüree folgen, zum Abschluss Quarkbällchen.

Ich sehe zu Salma hinüber, konzentriert arbeitet sie an ihrer Station. Sie bemerkt meinen Blick, lächelt mir zu. Wir sind Gegner, aber während der vergangenen Monate haben wir uns auch gegenseitig geholfen und schätzen gelernt. Wenn sie, viel kleiner als ich, ein gewünschtes Lebensmittel nicht aus einem hohen Regal unseres »Supermarkts« herunterholen oder den Deckel eine Glases nicht öffnen konnte. Wir beide sind uns einig, dass niemand verlieren sollte, jedenfalls nicht aus Gründen, die nichts mit dem Kochen selbst zu tun haben.

Jackie war in der letzten Runde ausgeschieden, auch sie war religiös gewesen und trug eine Perücke, wie es in manchen orthodoxen und ultraorthodoxen Strömungen üblich ist. So hatten wir uns am Ende eines langen Tags nie umarmt oder sonst wie berührt, immer hatten wir körperlich eine respektvolle Distanz gehalten. Mit Jungs wäre das anders gewesen. Da hätten wir uns zwischendurch sicher mal auf die Schulter geklopft.

Und nun geht das Kochen seinem Ende zu. Ich müsste eigentlich aufgeregt sein, ich war es bisher auch, hatte mich sogar bis gestern darauf eingestellt, dass ich nicht siegen würde. Ich hatte immer gedacht, dass Jackie gewinnen würde, habe sogar gebetet, dass sie das Finale für sich entscheidet. Sie hat zwölf Geschwister und ihren Vater verloren, als gerade das Jüngste geboren war. Wenn ihre Mutter mal wieder zum Kinderkriegen ins Krankenhaus ging, musste sie für ihre Geschwister kochen. Doch parallel hatte in Deutschland ein medialer Tsunami eingesetzt. Das Wort »Tsunami« sollte man nicht fahrlässig gebrauchen, aber es fühlte sich so an. Philip Kuhn schrieb einen Artikel in der *Welt* über mich, alle anderen Zeitungen folgten, von der *FAZ* bis zur *Süddeutschen Zeitung*. Auf einmal hieß es in beiden Ländern, Deutschland und Israel, ich sei ein »Brückenbauer« zwischen zwei Welten, ein »kulinarischer Botschafter«.

Aber im Augenblick bin ich völlig ruhig. Früh am Morgen, kaum hatte die Dämmerung eingesetzt, war ich an den Strand gegangen, um meinen Kopf für diesen großen Tag freizubekommen. Dieser Medienhype, der um mich losgegangen war, noch längst hatte ich mich nicht daran gewöhnt. Ich stand am Ufer und sah zum Himmel hinauf. Eine Sternschnuppe fiel genau vor mir vom Himmel. Ich war Hunderte Male vor Tagesanbruch am Meer gewesen, aber das war erst die zweite Sternschnuppe, die ich in Tel

Aviv sah. Die letzte vor fünf Monaten, ich erinnerte mich genau. So schnell wie die Sternschnuppe vom Himmel fiel, fiel alle Spannung der Ungewissheit von mir ab. Ich wusste auf einmal, dass ich das Finale gewinnen würde. Ich fühlte es so sicher, so wie ich vorher sicher gewesen war, dass Jackie gewinnen würde. MasterChef von Israel. Wenn er will, benutzt Gott sogar Sternschnuppen, um uns etwas mitzuteilen, dachte ich grinsend.

Als ich vom Strand nach Hause kam, zeigte mir meine Frau Dana einen Post auf Facebook. Eine Journalistin namens Karen hatte ihn geschrieben. Ich hatte sie kennengelernt, als ich in einem Krankenhaus in Tel Aviv Zivildienst machte, sie war damals in der Armee gewesen und betreute einige Freiwillige, die ebenfalls in der Klinik arbeiteten. Sie schrieb: »Wenn jemand es verdient, diesen Wettbewerb zu gewinnen, dann dieser Tom, der anderthalb Jahre seines Lebens für die Arbeit in einem israelischen Krankenhaus hergegeben hat, in dem ich es kaum wenige Stunden aushalten konnte.« Ich hatte weinen müssen, als ich den Post las. Der Post war unzählige Mal auf Facebook geteilt worden, selbst vom Leiter des Senders.

Salma und ich sind fertig. Die Juroren haben das letzte Wort. Aber ich weiß, wie es ausfallen wird. Ich muss mich nur selbst gut schauspielern. Meine Freude. Meine Überraschung.

LIEBESWÜNSCHE AN DER KLAGEMAUER 1

Als ich bewusst meiner ersten Israelin begegnete, war ich ein Archivar und Sammler. Ein Archivar von verschiedensten Dingen, in dieser Zeit aber hauptsächlich von Platten und Musikkassetten. Es war eine Sammlung, die mir heilig war. Jede Platte hatte ihren Platz, jede Aufnahme, die ich aus dem Radio und seinen Hitparaden mitschnitt, wurde ordentlich aufgelistet. Und war die Kassette bespielt, wurde sie beschriftet. Stundenlang konnte ich mich damit beschäftigen. Meine erste Schallplatte war eine von Elvis Presley gewesen, und als ich entdeckte, wie günstig man auf Trödelmärkten Vinylplatten erstehen konnte, gab es kein Halten mehr. Im Keller meines Vaters stehen sie noch immer, einschließlich der Studentenzeit kamen rund 4000 Stück zusammen, das sind etwa zwölf Meter. Ob ich alle gehört habe? Ich bin mir da nicht sicher. Aber ich wusste, was drauf war, vieles war ja im Radio gelaufen. Und da ich auch klassische Musik nicht ausließ, lernte ich nicht nur diese kennen und lieben, sondern auch, welcher Dirigent was aufgenommen hatte. Ganze Boxen von Opern und Symphonien fanden ihren Weg vom Flohmarkt in mein Zimmer.

Mein zweieinhalb Jahre jüngerer Bruder Robert hatte seit frühester Kindheit viel Fantasie und war in der Lage, sich die tollsten Spiele auszudenken. Ich weiß nicht, ob ich keine Fantasie besaß, aber ich war niemand, der sich lange mit Spielsachen beschäftigen konnte. Statt sich in die Welt eines Ritters oder eines großen Abenteurers hineinzudenken, der sich durch die Lüfte bewegte, baute ich auf. Ich konnte gut aufbauen und sortieren.

Die Platten und Kassetten waren eine späte Sammelleidenschaft, als Kind hatte ich mit Elefantenfiguren angefangen. Die nächste Attraktion waren Kronkorken. In einer riesigen Kiste hütete ich Kronkorken verschiedenster Flaschen aus Belgien, Frankreich, Holland oder Deutschland und ebenso Streichholzschachteln. Bierdeckel folgten – da wir in der Nähe von Köln wohnten, war das natürlich ein gefundenes Fressen. Doch das war längst nicht alles. Trinkdosen kamen hinzu, unterschiedlichste Cola-Dosen und was es da nicht so alles gab. Der Keller meines Vaters musste auch dafür herhalten, zwei Müllsäcke stehen dort noch heute voll mit diesen Dosen herum. Briefmarken wurden ebenfalls nicht von mir verschmäht, da wurden Werte bestimmt und mit Freunden, die ähnlich sammelverrückt waren wir ich, getauscht, Alben angelegt.

Ich sammelte aber nicht nur, ich machte in meiner Freizeit parallel Sport, und zwar intensiv. Mannschaftssportarten wie Fuß- oder Basketball interessierten mich nicht, aber in der Leichtathletik startete ich durch. Tauchte die Abendsonne den Sportplatz in goldenes Licht und fielen tiefe Schatten auf die rotbraunen Aschenbahnen, fiel mir jedoch auf, wie eckig meine Schultern waren. Die anderen Sportler waren rund, wo ich kantig war. Ich konnte superschnell laufen, weit und hoch springen, aber ich besaß kaum Muskelmasse. Das wollte ich ändern, weshalb ich parallel mit Krafttraining anfing. In der Garage meiner Eltern stand eine Hantelbank, die ich selbst im Winter aufsuchte, auch wenn draußen Minusgrade waren und die Eisen in dem Raum so kalt, dass ich mir Handschuhe anziehen musste, damit meine Finger nicht an ihnen festfroren. Bei lauter Musik aus dem Kassettenrekorder, mit Nebel vor dem Mund machte ich meine Übungen und merkte nicht, dass ich längst schon mein Ziel erreicht hatte und für einen Leichtathleten fast schon zu kräftig wurde.

Und in dieser Zeit des Plattensammelns und des Trainings, im Herbst 1989, ich war sechzehn, fielen die Israelis bei uns in Erftstadt-Lechenich ein, zwanzig Kilometer von der Rheinmetropole Köln entfernt – und veränderten mein Leben. Wie jeden Morgen lief ich um den Block, um wenig später vor dem Gymnasium darauf zu warten, dass die Tore geöffnet wurden. Wir wohnten unmittelbar neben dem Schulgebäude, ich hätte bis Viertel vor acht schlafen können, um dann immer noch rechtzeitig zum Unterrichtsbeginn in meiner Klasse aufzutauchen, aber so einer war ich nicht. Ich stand wahrscheinlich genauso früh auf wie jemand, der von weit her mit dem Bus zur Schule fuhr. Stets war ich der Erste, der vor den verschlossenen Türen stand, bis der Hausmeister sie öffnete. Doch an diesem Tag war mir ein anderer Schüler zuvorgekommen. Michael. Das war an sich schon ungewöhnlich, aber noch auffälliger war, dass er nicht allein war. Neben ihm stand eine junge Frau, die ich noch nie gesehen hatte. Sie hatte etwas Orientalisches an sich, das ich vom ersten Moment an sehr mochte. Diese junge Frau war zwar nicht mein Typ, ohne dass ich sagen konnte, was denn mein Typ genau war, aber sie fiel auf. Gewaltig.

»Die Israelis sind da«, sagte Michael, der wohl meinen staunenden Blick bemerkt hatte. »Die Austauschschüler.«

Stimmt. Jetzt hatte ich die Erklärung für die faszinierende Fremde. Aber sahen Juden so orientalisch und so gut aus? Bislang hatte ich durch den Schulunterricht nur von deutschen Juden, von europäischen Juden gehört, die von den Nazis verfolgt, in KZs transportiert, gefoltert und getötet wurden. Grausam und bestialisch. In meiner Vorstellung hatten die Menschen, denen man so viel Leid angetan hatte, so wie ich ausgesehen, wie mein Bruder und all die Menschen um mich herum. Die Sepharden, jene Juden, die etwa im Maghreb oder in anderen arabischen Staaten lebten, hatte ich völlig außer Acht gelassen. Hatte nur die aschkenasischen Juden im Blick gehabt, die ihre Wurzeln in Europa hatten. Überhaupt sollte es noch lange dauern, bis ich, ein Deutscher, bei Juden zwischen einzelnen Herkunftsländern und den verschiedenen religiösen Levels unterscheiden konnte. Dafür musste ich mich erst näher mit ihnen befassen und einen entsprechenden Blick entwickeln.

Eine ganze Gruppe junger Israelis, achtzehn Leute, wollten unser Land kennenlernen und waren dazu an unser städtisches Gymnasium gekommen. Deutschland, das für sie ein Synonym für die Ermordung von sechs Millionen Juden war, für die »Schoah«.

Die Israelis waren aber nicht nur äußerlich auffällig, sie waren insgesamt anders. Solchen Menschen war ich bislang nie begegnet. Wie sie sich verhielten, selbstverständlich und selbstbewusst, wie sie tanzten, wie sie sangen – ich sog alles in mich auf. Nicht einmal nach reichlich Biergenuss hätte ich mich so locker und unbeschwert bewegen können, und denen war das möglich, obwohl sie vollkommen nüchtern waren. Auf den Partys, die fast jeden Abend für sie veranstaltet wurden, tranken sie nämlich fast keinen Tropfen Alkohol. Sie hatten so viel Spaß, versprühten so viel Lebensfreude. Sie hatten nicht einmal ein Problem damit, dass sie in Deutschland waren. Konnte das sein? Sie trugen ähnliche Sportklamotten wie wir, schwarze Turnschuhe, sie liebten die Musik von U2, Pink Floyd, Prince und Sinéad O'Connor und kannten die gleichen Filme. Mein Lieblingsfilm war zu dieser Zeit: *Der Club der toten Dichter*.

»Carpe diem« wurde mein Motto. Das Gedicht von Henry David Thoreau, US-amerikanische Aussteiger, der zwei Jahre, zwei Monate und zwei Tage im Wald in einer Hütte am Walden Pond gelebt hatte, rüttelte mich wach: »Ich ging in die Wälder, denn ich wollte bewusst leben; intensiv leben wollte ich. Das Mark des Lebens in mich aufsaugen, um alles auszurotten, was nicht Leben war. Damit ich nicht in der Stunde meines Todes gewahr würde, dass ich gar nicht gelebt hatte.« Und Robert Frost schrieb das Gedicht »Der Weg, den ich nicht nahm«, davon prägte sich mir Folgendes tief ein: »Zwei Wege boten sich mir dar, / Und ich – ich nahm den Weg, der weniger begangen war, und das war der ganze Unterschied.«

Nicht einen Moment lang konnte ich das Bild der Juden, das ich bislang im Geschichtsunterricht kennengelernt hatte, die schrecklichen Aufnahmen aus den KZs, die Karikaturen aus der NS-Propaganda, die Klischees, mit dem übereinbringen, was sich da vor meinen Augen abspielte. Was ist eigentlich ein Jude?, fragte ich mich. Die schönen Seiten der Juden hatten wir nie zu hören bekommen, immer nur die Gräuel der Nationalsozialisten, die Ungerechtigkeiten, die den Juden widerfahren waren. Letztlich war es nur ein Puzzle in einem viel größeren Bild.

»Gefallen dir die israelischen Mädchen?«, fragte mich ein Freund, der in einer Pause neben mir stand und meine Blicke richtig gedeutet hatte.

»Ja, klar«, bejahte ich.

»Du bist groß, du siehst nicht schlecht aus«, fuhr er fort. »Wenn du mit den Fingern schnippst, klappt es vielleicht.«

Ich sah ihn ungläubig von der Seite an, schnippte aber trotzdem mit den Fingern.

Keine fünf Minuten später sprach mich das Mädchen an, das ich am Morgen zusammen mit Michael gesehen hatte. Sie stellte sich unkompliziert vor.

»Ich heiße Meytal.«

Es war keine Anmache, so wie sie sich mir näherte. Sie wollte mich einfach nur kennenlernen, mich in die Gruppe einbinden. Auch das machte sie völlig selbstverständlich, so wie ich es nie zuvor erfahren hatte.

Es gab nur einen Moment der mich zusammenzucken ließ. Einer der Austauschschüler, mit dem ich bislang kein Wort gewechselt hatte, fragte mich völlig unvermittelt: »Was haben eigentlich deine Großeltern während des Zweiten Weltkriegs gemacht?«

»Ich ... ich weiß es nicht so genau«, stotterte ich.

»Mein Großvater hatte eine Nummer am Arm. Er wurde von Berlin nach Auschwitz deportiert.«

Mit hochrotem Kopf stand ich da. In diesem Augenblick war mir bewusst geworden, dass die Generation meiner Großeltern seinen Großvater ins KZ gebracht hatten.

»Komm, lass gut sein«, sagte er und stieß gegen meine Schulter an.

Einige Tage später ging es gemeinsam ins Konzentrationslager Buchenwald. In einem Bus fuhren wir gemeinsam von unserer Schule aus dorthin, zwei Lehrer begleiteten uns. Wir waren gedrückter Stimmung, als wir durch das olivfarbene schmiedeeiserne Tor mit der Inschrift »Jedem das Seine« traten. »Jedem das Seine«, ein alter römischer Rechtsgrundsatz, wie ein Lehrer erklärte, der bedeutete, ehrenhaft zu leben und niemanden zu verletzten. Die Nazis missbrauchten ihn, um andere zu erniedrigen und zu vernichten. Kommunisten, Homosexuelle, Juden und unzählige andere.

Wir gingen getrennt weiter, es war nicht zu übersehen, da waren die Juden und wir, die Deutschen. Wir fühlten uns unwohl. Was ging in den anderen vor? Was dachten sie? Die Distanz – hatten wir sie, als wir uns das Gelände mit dem Appellplatz, den Arrestzellen und dem Krematorium anschauten, uns nur eingebildet? Denn innerhalb kurzer Zeit, als wir alle uns vergegenwärtigt hatten, was Entsetzliches hier geschah, war sie überwunden. Wir trauerten zusammen, wir weinten zusammen. Es war ein Gemeinschaftserlebnis, ohne dass dahinter ein bewusster Wille stand. Es passierte einfach. Wir nahmen uns in den Arm, teilten den Schmerz.

Nach zwei, drei Stunden verließen wir das Gelände, nun geschlossen, nicht mehr voneinander separiert. Draußen wartete der Bus auf uns, mit dem wir hierhergefahren waren. Kaum waren wir eingestiegen und saßen auf unseren Plätzen, der Fahrer hatte gerade die erste Kurve genommen, schon packten die Israelis ihren mitgebrachten Proviant aus und fingen genüsslich an zu essen. Munter redeten sie drauflos, über alles Mögliche, nur nicht über das, was sie eben besichtigt hatten. Ich konnte es nicht fassen. Wie ging denn das? Wie war es möglich, so heftig zu trauern und dann weiterzumachen, als hätte es diese tiefen Gefühle nicht gegeben? Die Antwort gaben sie selbst. Mit ihrem Verhalten gaben sie mir zu verstehen: Wir haben das Furchtbare erblickt, haben uns an die nicht zu begreifende Geschichte erinnert, aber jetzt ist es vorbei. Den ganzen Weg zurück nach Erftstadt-Lechenich verließ mich nicht dieses Staunen.

Das Staunen verwandelte sich unmerklich in eine Sehnsucht, die im Schreiben von langen Briefen ihren Ausdruck fand. Als sich die Austauschschüler nach zwei Wochen verabschiedeten und wieder zurück in ihre Heimat flogen, ließen sie Adressen da. Pro Woche waren es zwischen zehn, zwanzig Seiten, die ich auf Englisch verfasste, über die nächsten Jahre sammelten sich in einer Kiste sicher Hunderte von Briefen an. Auch hier war ich wieder der Archivar meiner Leidenschaften, noch ziellos, noch ungebündelt. Ich wollte einfach nur mehr über das ferne Land erfahren, den Kontakt halten, mit ihm in Verbindung sein.

Israel – ich hatte überhaupt keine Vorstellung von diesem Staat, aber ich wollte mehr über ihn in Erfahrung bringen. Es war noch nicht die Zeit von Google, stattdessen gab es für Schüler dünne Heftchen von der Bundeszentrale für politische Bildung mit Informationen über die Geschichte des Landes, über das Judentum. Alles war so sachlich dargestellt, dass ich mir schließlich einen Reiseführer besorgte. Aber war ein Reiseführer authentischer als ein nüchternes Dossier? Es gab in ihm ein Foto von einer jemenitischen Jüdin mit, wie es in der Bildunterschrift hieß, »traditionellem Schmuck«. Schnell merkte ich, dass es wohl auch etwas anderes sein musste, die Geschichte von Jerusalem nachzulesen oder die Stadt selbst mit eigenen Augen anzuschauen, Info-Broschüre hin, Reiseführer her. Ich musste dorthin.

Eigentlich war die Gruppe der deutschen Schüler, die nach Tel Aviv zu einem Gegenbesuch reisen sollte, schon zu, seit zwei Jahren hatte sie sich in einer Israel-AG darauf vorbereitet, sich gründlich mit der Schoah auseinandergesetzt. »Da ist nichts zu machen, wir haben keinen Platz mehr frei«, sagte mir einer der Lehrer, die die AG leiteten. »Du kannst gern an den Treffen teilnehmen, aber wir können dich nicht mitnehmen.« Okay, ich war einverstanden, in der Israel-Arbeitsgemeinschaft mitzuarbeiten. Meine Entscheidung war untypisch. Ich überlegte mir immer sehr genau, ob es Sinn machte, an einer Sache dranzubleiben. Wenn ich nicht davon überzeugt war, ließ ich es bleiben. Aber irgendwie dachte ich, dass es doch noch klappen könnte, es gab da dieses Bauchgefühl, das konnte ich nicht ignorieren.

Ende März 1990 sollte der Gegenbesuch starten, und einen Monat vorher sagte einer der älteren Schüler ab. Er begründete dies damit, dass er für Klausuren lernen müsse. Ein Platz war nun freigeworden – war das meine Chance, auf die ich so gehofft hatte? Der Lehrer, den ich damals gefragt hatte, sagte dann auch tatsächlich: »Schön, dass du jetzt mitreisen kannst.« Ich fand das nur prima. Zwei Wochen Israel sollten bald vor mir liegen. Noch nie war ich geflogen, endlich würde ich das Land kennenlernen, das ich so anziehend fand wie kein anderes. Und ich würde die Menschen wiedersehen, mit denen ich mich Woche für Woche schrieb. Glück konnte sich kaum größer anfühlen.

Mit einem Bus ging es nach Brüssel, von dort flogen wir mit der belgischen Fluggesellschaft Sabena nach Tel Aviv. Nach der Landung, als ich die Gangway hinunterging, blies mir sehr warme Luft, wie aus einem Fön, ins Gesicht. Ich blickte mich um – waren die Triebwerke des Flugzeugs so heiß geworden? Das konnte nicht sein, denn als ich unten auf dem Rollfeld stand, war es nicht einen Grad kühler geworden. Es war Ende März, nie zuvor hatte ich um diese Zeit eine solche Hitze erlebt. Es war, so erfuhr ich später, ein Chamsin, ein heißer Wüstenwind. Auch die Farben veränderten sich unter dem Einfluss des Chamsin: Ein sattes Grün wurde dann heller, fast ein bisschen milchig. Die Steine hatten keine harten Konturen, sie schienen fast ein wenig zu schweben.

Unsere Gruppe wurde nach und nach auf einzelne Familien in Cholon verteilt. Cholon war keine reiche Stadt, auch kein nobler Vorort von Tel Aviv, sondern bestand aus vier- bis sechsstöckigen Mietshäusern. Da ich keinen Vergleich hatte, dachte ich: So lebt man in Israel. Wunderbar. Vom ersten Moment an hatte ich mich in diesem Häusermeer, bei dem es mit den Wohnungen erst mit dem ersten Stockwerk losging, darunter befanden sich die Parkplätze für die Autos, wohlgefühlt. Die Familie, die mich aufnahm, hatte einen gleichaltrigen Jungen namens Tomer. In jedem Zimmer, das beeindruckte mich am meisten – neben den Klimaanlagen –, gab es einen Fernseher. Kabelfernsehen war selbstverständlich, und Tomer konnte zu jeder Zeit MTV schauen. Und nun auch ich. Videos von der irischen Band U2, die ich noch nie gesehen hatte, liefen einfach über den Bildschirm. Es war unglaublich.

Ich kam aus einem Land, von dem ich angenommen hatte, dass wir alles besaßen, in das Land der Bibel, von dem ich, wenn auch eher unbewusst, davon ausgegangen war, dass es hier nicht einmal Strom geben könnte. Was hatte ich erwartet? Dass man auf Kamelen ritt? Auf keinen Fall, dass man hier, umgeben von Wüsten, auf dem neuesten technischen Standard war.

Meine Wahrnehmung von Israel verlief aber nicht nur über die Augen, sondern auch über die Nase. Die Gerüche hauten mich um, nie zuvor hatte ich Vergleichbares gerochen. Zum einen war es diese warme Luft, die ein ganz eigenes Aroma besaß. Selbst bei uns im Sommer roch es nie auf diese Weise. Wahrscheinlich war es der Geruch der Levante, die Spuren der exotischen Blüten und Gewürze, die mit den Winden verstreut und von der Hitze verstärkt wurden. Dazu kamen die Gerüche, die mit dem Essen verbunden waren. Ging ich bei uns in der Stadt an Häusern vorbei, konnte ich Kohl ausmachen und gebratenes Schweinefleisch. In Israel roch es nach Suppen mit Gewürzen, die ich nicht kannte. Vom Fleisch bestimmten gebratenes Hähnchen oder Lamm vorrangig meine olfaktorischen Erlebnisse. Meine erste kulinarische Begegnung war Hummus. Hummus, hergestellt aus Erbsen oder Favabohnen, aus Sesammus, Olivenöl und Zitrone, befand sich in jedem Haushalt, in jedem Kühlschrank. Ich mochte es nicht mit dem ersten Biss, wurde dann aber schnell von ihm abhängig. Und als ich dachte, dass ich Schnitzel essen würde, verstand ich erst nach einer Weile, um was für ein Fleisch es sich da handelte: Die Schnitzel wurden in diesem Land aus Hühnerbrust gemacht – und schmeckten viel leckerer, als jedes Schweine- oder Kalbsschnitzel.

Am meisten hatten mich aber Avocados beeindruckt. Ich kannte die Frucht von zu Hause, aber wenn ich dort eine gegessen hatte, war sie nie wirklich reif gewesen, jedenfalls nicht so gereift, wie das im Wüstenklima möglich war. Ich war so begeistert von dieser birnenförmigen, cremigen Frucht, dass ich nach den zwei Wochen einen Rucksack voller Avocados mit nach Deutschland nahm.

Einmal bekam ich bei meinen Gasteltern eine Suppe vorgesetzt, die fand ich nur cool. Die Basis war Wasser, in dem Hackfleischbällchen, Kartoffel- und große Zucchinistücke schwammen. Und mit »groß« waren nahezu halbe Zucchini gemeint, nicht so das klein geschnittene Zeugs, das ich von zu Hause kannte. Die Suppe schmeckte fantastisch, was auch daran lag, das in ihr ein Gewürz dominierte, welches ich nicht kannte.

»Was ist das für ein Gewürz?«, fragte ich.

»Oriental Cumin«, bekam ich zu hören.

Diese Antwort hinterließ mich ratlos. Ein englisches Wörterbuch hatte ich nicht dabei, erst in Deutschland konnte ich nachschlagen: Es handelte sich um Kreuzkümmel, den meine Mutter aber nie verwendete, ein Gewürz, das schon seit Jahrtausenden im Alten Ägypten und in Syrien verwendet wurde.

Am Schulunterricht nahmen wir nur kurz teil, da keiner von uns Hebräisch konnte oder lernen wollte. Stattdessen machten wir wir jeden Tag Ausflüge. Im Vordergrund standen die Jesus-Stationen. Wir fuhren an den See von Genezareth, nach Jerusalem, waren auf dem Tempelberg, dem Ölberg und an der Klagemauer. Die meiste Zeit war es brütend heiß gewesen, aber als wir an einem Schlechtwettertag von Tel Aviv Richtung Jerusalem losfuhren, fiel in den judäischen Bergen Schnee. Es war unwirklich, fast wundersam. Palästinenser warteten mit ihren Kamelen darauf, dass sich Touristen auf die Tiere setzten. Sie wurden fotografiert, während der Schnee, der nicht liegen blieb, in weichen Flocken vom grauen Himmel schaukelte.

Natürlich besuchten wir mit den israelischen Schülern auch Yad Vashem, die »Gedenkstätte der Märtyrer und Helden des Staates Israel im Holocaust«. Nirgendwo konnte man so geballt Informationen zur Judenvernichtung der Nazis erhalten wie hier. Ähnlich wie in Buchenwald konnte ich erleben, dass diese historische Tatsache uns nicht spaltete, sondern auf eine seltsame Weise einte, uns einander sogar näherbrachte. Das funktionierte womöglich nicht bei jedem Austausch, aber in unserer Gruppe war das auffällig.

Partys wurden ebenfalls für uns veranstaltet, und weil die Israelis noch aus Deutschland wussten, dass wir gern Bier tranken, wurden für alle ungefähr zwei Sixpacks besorgt. Ohne uns hätte man wohl überhaupt keinen Alkohol gekauft, sie wären mit dem Saft, den sie tranken, zufrieden gewesen. Aber was waren für uns zwei Sixpacks? Das reichte gerade mal für drei Personen, wenn überhaupt. Es war schon wieder einmal beeindruckend, dass der Alkoholkonsum der Israelis gleich null war und sie dennoch gut drauf waren. Sie liebten gerade die Musik von Mashina, einer israelischen Popband, die gerade ihr Best-of-Album rausgebracht hatten. Das musste ich mir sofort kaufen. Ich sog diese Musik auf, als müsste ich meinen Speicher neu aufladen. Zu einigen Songs konnte man tanzen, andere erzählten von einer Sehnsucht, einer großen Melancholie. Jedes Mal, wenn ich mir diese Platte später in Deutschland anhörte, war es so, als würde sie mich sofort nach Israel beamen. Ich hatte das Gefühl, als würde ich dorthin fliegen. Ihre Musik hat im Endeffekt dazu beigetragen, dass das emotionale Band zwischen mir und Israel niemals zerriss. Musik hatte, unabhängig davon, dass ich sie archivierte, die Funktion für mich, Erinnerungsträger zu sein. Man hört oft nur einen einzigen Ton – und Bamm! kennt man die ganze Melodie, den gesamten Text. Alle damit verbundenen Gefühle steigen hoch. Unfassbar ist das!

An einem Tag innerhalb dieses zweiwöchigen Gegenbesuchs besichtigen wir das Diaspora-Museum in Tel Aviv. Im Grunde zeigte die Ausstellung alle Länder, in denen die Juden in den letzten 2000 Jahren lebten. Deutlich wurde, dass sich unterschiedliche Traditionen entwickelt hatten (unterschiedliche Synagogen wurden gebaut, die Torahrollen sahen oft anders aus), aber der gemeinsame Nenner, die Torah mit den Urtexten, die Gebete und grundlegenden Gebräuche, war bei allen unverändert geblieben. Es beeindruckte mich: Welches Volk hatte es schon geschafft, so lange – annähernd 2000 Jahre – getrennt zu sein und über fast hundert Generationen hinweg so viele Gemeinsamkeiten zu bewahren? Aber Juden sind nicht nur Juden, weil sie einer bestimmten Religion angehören, sondern weil sie ein Volk sind und somit eine gemeinsame Geschichte haben. Anders als bei Christen und Moslems sind Religion und Geschichte bei ihnen nicht zu trennen. Außerdem: Es gibt ungefähr rund achtzehn Millionen Juden weltweit, mehr nicht, ein verschwindend kleiner Anteil, weniger als 0,25 Prozent der Weltbevölkerung, und doch interessieren sich so viele für sie.

Die religiösen Feinheiten, insbesondere die religiösen Gegenstände fesselten mich damals nicht sonderlich – noch längst war ich nicht bei der Religion angekommen. Mir war zwar klar, dass die Menschen hier Juden waren, so wie ich Christ war. Aber das war für mich nicht wichtig, da ich überzeugter Atheist war. Das Judentum selbst fand ich damals nicht wirklich spannend, ich war ja auch nicht wegen der Schoah in das Land gereist. Ich war hier, weil ich die Menschen so toll fand. Und erst nach und nach sollte ich mehr darüber erfahren, wie Juden leben, über alle Schichten hinweg. Eigentlich war meine Neugier ziemlich oberflächlich – allein durch das Äußerliche bestimmt, durch das, was meine Augen wahrnahmen.

Nach einer Weile verließ ich das Museum, ich hatte genug von der Führung, so detailliert wollte ich das dann doch nicht wissen. Außerdem war ich müde von der vergangenen Nacht, die mal wieder lang geworden war. Ich setzte mich neben den Eingang auf eine kleine Mauer und betrachtete eine Gruppe von drei Mädchen, die mit uns im Bus hergekommen waren, Shiri mit ihren beiden Freundinnen. Sie hatten diesen Ausflug sicher schon einige Male mitgemacht, weshalb sie wie ich das Weite gesucht hatten. Auf einmal löste sich Shiri von ihren Freundinnen und ließ sich neben mir nieder. So wirkte sie nicht mehr so klein, sie war 1,57 Meter groß – und ich 1,95 Meter. Hübsch war sie, üppig, mit langen gewellten braunen Haaren und den unglaublich großen Mandelaugen. Ihre Mutter war Perserin, ihr Vater Bulgare. Ich musste mir eingestehen: Sie gefiel mir.

Auf der Rückfahrt saßen wir im Bus nebeneinander. Sie drückte mir ihren Walkman auf den Kopf und ließ mich Songs von Guns N' Roses hören, ihrer Lieblingsband. Noch nie hatte ich von ihr gehört, war aber schwer beeindruckt von dieser Metal-Musik: »Appetite For Destruction«. Mir sauste es in den Ohren.

Am nächsten Tag fuhren wir wieder ohne sie nach Jerusalem. An der Klagemauer steckt man Zettel in die Wand. Gebete zu Gott. Ich schrieb auf meinen weißen Zettel – obwohl ich ja nicht glaubte –, dass es irgendwie mit Shiri klappt.

2 GRÄFINNEN VON UND ZU MIT EINER MILLION AUFWÄRTS UND AKTION SÜHNEZEICHEN FRIEDENSDIENSTE

Liebesbriefe waren es nicht, die Shiri mir schrieb, aber sie schrieb viel. Und ich antwortete ihr. Wir waren kein Paar, aber wir lernten uns durch die Briefe kennen. Einmal schickte sie mir ein Foto, nach vielen Monaten telefonierten wir. Irgendwie war es peinlich, bei ihr anzurufen, nicht normal, wir hatten uns doch bislang nur in geschriebenen Worten ausgetauscht, und auf Englisch zu telefonieren war nicht einfach. Was uns aber nicht daran hinderte, uns über unsere Gefühle füreinander auszutauschen. Und dann stand die Frage im Raum, unvermeidlich war sie gewesen:

»Kommst du wieder nach Israel, Tom?« Sie war diejenige, die mich als Erste Tom nannte, denn eigentlich hieß ich Thomas.

»Und wo soll ich wohnen?« Noch war ich Schüler, wie sollte ich mir eine solche Reise leisten?

»Du kannst bei uns wohnen?« Shiri klang, als hätte sie es schon längst mit ihren Eltern besprochen.

»Abgemacht, dann plane ich mal.«

Das mit dem Planen war so eine Sache. Die Flüge waren gebucht, aber dann brach der Erste Golfkrieg aus und schien uns einen Strich durch die Rechnung machen zu wollen. Zum ersten Mal wurde mir bewusst, wie gefährlich Shiri und alle meine anderen Briefpartner lebten – Israel wurde vom Irak aus beschossen. Groß war die Befürchtung eines Giftgasangriffs. Shiri berichtete, dass Gasmasken verteilt wurden und sie bei Bombenalarm in einem abgedichteten Schutzraum mit einer aufgesetzten Gasmaske gesessen und an mich gedacht hatte. Ich machte mir Sorgen um sie, und weil die Briefe so lange unterwegs waren und ich nicht eine Woche auf eine Antwort von ihr warten konnte, telefonierten wir dann doch öfter miteinander, auch wenn die Gespräche so teuer waren, dass das Taschengeld einer Woche für wenige Gesprächsminuten draufging. Durch die Sorge gestanden wir uns auch immer mehr ein, was wir füreinander empfanden.

Kurz darauf, im Februar 1991, war der Krieg vorbei, und einen Monat später saß ich zum zweiten Mal in einem Flugzeug nach Tel Aviv. Es war seltsam, plötzlich Shiri gegenüberzustehen. Durch die Distanz hatte man das reale Leben – nennen wir es mal so – ertragen, nun war da auf einmal Nähe, und diese war nicht so einfach zu managen, zumal wir beide nicht nur jung, sondern auch körperlich unerfahren waren. Es dauerte, bis wir uns trauten, uns zu nähern, obwohl wir wussten, dass wir uns mochten. Wir waren jung genug, um zu glauben, dass wir ewig zusammenbleiben würden. Sie kam auch nach Deutschland – sie hatte nicht an dem Schüleraustausch teilgenommen –, und ich zeigte ihr meine Heimat. Meine Eltern nahmen sie herzlich auf, nie gab es irgendwelche Töne, die erkennen ließen, dass sie etwas dagegen hatten, dass meine erste Freundin eine Jüdin war. Überhaupt hatte ich gemerkt, dass mein Vater Manfred, 1943 geboren, und meine Mutter Karin, zwei Jahre jünger, nicht viel aus der Hitler-Zeit von ihren Eltern wussten. Sie wollten es besser machen als ihre Eltern, von denen sie einiges an Misshandlungen erlitten hatten. Sie lasen zwar regelmäßig Zeitung und sahen Nachrichten, waren aber ansonsten unpolitisch. So wie sie auch mich und meinen Bruder katholisch getauft hatten, was sich aber nie in unserer Erziehung niederschlug. Weihnachten oder Ostern wurde bei uns gefeiert mit Geschenken unterm Tannenbaum und bunten Eiern im Nest. Außer der Weihnachtsgeschichte an Heiligabend wurde nie von Jesus gesprochen oder Gott erwähnt (außer in Aussprüchen wie

»Ach, Gott«, »Ach, du lieber Gott« oder »Um Gottes willen«). Wir sind auch äußerst selten in die Kirche gegangen.

Wie meine Großeltern mütterlicher- und väterlicherseits zum Nationalsozialismus oder zum Judentum standen, hatte ich nie herausfinden können, denn meine Eltern hatten viel zu viel Respekt gegenüber ihren jeweils sehr dominanten Eltern gehabt und deshalb nie nachgefragt. Es gab Bilder von meinem Großvater Josef mütterlicherseits mit neunzehn Jahren in Nazi-Uniform, es gab also eine Nazi-Vergangenheit. Bilder einer üblichen deutschen Familie zu dieser Zeit. Und von einer meiner Großmütter kannte ich die üblichen Geschichten über Juden: »Jahrelang haben wir in dem oder dem jüdischen Geschäft eingekauft, und auf einmal war die Familie nicht mehr da ...« Ich dachte: Okay, das haben hinterher alle gesagt, und vielleicht hätte ich diese Geschichte auch so erzählt, wenn es mir unangenehm gewesen wäre und ich mehr gewusst hätte, als ich zugeben wollte. So oder so würde ich nicht wissen, was wirklich gewesen war. Damals ahnte ich noch nicht, dass ich einmal Jude werden würde.

Shiri und meine Mutter jedenfalls verstanden sich besonders gut, und als meine Freundin wieder in Israel war, schrieb sie meiner Mutter, und meine Mutter ließ keinen Brief von ihr unbeantwortet.

Ein Jahr später machte ich Abitur, Shiri, die nur zwölf Jahre zur Schule gehen musste, um diesen Abschluss zu haben, ging zum Militär. Ich kam, um sie zu sehen, und ihr Anblick ließ mich schlucken: Sie trug eine Uniform, dazu umgehängt eine M16, ein Maschinengewehr, das fast so groß war wie sie selbst. Fit, wie sie war, machte sie in der Armee schnell Karriere, wurde zur Ausbildnerin von Fallschirmjägern, zur Ausbildnerin von Elitesoldaten. Ich hatte sie besucht, weil es ihr in ihrer aktiven Militärzeit nicht erlaubt war, das Land zu verlassen.

Natürlich hatte ich schon bei meinem allerersten Israel-Besuch bemerkt, dass die Armee sehr präsent war, ganz anders als heute. Überall an den Straßen standen Soldaten, die mitgenommen werden wollten. Sie mussten nie lange warten, denn die Israelis waren sehr stolz auf ihre Armee. Jeder, der in das Alter kam, um eingezogen zu werden, fieberte dem Tag entgegen, ihr zu dienen. Die jungen Frauen und besonders die Männer waren richtig heiß darauf. Für uns in Deutschland war die Bundeswehr dagegen eine lästige Pflicht, der man am liebsten entkommen wollte. Von Lust war nicht im Geringsten etwas zu verspüren, es war eine Zeit, die man so schnell wie möglich herumkriegen wollte. Das hatte sicher auch etwas mit der deutschen Vergangenheit zu tun, so lange war der Zweite Weltkrieg noch nicht vorbei, auch nicht der Kalte Krieg, und letztlich war es nicht möglich, keine Verbindung zu dieser Historie herzustellen.

In Israel trainierten die Jungs zwei Jahre vor ihrer Musterung, um fit zu sein, besuchten Vorbereitungskurse, um bei der Eignungsprüfung mit besten Ergebnissen abzuschneiden, liefen Crosstraining mit schweren Rucksäcken, trainierten mit Hanteln und übten sich in Kampfsportarten. Jeder wollte zu einer Elitetruppe gehören. Jeder wollte das Land im Ernstfall verteidigen. Die Israelis lebten gefährlich, das Land war permanent Bedrohungen ausgesetzt, das hatte ich ja inzwischen mitbekommen. Es machte Sinn, einen Militärdienst zu absolvieren, hinter ihm zu stehen – das konnte ich bei der Bundeswehr nicht erkennen. Ich hätte gerne in Israels Verteidigungsarmee »Zahal« gedient. Wenn ich mit Shiri ausging, trug ich manchmal ihr Gewehr, mit dem ich nicht mal umgehen konnte, aber es sah gut aus.

»Die Palästinenser sind doch auch Menschen, sie müssen ihren eigenen Staat bekommen.« Eines Tages machte ich diese Äußerung, als Shiri etwas über die Palästinenser sagte, was ich nicht nachvollziehen konnte. Wieso sollte man ihnen Rechte absprechen? Ich dachte, ich hätte etwas Allgemeingültiges, Unpolitisches gesagt, aber damit hatte ich mich schon in einen Konflikt eingemischt, über den ich nicht viel wusste und nicht genügend mit Argumenten gewappnet war. Ich hatte einfach aus dem Bauch heraus so geredet, wie man es von Deutschland aus sehen würde.

Shiri wurde augenblicklich wütend. So zornig hatte ich sie noch nie erlebt. Doch je mehr sie gegen meine Meinung hielt, umso weniger konnte ich nachvollziehen, was sie empfand. Was sicher daran lag, dass sie nicht versucht hatte, mich zu überzeugen, ihre Reaktion war rein emotional gewesen. Trotzdem fühlte ich mich, als wenn ich in ein Fettnäpfchen getreten hatte.

Es war zwar das einzige Mal, dass wir uns gestritten hatten, aber so langsam verlor unsere Beziehung an Schwung. Shiri konnte wegen ihrer Armeezeit ja zwei Jahre nicht aus Israel, für eine junge Liebe eine kleine Herausforderung bei einer sowieso so großen Entfernung, und es stand auch nicht an, je nach Israel zu ziehen. Wieso auch, ich konnte nicht einmal Hebräisch. Es war nicht realistisch, obwohl ich schon spürte, dass ich gern in dem Land war. Aber mir kam es vor, als wäre ich wie die Leute, die nach Hawaii auswandern wollten, um dort zu surfen. Aber nach einigen Monaten kehrt man zurück, weil das Geld ausgegangen war oder man gemerkt hatte, dass man nicht Teil der Fremde war. Mit der Zugehörigkeit hätte ich wohl weniger ein Problem gehabt, so stellte ich es mir jedenfalls vor, aber ich wollte Geld verdienen.

Meine Wochen waren ausgefüllt mit Lernen. Das Abitur stand vor der Tür. Ich lernte so intensiv, wie ich es zuvor nie getan hatte. Ich verstand auf einmal, warum einige Schüler so viel besser waren als ich. Ich hätte auch so gut sein können, da war ich mir sicher. So hatte ich mich eher zu den mittelmäßigen Schülern zählen dürfen. Aber niemand hatte mir konsequentes Lernen beigebracht, am wenigsten ich mir selbst.

Ich wollte nicht studieren, zumindest nicht sofort. Eigentlich wusste ich nicht, was ich wirklich werden wollte, ich hatte mich nicht gekannt, hätte nicht sagen können, was meine Talente sind, es gab da nur dieses Bedürfnis, Karriere machen zu wollen. Eine solide Banklehre erschien mir eine gute Basis zu sein für das, was immer kommen sollte. Und das schien auch den Erwartungen meiner Eltern zu entsprechen. Dass man als Gärtner oder Koch auch Karriere machen konnte, das hätte ich nicht vermutet, eher in akademischen Kreisen. Medizin oder Betriebswissenschaft oder Jura (wobei ich Medizin schnell verworfen hatte, ich hatte nicht das innere Bedürfnis, Menschen zu heilen, was ich bei diesem Beruf unabdingbar fand). Am besten gefiel mir die Vorstellung, mit Geld zu tun zu haben – daher Bank.

Für meinen beruflichen Start hatte ich mich bei bei mehreren Banken beworben. Ich war zu verschiedenen Assessmentcentern eingeladen worden und hatte anschließend auch einige Zusagen bekommen. Ich entschied mich am Ende für das Privatbankhaus Dellbrück & Co. in Köln, klein und edel, mit vielen vermögenden Kunden, entsprechend schick musste man gekleidet sein. Am 1. September 1992 ging es nach den Sommerferien mit der Ausbildung los, ein fast nahtloser Übergang. Für diesen Anlass hatte ich mir zwei Anzüge gekauft, einige solide aussehende Hemden und eine Handvoll Krawatten. Nicht zu vergessen das Paar Lederschuhe, auf Hochglanz poliert. Nicht nur wegen des Anzugs war dieser Lebensabschnitt eine Riesenumstellung, das gesamte Umfeld war eine Herausforderung. Einerseits fühlte ich mich hier fehl am Platz, andererseits kongruent mit dem, was ich tat – letztlich auch mangels einer Alternative. Und ich war froh, in dieser kleinen Bank zu sein, einem

Familienunternehmen, es gab keine Laufkundschaft, keinen Kassenverkehr, nur abgesprochene Termine mit einer gehobenen Kundschaft, die ein Vermögen von einer Million aufwärts hatten, viele hatten ein »von« im Titel, darunter Grafen und Gräfinnen. Das war schon recht beeindruckend.

Die Ausstattung der Bank entsprach einem Klischee, lange Gänge, überall edles Holz, dicke Teppiche, die jedes Geräusch schluckten. Ehrfurchtsvoll betrachtete ich alles. In den ersten Wochen wurden mir sämtliche Arbeitsvorgänge erklärt, auch wenn ich die meisten von ihnen noch nicht eigenmächtig ausführen durfte. So richtig toll fand ich das alles nicht, da war es aufregender, am Wochenende die verschiedenen Klubs in Köln aufzusuchen, wo Hardrock und Metal gespielt wurde. Ein Laden namens Nachtrock wurde an den Wochenenden mein zweites Zuhause. Erst mit der ersten Bahn fuhr ich zurück nach Erftstadt-Lechenich, wo ich weiterhin bei meinen Eltern wohnte. Meine Haare ließ ich mir wachsen, so lang, dass ich mir gerade einen Zopf machen konnte, just in der Zeit, als ich bei der Bank anfing. Sehr passend. Und sehr spät. Der Personalchef fand das gar nicht gut, meinte: »Der Zopf muss weg.« Ich hielt dagegen: »Nee, der Zopf bleibt.« Zu Hause sah ich mir meinen Vertrag an, aber so sehr ich ihn auch studierte, ich entdeckte nichts, dass er mich wegen meiner Haare feuern konnte. Er hatte tatsächlich keine Handhabe, der Zopf blieb – sogar bis 2015.

Nach zweieinhalb Jahren war ich dann Bankkaufmann, in meinem Jahrgang gehörte ich zu denen, die die Prüfung mit am besten abgeschlossen hatten. In dieser Zeit hatte ich mir Wissen angeeignet, von dem ich nicht immer wusste, wofür ich es einmal gebrauchen konnte – war das nicht schon in der Schule so gewesen? –, aber ich hatte gelernt, mit Zahlen umzugehen, und meinen Freund Sven kennengelernt, der später als Bankmanager wirklich Karriere machen sollte. Ansonsten hatte ich viel Spaß gehabt, am Wochenende nachgeholt, was ich zuvor versäumt hatte. Zwei Tage feiern pro Woche war kein schlechtes Ergebnis. Insofern hatte die Ausbildung Sinn gemacht.

Bundeswehr oder Zivildienst? Diese Frage hatte sich schon vor dem Abi gestellt – und meine Antwort war eindeutig. Ich verweigerte den Wehrdienst, sodass ich Zivildienst hätte machen müssen. Doch für die Lehre hatte ich mich zurückstellen lassen, denn ich hatte einen anderen Plan. Ich hatte schon in der Schule mitbekommen, dass es eine Organisation gab, die sich Aktion Sühnezeichen Friedensdienste (ASF) nannte, ein eingetragener Verein, den es seit Ende der Fünfzigerjahre gab und junge Menschen in alle Welt schickte, um Friedensdienste zu absolvieren. Es waren Friedensdienste im Zeichen dessen, was Nazi-Deutschland verschiedenen Völkern und Ländern angetan hatte. Israel stand ganz oben auf der Länderliste. Die an den Juden verübten Gräuel konnte man zwar nicht wieder rückgängig machen, aber man wollte bestimmte Signale setzen. Als ich von dieser Organisation erfahren hatte, wusste ich: Das will ich tun. Doch da die Wartezeiten gut zweieinhalb Jahre dauerten, füllte ich einen Rückstellungsauftrag für den Zivildienst aus. Wenn alles klappte, hatte ich nach dem Ende meiner Ausbildung eine Zusage von der ASF, deren Dienste im Rahmen des Zivildienstgesetztes anerkannt wurden. Mein Plan ging auf. Meine Banklehre war am 31. Januar 1995 beendet, einen Monat später, schon am 1. März, ging mein Freiwilligendienst los. Nach meiner Rückkehr, so hatte ich mir überlegt, wollte ich studieren, es gab nicht den geringsten Gedanken, in der Bank zu bleiben, weder bei Dellbrück & Co. noch bei einem anderen Geldinstitut.

Zunächst hatte die ASF ein großes Treffen in Berlin anberaumt, hier kamen alle Freiwilligen zusammen, nicht nur die, die in Israel ihren Dienst verrichten würden, auch die, die nach England, in die USA, Frankreich, in die Niederlande oder in die Ukraine wollten – die Liste der Länder ist ja lang. Eine gute Woche lang wurden wir auf den Dienst vorbereitet, hauptsächlich ging es dabei um eine intensive Auseinandersetzung mit dem Naziregime, speziell um die Gesetze, die die Nationalsozialisten erlassen hatten, um etwa ihr menschenverachtendes Euthanasieprogramm durchzuziehen. Wir fuhren als Teil der Vorbereitung auch nach Auschwitz. Das »Sühnezeichen« war in einem direkten Zusammenhang mit der Schoah zu sehen, mit einer klaren Ausrichtung. Auch der, ein Deutschland zu repräsentieren, ein anderes Deutschland, das nicht mit dem zu Zeiten des Dritten Reichs zu vergleichen war.

Während diejenigen unter den Freiwilligen, die nicht nach Israel gingen, sofort nach Ankunft in dem jeweiligen Land in ihre Projekte einstiegen, wurden wir noch nach Jerusalem gefahren, um für weitere drei Wochen vorbereitet zu werden. Ein Großteil der Freiwilligen hatte sich für diesen Dienst aus einem einzigen Motiv heraus entschieden – Sühne ableisten für die Schoah. Wir nannten sie Edelsühner. Die Schoah war zwar auch in meinem Bewusstsein, auch ich spürte Verantwortung – wohlgemerkt keine Schuld –, aber noch wichtiger war, in diesem wunderbaren Land zu leben, inmitten dieser wunderbaren Menschen. Etwas zog mich zu ihnen hin.

Zu zwölft bezogen wir ein sehr geschichtsträchtiges Haus, es war das Haus von Ben-Jehuda. Er war derjenige, der die hebräische Sprache in der Neuzeit wieder zu einer aktiv gesprochenen, zu einer Alltagssprache gemacht hatte, mit neuen Wörtern. Erst hatte er diese seiner Familie aufgezwungen, dann publizierte er sein Wörterbuch, irgendwie hat er das sehr geschickt angestellt, denn schließlich übernahm man in ganz Israel dieses Neuhebräisch, »Iwrith«, das sich vom Althebräischen der Torah um einiges unterschied.

Das Ben-Jehuda-Haus in Talpiot, einem Viertel von Jerusalem, war die Basis der ASF in Israel, untergebracht waren wir in einem Nebenbau, der freundlich als Gästehaus bezeichnet wurde. Eigentlich war es nur eine Baracke, das Gebäude wurde auch nur mit dem hebräischen Wort dafür (»Ziff«) bezeichnet, erstellt in einer Schnellbauweise vor einigen Jahrzehnten, und inzwischen war es völlig runtergekommen. Jener März in Jerusalem war nicht warm, und die kleinen Öfen, die in unseren Zimmern standen, bewirkten kaum etwas. Ging man an ihnen vorbei, konnte man keine wirkliche Wärme verspüren. Wann immer es möglich war, zog es mich hinaus, ich lief von Talpiot zur Altstadt, durchwanderte die Stadt, meistens allein. Es war seltsam, wieder in Israel zu sein. Vor der Abreise hatte ich mit meinen Freunden tagelang Abschied gefeiert, war die ganze Zeit unterwegs gewesen, und auf einmal kam ich mir vor, als wäre ich in ein Loch gefallen. Ich hatte zu meiner Gruppe noch keinen Anschluss gefunden, was auch daran lag, dass ich mit der Älteste war – als Einziger hatte ich eine Lehre absolviert, die anderen hatten gerade die Schule beendet. Und von meinen einstigen Brieffreunden wohnte niemand in Jerusalem, zumal sich der Kontakt auch mehr und mehr aufgelöst hatte.

Abends ging ich auf einmal – ganz ungewohnt – früh ins Bett. Nach wenigen Tagen wachte ich dann zu einer Uhrzeit auf, bei der ich oft in einer Klubnacht noch nicht mal nach Hause gekommen war. Ich gewöhnte mich daran, vor Sonnenaufgang aufzustehen. Ich liebte es, zur Sherover Promenade hinüberzulaufen, von wo aus man die Altstadt überblicken konnte, um dort in der Morgendämmerung auf den Sonnenaufgang zu warten. Hier joggte ich und machte Hanteltraining. Nach einer Dusche setzte ich mich in die Bibliothek von Ben-Jehuda und lernte dort, zwischen den Büchern des Mannes, der das Neuhebräische entwickelt hatte, während die anderen Freiwilligen immer noch schliefen.

Es war ein sensationelles Gefühl, ich hatte es genossen und bewusst in mich aufgesogen: Hier saß ich an einem bedeutsamen Ort, es hatte mir sehr viel gegeben. Natürlich wollte ich auch diese Sprache beherrschen. Ich wäre sicher auch mit Englisch durchgekommen, aber immerhin sollte ich in diesem Land einige Zeit bleiben, da hielt ich es für angebracht, mir zumindest Grundkenntnisse anzueignen.

In den drei Wochen hörten wir viele Vorträge, besuchten Einrichtungen in der Stadt, in denen wir Überlebende aus dem Nazi-Deutschland trafen, hatten eine Begegnung mit einem Rabbi, der uns einiges über das Judentum erzählte. Dieser Rabbi kam an einem Freitag zu uns, um mit uns Kiddusch zu feiern, die Heiligung des Schabbats. Im Nachhinein erstaunlich – er hatte sogar bei uns gegessen, was er im Grunde nicht hätte tun dürfen, da unsere Küche nicht koscher war. Vielleicht war er eine Art Reformrabbi, nur so lässt es sich erklären, dass er von den Traditionen abwich.

Jeder aus unserer Gruppe war abwechselnd mit Kochen dran, aber an diesem Freitag, an dem der Rabbi kam, in unserer letzten Woche in Jerusalem, war ich mit dieser Aufgabe dran, denn es hatte sich herausgestellt, dass ich aus unserer Gruppe am besten kochen konnte, und sonst traute sich auch keiner, für den hohen Gast zu kochen. Klar, dass das Essen auch festlich sein musste, das gehörte zum Kiddusch, mindestens drei Gänge. Was genau ich auf den Tisch brachte, weiß ich nicht mehr, nur an die Vorspeise erinnere ich mich, da hatte ich mir eine Avocadosuppe ausgedacht. Avocadosuppe schmeckt toll, wenn man sie richtig macht. Lecker grün sieht sie dann aus, aber meine hatte eine eigenwillige bräunliche Färbung angenommen. Wieso wurde aus einem Grün ein Braun? Dumm gelaufen.

»Was habe ich bloß falsch gemacht?«, fragte ich mich, während alle aßen, nicht nur ohne sich zu beschweren, sondern das Essen sogar lobten. War ich der Einzige, den der säuerliche Beigeschmack und die bräunliche Farbe störten?

Erst Jahre später lernte ich, dass man Avocados nicht kochen darf, sondern nur erwärmen. Na ja. Sie war zwar nicht vollkommen ungenießbar, aber die Färbung war eine zweifelhafte Angelegenheit. Mein erster großer Fauxpas in der Küche.

Aber so viel Übung hatte ich mit dem Kochen noch nicht gesammelt, es gab auch keinen Grund dafür. Solange ich zu Hause wohnte, hatte meine Mutter gekocht, und sie kochte wunderbar. Mit viel Hingabe, außerdem nur mit regionalen Produkten. Oft fuhr sie zu Bauern, die sie kannte, um ihnen ihr Obst, ihr Gemüse oder ihre Kartoffeln abzukaufen. Je nach Erntezeit pflückten oder sammelten wir selbst Obst und Gemüse. Dann wurden die Sachen bei uns direkt verarbeitet, eingefroren oder eingeweckt. Der ganze Keller war vollgestellt mit Marmeladen- und Einweckgläsern. Pilze wurden getrocknet, manchmal wurde sogar ein halbes Schwein zerkleinert und in die Gefriertruhe gelegt. Hin und wieder bereitete ich zu Hause eine Bolognese oder einen Thunfischsalat mit Mais aus der Dose zu, das war's aber auch schon. Dennoch hatte ich oft genug zugeschaut, wenn meine Mutter am Herd stand, sodass ich in Jerusalem Mahlzeiten zubereiten konnte, ohne dafür ein Rezeptbuch zu benötigen – und wer hätte auch ein Kochbuch mitgenommen? Google gab es auch noch nicht, um nach passenden Rezepten zu suchen. Ich hatte Ideen, sie kamen intuitiv, und so war ich auch an diesem Freitag ohne Anleitung vorgegangen, als der Rabbi uns besucht hatte.

WISSEN DIE, DASS ICH DEUTSCHER BIN? 3

Einige Tage später erlebte ich einen Moment, der meinen ganzen Körper mit einer Gänsehaut überzog. Es war eine unglaubliche Gefühlsaufwallung. Es war im April, zehn Uhr morgens, und ich lief gerade im Zentrum von Jerusalem über den Zionsplatz, als auf einmal ein ohrenbetörender Sirenenton losging, ein, zwei Minuten lang anhaltend. Eindringlich. Beängstigend. Mahnend. Wie bei einem Bombenalarm. Mit dem ersten Ton hielten sämtliche Busse und Autos an. Die Menschen, die in öffentlichen Verkehrsmitteln oder einem Wagen saßen, stiegen aus und verharrten stehend neben den Gefährten, und auch die Menschen, die in den Cafés plaudernd gesessen hatten, hatten ihre Stühle verrückt und standen schweigend mit gesenkten Häuptern da. Was hatte das zu bedeuten?

Ein Passant, der neben mir stand und wohl meine Verwirrung bemerkt hatte, flüsterte mir zu: »Heute ist Jom haScho'a, der Gedenktag für die Opfer des Holocausts.« Nun verstand ich. Man hatte uns ja gestern Abend davon erzählt. Wir bräuchten nicht loszuziehen, um auszugehen, denn am Abend wäre alles geschlossen, selbst in Tel Aviv seien die Straßen dann gespenstisch leer. Auf den Sirenenton, der, wie ich hinterher erfuhr, überall im Land zu hören ist, jeder Rundfunksender, jede Fernsehstation strahlt ihn aus, war ich nicht vorbereitet gewesen.

Aber wie erinnerte man sich in zwei Minuten an sechs Millionen Tote? Es bleibt unfasslich, egal wie viel Zeit man sich nimmt. Trotzdem ist das die Zeit, in der sich alle Juden konzentriert damit beschäftigen, was mit ihrem Volk unter dem Nationalsozialismus geschehen ist.

Der Ton der Sirene traf mich bis ins Mark. Ich kam aus dem Land, wo das Volk lebte, das diese sechs Millionen Menschen vernichtete, in dem ein Antisemitismus herrschte, der zur Schoah führte. Ich kam aus dem Land der Täter. Ich fühlte mich unwohl in meiner Haut, in diesem Augenblick wünschte ich mir einen anderen Pass.

Weil das nicht möglich war, betrachtete ich die Menschen um mich herum, ihre ernsten Gesichter, in manchen Augen konnte ich ein Glitzern entdecken, Tränen. Es war ihnen anzumerken, dass sie an Menschen dachten, die nicht mehr unter ihnen weilten. Menschen aus der engsten Familie, Angehörige von Freunden, von Arbeitskollegen oder vom Ladenbesitzer nebenan. Ich hatte so viel in den letzten Wochen über die Schoah gelesen, war vor Jahren mit den israelischen Schülern in Buchenwald und zuletzt mit der ASF in Auschwitz gewesen – doch es war etwas ganz anderes, einen solchen Augenblick inmitten von Jerusalem zu erfahren. In mir geschah etwas, was ich damals noch nicht zu benennen wusste. Eine Umwandlung, die viele Jahre dauern sollte. Aus mir, einem Menschen, der sich als Freund von Israel gefühlt hatte, wurde jemand, der im Laufe der nächsten Jahre eine Zugehörigkeit empfand. Und es sollte noch länger dauern, bis ich dann an dem Punkt angelangt war, dass ich jüdisch werden wollte. Spätestens an diesem Tag fing eine Art Spaltung an.

Und ich hatte mir später eine gefaltete Kippa in die Tasche gesteckt. Ich holte mir bei Erklingen der Gedenksirene die Kippa hervor und setzte sie auf. In diesem Augenblick fühlte ich mich besser. Es war nicht bloß ein Zeichen der Solidarisierung, sondern ich fühlte mich ein Stück weit wie einer von ihnen.

Nach Tel Aviv war ich gekommen, nachdem die Vorbereitungsphase in Jerusalem beendet war. Im Reut-Krankenhaus im Yad-Eliyahu-Viertel fing ich an, wobei es kein normales städtisches Krankenhaus war. Die Patienten, die hier behandelt wurden, waren chronisch krank, obwohl »chronisch« auch nicht das richtige Wort war für die Patienten in meiner Abteilung. Sie waren unheilbar krank, ohne Aussicht auf Heilung oder Entlassung. Ein Gutteil von ihnen war kaum noch bei vollem Bewusstsein, wurde teilweise künstlich ernährt und musste immer wieder umgelagert werden. Es war wie in einem Hospiz. Der Geruch nach faulendem Fleisch insbesondere an heißen Tagen war das Schlimmste für mich. Nur einige von ihnen waren noch in der Lage, im Rollstuhl zu sitzen, aber sie konnten nicht mehr selbst essen, sie mussten gefüttert werden. Neben diesen Patienten gab es jüngere, die einen Unfall erlitten hatten oder von einer Behinderung betroffen waren, mit ihnen wurden viele Reha-Maßnahmen gemacht. Ich wurde bei den Menschen eingesetzt, die nicht mehr für sich sorgen konnten.

Natürlich fiel ich gleich am ersten Tag der Länge nach hin, ich war auf dem frisch gewischten Linoleumboden ausgerutscht. Bislang hatte ich keinen Kontakt mit Behinderten gehabt, aber in diesem Moment kam eine behinderte junge Frau auf mich zu, freute sich darüber, dass nicht nur ihr so etwas passieren würde. Sie half mir aufzustehen, führte mich an einen Tisch und redete unentwegt beruhigend auf mich ein. Es war ein berührendes Erlebnis.

Untergebracht war ich in einer WG, jeden Morgen ging ich von dort ins Krankenhaus, fünf Tage die Woche hatte ich zu arbeiten. Meine erste Aufgabe bestand darin, die Kranken zu füttern. Frühstück, das aber ganz anders aussah als bei uns, mit einem ziemlich luftigen Weißbrot, Gurken, Tomaten und Quark. Es gab auch eine Marmelade, die so rot leuchtete und schillerte, dass ich sie nur die »radioaktive Marmelade« nannte, kein Stückchen Frucht war darin, einzig »verstrahltes« Gelee. Ich durfte dieses Frühstück ebenfalls essen, damals mochte ich aber noch keine Tomaten und Gurken, und das Brot war auch nicht so toll, reichlich mehlig und wenig gehaltvoll. Ein befriedigendes Frühstück war für mich etwas anderes, aber ich gewöhnte mich daran, mir Tomaten und Gurken in kleine Würfel zu schneiden und mit Hüttenkäse, der in Israel unglaublich viel besser schmeckt als in Deutschland, und ein paar Oliven zu essen. Auch das Mittagessen war nicht gerade üppig, aber nachdem ich erfahren hatte, dass Männer, die um 1,90 Meter groß waren, in der Armee eine doppelte Portion bekamen, machte ich dieses Recht auch für mich in der Klinik geltend. Die Größe konnte ich aufweisen. Unter Berufung auf diese Regel erhielt ich schließlich sogar einen Ausweis – und anstandslos meine zwei Portionen. Dennoch kehrte ich abends hungrig in meine Wohngemeinschaft zurück, wo ich in der ersten Zeit Pita-Brot, eine Art Fladenbrot, mit Hummus mit Heißhunger verschlang. Auf Dauer wurde aber auch das langweilig, sodass ich in einen Supermarkt ging, um mir einige tiefgefrorene Fertiggerichte zu kaufen. Mit viel Ketchup konnte ich die herunterwürgen, aber letztlich schmeckten sie fürchterlich. So konnte das auch nicht weitergehen, aber ich besaß nicht genügend Geld, um irgendwo in einem Lokal essen zu gehen.

Nicht weit vom Krankenhaus, das im Südosten von Tel Aviv lag, entdeckte ich schließlich einen Markt. Es war nicht der Carmel-Markt, der im Zentrum der Stadt liegt und inzwischen sehr touristisch ist, sondern der Ha'Tikva-Markt, noch heute ist er sehr authentisch, pur und unverfälscht, ein richtiger orientalischer Markt mit den besten Gewürzen, Kräutern und Trockenfrüchten. Jemenitische und persische Juden haben hier ihre Stände, aus Kadayif, Teigfäden, werden extrem leckere Backwaren hergestellt, und hier kaufen nur die Leute aus der Nachbarschaft ein.

Auf diesem Markt fing ich nun an rumzulaufen. Es war erst Mai, aber schon sehr heiß. Berauscht von den unglaublich intensiven Gerüchen, die schwer in der Luft hingen und die ich nie zuvor gerochen hatte. Obst und Gemüse stapelten sich in Mengen, als müssten mehrere Städte versorgt werden, es war unglaublich. Einiges kannte ich, anderes nicht, ich versuchte mir aber immer vorzustellen, was man daraus machen könnte. Es war ungemein inspirierend, über den Markt zu schlendern. Nach und nach wagte ich, mir auch ein Stück Fleisch zu kaufen. Es sah nicht nur anders aus als in Deutschland, es roch auch anders. Und eine Fleischtheke, wie ich es bislang gewohnt war, davon konnte keine Rede sein. Es kostete einiges an Überwindung, einen Händler um ein Stück Huhn zu bitten. Ging ich damit ein Risiko ein? Ach was, ich wischte den Gedanken fort, alle um mich herum kauften bei den Fleischhändlern ein, keiner schien irgendwelche Bedenken zu haben.

Mit meinen Einkäufen experimentierte ich, nicht immer war das Ergebnis überzeugend. Aber ich wusste sofort, was ich beim nächsten Mal besser machen musste. Und so war es dann auch. Und meine WG-Mitbewohner, sie aßen alles auf.

Später im Jahr kam die Wassermelonensaison. Ich kaufte jede Woche Früchte von bis zu vierzehn Kilo, die ich mit einer Hand auf der Schulter nach Hause trug, wo ich nass geschwitzt ankam und das gute Ding in den Kühlschrank verfrachtete.

Die Arbeit im Krankenhaus machte mir nun noch mehr Freude, weil ich kein Magenknurren mehr verspürte. Längere Gespräche waren mit den Patienten nicht möglich, aber an ihrem müden Lächeln konnte ich sehen, wie sehr sie sich freuten, wenn ich zu ihnen kam, um ihnen mit einem Löffel Nahrung in den Mund zu führen. Und diese Freude übertrug sich auf mich, ich hatte das Gefühl, etwas sehr Sinnvolles zu tun. Mit jedem Tag lebte ich mich mehr ein. Nach drei Monaten sollte ich in einem Elternheim (so heißt das auf Hebräisch, nicht »Altenheim«) anfangen, das ebenfalls in der Nachbarschaft lag. Es war ein Heim, in dem hauptsächlich Jekke lebten, die deutschsprachigen Juden, die während und nach der Shoah nach Israel einwanderten. Als ich das hörte, musste ich schlucken.

»Wissen die denn dort, dass ich Deutscher bin?«, fragte ich Malka, eine Stationsschwester.

»Du kannst beruhigt sein«, sagte sie. »Du bist nicht der erste Deutsche, der dort als Freiwilliger hinkommt. Die älteren Menschen haben sogar ein großes Interesse daran, die Überlebenden wollen sich austauschen, wollen erfahren, wie du Deutschland heute siehst und erlebst, was du dort machst. Für sie ist das nicht das erst Mal.« Malka blickte mich aufmunternd an.

»Aber für mich«, murmelte ich.

»Es gibt doch einen Grund, warum du hier bist, oder?«

Ja, einen Grund gab es. Ich fühlte mich nicht wohl bei dem, was die deutsche Vergangenheit betraf, aber was sollte ich sagen, wenn mich einer der Heimbewohner dafür verantwortlich macht?

»Aber diese Menschen werden doch Albträume haben, sie werden sich an die Konzentrationslager erinnern, womöglich an Waffen, an Rauchfahnen, an Schreie. Wir haben in unseren Vorbereitungskursen erfahren, dass gerade bei den älteren Menschen solche Erinnerungen hochkommen, Erinnerungen, die womöglich lange in ihrem Kopf begraben waren.«

»Das stimmt«, sagte die Schwester. »Solche Erinnerungen können den Menschen dort die Nachtruhe rauben. Aber du bist nach Israel gekommen, du hättest auch Zivildienst in Deutschland machen können. In einem Heim in deinem Land wären bei alten Menschen auch Erinnerungen hochgekommen. Sie wären womöglich auch schrecklich gewesen, auf ihre Art.«

Malka hatte recht.

Das mehrstöckige Heim lag in einer stillen Seitenstraße, fast hatte ich an meinem ersten Tag den Eingang übersehen, so unscheinbar sah das Portal aus. Wahrscheinlich hatte ich an die von Buchenwald und Auschwitz gedacht, war von tief in mir liegenden Bildern ausgegangen. Hatte an so etwas wie ein »Abstellgleis« gedacht. Drinnen, beim Eintreten in die große Halle, konnte ich sehen, dass die Anlage sehr hübsch war, man erzählte mir auch, fast alle Bewohner hätten Balkone oder Terrassen auf den Innenhof hinaus.

Eine freundliche Frau, deren Namen ich in meiner Aufregung augenblicklich wieder vergessen hatte, führte mich in den lichten Frühstücksraum mit vielen grünen Pflanzen und stellte mich vor: »Hallo, das ist Tom aus Deutschland, er wird die nächsten Monate bei uns sein. Und ich denke, es wird ihm bei uns gefallen.« Rund siebzig Augenpaare guckten mich an, offen, neugierig, andere auch erschöpft von einem langen Leben. Viele waren sicher nicht weit entfernt davon, den neunzigsten Geburtstag zu feiern. Doch in keinem der Gesichter konnte ich einen Vorwurf erkennen oder Misstrauen. Meine Sorgen waren umsonst gewesen. Der erste Schritt war getan. Ich sagte »Hallo« und fügte hinzu, dass ich hoffe, mit ihnen viel Gutes machen zu können.

»Aha«, sagte einer der Männer auf Deutsch. »Da haben wir mal wieder einen jungen Jekken.« Alle lachten. Meine Befangenheit war im selben Moment verflogen. Im Krankenhaus hatte ich kaum mit jemandem sprechen können, die Patienten hatten nicht mehr die Kraft dazu gehabt. Hier schien es ganz anders zu sein, hier waren die Menschen noch sehr aktiv, sie würden mich ganz anders fordern. Die Frau, die mich eingeführt hatte, erklärte mir auch gleich darauf, dass es hier eine Menge Kurse gäbe, von Gymnastik bis Hebräisch, man würde auch Filme vorführen, viel Wert läge man auf gemeinsames Singen und Tanzen. Das klang nach reichlich Abwechslung.

Während meines Freiwilligendiensts sah ich viele Menschen mit eintätowierten Nummern auf ihren Unterarmen. Manche Zahlen waren blasser als andere, das Blau-Schwarz war grünlicher geworden, doch bei jedem waren sie noch gut zu erkennen. Noch nie hatte ich so viele Menschen in einem Raum gesehen, die durch eine Nummer derart sichtbar und zudem zeit ihres Lebens mit einer grauenhaften Geschichte verbunden waren. Und mir wurde auch klar, dass bald viele von ihnen nicht mehr leben würden. Ich musste schlucken.

Nach und nach kam ich mit diesen älteren Menschen in Kontakt. Ich erfuhr, dass einige von ihnen es geschafft hatten, schon vor dem Ausbruch des Zweiten Weltkriegs hierherzukommen, damals war der heutige Staat Israel noch englisches Mandatsgebiet und hieß Palästina. »Auf meiner Einbürgerungsurkunde steht noch, dass ich Palästinenser bin. Das hat sich dann nachher, mit Israel, geändert«, erzählte mir der neunundachtzigjährige Jakob. »Nicht viele von uns konnten einwandern«, fuhr er fort, »es gab Quoten, die eingehalten werden mussten, weil sonst die arabische Bevölkerung mit Aufstand drohte.

Die meisten hatten aber Trauriges zu berichten. Durch Glück kamen sie nicht in den Gaskammern um wie ihre Eltern oder Geschwister, konnten sich verstecken oder hatten gefälschte Papiere. Jede einzelne Geschichte berührte mich. Itzik, 1900 in Berlin geboren und aufgewachsen, der ironischerweise mit Familiennamen Glick (jiddisch für »Glück«) hieß, war in Auschwitz gewesen und hatte sich nach der Befreiung durch die Rote Armee erst nach England begeben, bis er sich nach Israel einschiffen konnte. In Manchester hatte ihn eine Schwester, die vor Hitlers Machtergreifung durch Heirat dorthin gezogen war, aufgenommen.

Aber bei seiner Schwester wollte er nicht bleiben, er wollte nach Israel, um sich ein eigenständiges Leben aufzubauen. Er hatte keine Vorstellung gehabt, wie rückständig die Levante gegenüber Berlin war, als er hier ankam. Itzik hatte eine kleine Schneiderwerkstatt eröffnet und nach und nach immer mehr Kunden bekommen.

»Aber nicht allen ist es so gut wie mir ergangen«, sagte er.

»Wieso nicht?«, wollte ich wissen, recht naiv, wie ich gleich bedachte.

»Die meisten waren arm und hatten keine Verwandten mehr, die ihnen helfen konnten. Wer aus den Konzentrationslagern kam, was ja den Wenigsten widerfuhr, lebte vielfach unterhalb der Armutsgrenze. Suppenküchen mussten eingerichtet werden. Und auch heute ist das leider wieder für manche der Fall. Es gibt noch so viele arme Alte, die die KZs überlebt haben, sich aber kein Zimmer wie hier leisten können.« Leise fügte sie hinzu: »Einige können nur hier sein, weil sie Pensionen von Deutschland bekommen für die Zeiten, die sie in Zwangsarbeit oder im KZ waren. Einfach ist das alles nicht, aber keiner hat sich hängen lassen, alle haben ihr Leben in die Hand genommen und Familien gegründet. Das waren wir unseren ermordeten Verwandten schuldig.«

Immer wieder hörte ich aus den Gesprächen heraus, wie groß das Unverständnis war, dass es Deutsche waren, die ihnen, die auch Deutsche waren, so etwas angetan hatten. Man hatte sich als Teil der deutschen Kultur empfunden, die man mitgegründet und mitgelebt hatte, und die man bis heute nicht ablegen wollte oder konnte. Aber das fanden nicht nur die Menschen, die in Deutschland einst zur Welt gekommen waren, auch Bulgaren, Polen, Ungarn, Rumänen, die ebenfalls in dem Heim lebten – der mörderische Abtransport der Nazis reichte weit nach Osteuropa hinein.

Mehrere Tage nachdem ich diese Lebensgeschichten gehört hatte, war ich froh, einfach nur meine schmutzige Wäsche zu waschen. Als ich noch im Krankenhaus gearbeitet hatte, durfte ich meine Wäsche dort abgeben; in unserer WG gab es keine Waschmaschine. Aber so richtig toll fand ich es nicht, dass meine Sachen zusammen mit der Krankenhauswäsche gereinigt wurden. Sie rochen nach reichlich Desinfektionslösung, außerdem waren die Mittel so scharf, dass meine Jeans sehr bald kaum noch als blau bezeichnet werden konnten und meine weißen T-Shirts allesamt gräulich waren. Sie waren völlig verblichen, vermochten nur noch mit einem trüben Winterhimmel zu konkurrieren. Und da die nächste Wäscherei eine halbe Stunde entfernt von meiner Unterkunft lag, ging ich dazu über, meine dreckigen Sachen mit der Hand zu waschen. Und danach etwas zu kochen.

4 FRIEDEN ALS TRUGGEBILDE – DAS ATTENTAT AUF RABIN

Der Frieden hatte aufgehört, ein Frieden zu sein. Mit dem Abkommen von Oslo 1993 verringerten sich zwar die gewaltsamen Auseinandersetzungen zwischen den Israelis und den Palästinensern, doch das war nur ein Moment. Eine Lösung des Nahostkonflikts war ein Truggebilde, die Bemühungen blieben Bemühungen, denn auch der damalige Ministerpräsident Jitzchak Rabin hatte den Status der Palästinenser nicht allumfassend geklärt – den Gegnern der Osloer Verträge auf beiden Seiten gereichte das zum Vorteil.

1995, in dem Jahr, in dem ich in Israel war, trafen sich Rabin, Palästinenserführer Jassir Arafat, König Hussein von Jordanien, Ägyptens Präsident Husni Mubarak und US-Präsident Bill Clinton im September im Weißen Haus in Washington, um das zweite Osloer Abkommen (»Oslo-B«) zu unterzeichnen. Begleitet wurde dies in Israel von einer ganzen Reihe von Anschlägen, insbesondere erinnere ich palästinensische Selbstmordattentäter, die in Busse einstiegen, meist am Sonntag oder Montag, und völlig normal, von Einschleichen konnte keine Rede sein, die Bombe in einer Tasche oder den Bombengürtel unter einer weiten Jacke versteckt, um sich und die Menschen, die in dem Gefährt saßen, in die Luft zu sprengen. Attentate dieser Art waren in der Geschichte Israels schon mehrfach vorgekommen. War von einem solchen Anschlag in Deutschland in den Nachrichten die Rede gewesen, hatte ich immer genau hingehört, war betroffen, aber es war etwas völlig anderes, selbst in dem Land zu sein, wenn Derartiges passierte. Es betraf Buslinien in Jerusalem oder Tel Aviv, die ich selbst benutzte, unzählige Menschen wurden in den Tod gerissen, andere hatten schwere Verletzungen – jedes Mal war es für mich ein großer Schock. Der alte Fernseher in meiner WG lief ununterbrochen, denn stündlich wurden Nachrichten gesendet, bei einem Attentat wurde rasch nonstop live Bericht erstattet. Auch die Busfahrer stellten zu jeder vollen Stunde die Nachrichten so laut, dass alle Fahrgäste sie mithören konnten. Wenn es keinen Anschlag gegeben hatte, drehte er die Lautstärke wieder runter.

Weil es so gefährlich geworden war, bot die ASF allen Freiwilligen an: »Wenn ihr nach Hause fahren wollt, dann macht es. Wir halten euch nicht hier, es wäre von unserer Seite aus unverantwortbar. Ihr bekommt von uns eine Bescheinigung für die komplette Zeit, auch wenn ihr nur ein Drittel eurer Zeit um habt.« Es war also unsere Entscheidung, und wie wir uns auch entschieden, wir mussten uns nicht dafür rechtfertigen. Das war eine Überlegung wert. Ich ging zwar täglich die fünfzehn Minuten zu Fuß zum Krankenhaus, dennoch war ich immer wieder mit den öffentlichen Verkehrsmitteln unterwegs. Und mit zweiundzwanzig hatte ich nicht vor, mein Dasein auf Erden zu beenden.

Wie ging ich nun damit um? Zum einen sehr rational. Ich rechnete mir aus, wie hoch die Wahrscheinlichkeit war, selbst bei einem Attentat getötet zu werden. Dabei kam ich zu dem Ergebnis, dass ich genauso gut bei einem Verkehrsunfall sterben konnte, es konnte auch eine tödlich verlaufende Krankheit bei mir entdeckt werden. Damit war aber noch nicht das emotionale Empfinden geklärt, die Angst vor den Anschlägen war da, keiner konnte sich in dieser Hinsicht etwas vormachen. Um jetzt meine Furcht zu bezwingen, wählte ich ein Vorgehen, das das Gegenteil von vorsichtig war. Ganz bewusst stieg ich in Buslinien ein, auf denen Bombenattentate verübt worden waren. Ich fing an, die Leute, die mit mir im Bus waren, zu scannen. Ist seine

Jacke nicht viel zu dick für die Jahreszeit, hat er nicht etwas darunter verborgen? Einen Sprengstoffgürtel? Es kam so weit, dass ich ich eine Person im Bus anrempelte, nur um zu fühlen, was sich unter seiner Jacke befand. Überall wurden Taschen inspiziert, und vergaß jemand eine, wurde dies sofort bemerkt und die Polizei alarmiert.

Mit meinem unvorsichtigen Verhalten demonstrierte ich mir selbst: Ich will meinen Freiwilligendienst weiter absolvieren, ich bin bereit, in diesem Land zu leben, auch wenn es hier gefährlich ist und es mich tödlich treffen kann. Einmal sah ich von einem Hauseingang aus mit rasendem Herzschlag zu, wie wegen eines Koffers, dessen Besitzer nicht auszumachen war, ein Bombenräumkommando erschien, die Straße weiträumig abgesperrt, und schließlich der Koffer von einer Art ferngesteuertem Roboter gezielt detoniert wurde. Ich fand es feige, hielt es für ein Davonlaufen, wenn ich plötzlich klein beigab, nur weil es brenzlig wurde und es auf den Straßen knallte. Ich hatte mich doch für Israel entschieden, weil ich das Land und die Menschen mochte, da konnte ich nicht kneifen. Hätte ich das getan, es wäre schwierig geworden, wieder hierher zurückzukehren. Und so blieb ich und lernte, mit den möglichen Bedrohungen umzugehen.

Nur wenige Wochen später wurde ich mit einer weiteren Dimension konfrontiert, die das, was ich bisher in meinem Leben erfahren hatte, sprengte. Ministerpräsident Jitzchak Rabin wurde aus politischen Motiven ermordet. Das war eine klare Ansage gegen die Durchführung der Osloer Friedensverträge, die Gegenkräfte wollten wieder die Oberhand gewinnen. Die geplante Zwei-Staaten-Lösung sollte unterminiert und den Siedlern nicht Einhalt gegeben werden. Es gab zu viele Mauern, geistige Mauern, die nicht einfach einstürzen sollten. Dem Terroristen Jassir Arafat die Hand geben? Nein, undenkbar. Als Rabin auf dem Platz der

Könige Israels am 4. November nach einer Friedenskundgebung eine Rede hielt, in der er seinen fortgesetzten Willen zum Frieden bekundete, wurde der Premier aus nächster Nähe von einem israelischen Jurastudenten erschossen. Ausgerechnet von einem Juden. Er befürchtete, dass Rabin das Land »für leere Friedensversprechen verkaufen würde«.

Ich war der Erste in unserer WG, der davon hörte, dass Rabin lebensgefährlich verletzt ins Ichilov-Krankenhaus gebracht worden war – ich weiß nicht mehr, wer mich informiert hatte, nur noch, dass ich es den anderen sagte, die davon noch nichts wussten. Dabei passierte etwas ganz Komisches, nie zuvor hatte ich eine schlechte Nachricht überbringen müssen, und das Attentat auf Rabin war wirklich eine dramatische Information, eine Tragödie für das Land. Ich hatte mich nicht unter Kontrolle, als ich die Nachricht weitergab, mein Gesicht verzog sich zu einem Grinsen, das ich nicht wegbekam, weil sich meine Muskeln nicht bewegen ließen. Es war wie einbetoniert. Festgeklebt. Ich spürte wohl, dass dieses Grinsen überhaupt nicht zur Situation passte, aber ich besaß kein Mittel, mit ihr umzugehen. Ich fühlte mich entsetzlich hilflos.

Eine Woche nach Rabins Tod gab es eine große Gedenkveranstaltung. Schon zur Kundgebung auf den Platz der Könige Israels bin ich nicht hingegangen. Zwar war ich bewusst in die Busse gestiegen, um meine Angst in Schach zu halten, aber Großveranstaltungen mit Zehntausenden, vielleicht sogar Hunderttausenden von Menschen fand ich zu waghalsig und hielt mich von ihnen fern. Im Nachhinein bereute ich, dass ich die Gedenkveranstaltung versäumt hatte, aber ich hatte den Mut dazu nicht gefunden. Viele bekannte Musiker Israels, darunter Arik Einstein, Nurit Galron oder die Rocksängerin Jedudit Ravitz traten auf, sie trugen ihre Lieder vor, um mit allen Anwesenden gemeinsam zu trauern. Hauptsächlich waren es junge Menschen gewesen, die sich für den Premier und seine Politik eingesetzt hatten. So wurden auch keine religiösen Trauerlieder gesungen, sondern melancholische Popsongs, die über die Jahre geschrieben wurden und zu einer Gesellschaft gehörten, in der immer wieder Menschen durch Terror und Soldaten bei ihrem Einsatz, Israel zu verteidigen, ums Leben gekommen waren. Das Land hatte seit seiner Gründung 1948 Krieg und Terror erlebt, das hatte sich auch in seiner Kultur niedergeschlagen, in Gefühlen, die mit einer bestimmten Tonart verbunden waren, einem gemeinsamen Nenner, in dem Wissen, Teil eines Ganzen zu sein und dazuzugehören. Es ist eine Musik von wohliger Traurigkeit, anders kann ich es nicht bezeichnen. Sie ist unglaublich schön, an der Grenze dessen, was ich als gar nicht mehr unbedingt traurig empfand.

Später kam eine Doppel-CD mit all diesen Liedern heraus, sie hieß, »Shalom, ḥaver – Goodbye, My Friend«. Diese zwei hebräischen Worte, »Shalom, Chaver«, sagte auch Bill Clinton auf Rabins Beerdigung, um seinen Freund zu verabschieden. Dieses Doppelalbum mit einem Cover, das den einstigen Premier neben einer israelischen Flagge zeigt, kaufte ich mir, nahm sie mit nach Deutschland – und wohl keine andere CD hörte ich in den nächsten Jahren öfter als diese. Die Musik vermittelte in der Ferne ein großes Gefühl von Verbundenheit, für Momente, in denen ich die Lieder vernahm, wurde meine Sehnsucht so groß, dass es mich zu zerreißen schien.

Nach der Gedenkfeier für Rabin war aber auch allen klar, dass mit diesem Tag der Friedensprozess in großer Gefahr war. Immer wieder hörte ich: »Wir wollen jetzt Frieden und sind bereit, dafür die Besetzung zu beenden.« Und ich hörte ebenso: »Nein, niemals hätten wir Frieden für Land bekommen. Die Besetzung hat mit dem wahren Konflikt nichts zu tun.«

Es war nicht einfach für mich, die unterschiedlichen Positionen und Ansichten zu begreifen, weil die Erfahrung des jüdischen Volkes eine ist, die kaum ein anderes Volk nachvollziehen, nachfühlen kann. Ich lernte diese Gefühle erst langsam zu verstehen. Wenn Deutsche mit Blick auf den Nationalsozialismus sagen »Nie wieder« und wenn Juden dazu auch »Nie wieder« sagen, so klingt das zwar gleich, aber es ist etwas völlig anderes gemeint. Deutsche wollen nie wieder Täter sein, und Juden wollen nie wieder Opfer sein. Das darf man nie vergessen.

Genauso langsam verstand ich, dass das intensive Nationalgefühl der Israelis – als ich in Tel Aviv ins Charles Bronfman Auditorium ging, um ein Konzert mit dem Dirigenten Zubin Mehta zu hören, schwang Mehta den Stab, und als Erstes wurde die Nationalhymne gespielt, bei der alle aufstanden und mitsangen, und nach der ich mich völlig aufgelöst auf meinem Sitz fallen ließ – in einer intensiven Verbindung zur Religion stand. Die Verknüpfung von Nation und Religion, das gibt es im Christentum so eigentlich nicht, höchstens als lockere Verknüpfung, und auch nicht im Islam. Zwar ist im arabischen Raum der Glaube ein vorherrschendes Element und weit verbreitet, aber er ist nicht an eine bestimmte Nation gebunden. Im Judentum ist das ganz anders. Die Torah, die fünf Bücher Mose, ist das, was im Christentum zum *Alten* Testament abgestuft wurde. Hier gibt es kein Altes Testament, weil kein Neues existiert, und die Torah gilt ewig, sie kann durch nichts ersetzt werden. Die Torah verknüpft die Volkwerdung mit dem Auszug aus Ägypten vor fast 3500 Jahren, das war ein nationales Ereignis, denn die Zahl der Menschen, die am Exodus beteiligt waren, umfasste das ganze Volk Israel – es sollen zwei bis vier Millionen gewesen sein. Danach empfingen sie nach der Überlieferung von Gott durch Moses auf dem Berg Sinai die Zehn Gebote und die Torah. Millionen

Israeliten waren dabei gewesen, als die Religion gegründet und sie Juden wurden. Und Millionen haben dieses Ereignis weitergegeben, in einer unglaublich breiten Tradition, die sie von allen anderen Völkern unterschied.

Durch diese Besonderheit standen die Juden stets im Fokus, wurden als das Volk der Bibel, als das auserwählte Volk Gottes immer mit anderen Maßstäben gemessen als der Rest der Welt. Man könnte sagen, für sie galten göttliche Maßstäbe, die natürlich kein Mensch einhalten kann. Wenn Juden etwas machen, müssen sie es auch schon richtig und gerecht machen, da muss alles stimmen. Sich mit (überlegener) militärischer Gewalt verteidigen, das geht nicht, und wenn, dann aber bitte mit chirurgischer Genauigkeit. Wer dauernd Wissenschaftsnobelpreise bekommt, muss doch Krieg führen können ohne Opfer, ohne Kollateralschäden und ohne menschliches Fehlverhalten und moralische Zweifel. Strategisch wichtige (und dazu noch biblische) Territorien, in denen Palästinenser leben und von denen aus gegen Israel Krieg geführt wurde, festhalten – nein, das geht nicht. Da wird sich empört.

So kompliziert und wechselseitig auch alles war, ich wollte in diesen Geschichtsstrom eintauchen, gleichsam von der deutschen Geschichte in die jüdische Geschichte wechseln, wenn das ging.

Das, was in Israel passierte, dass die Juden aus aller Welt nach fast 2000 Jahren Diaspora und nach der Schoah in ihr Land zurückkehrten, um wieder einen eigenen Staat zu gründen, erschien mir das schönste und bedeutendste Ereignis der Neuzeit.

Ich blickte auch auf mein noch gar nicht so langes Leben zurück. Ich hatte nie das Gefühl gehabt, zu irgendeiner Gruppe dazuzugehören. Klar, es gab Phasen, in denen man in irgendwelchen Cliquen war und Freundschaften für einen gewissen Zeitraum schloss, die dann auch funktionierten, aber schließlich auch beendet waren (ähnlich wie später viele Beziehungen). Ich hing mit Leuten in Clubs herum, aber nie hatte ich mich etwa mit einem Verein identifiziert, mit Jungs, die Fußball oder – bei meiner Größe eine nicht abwegige Möglichkeit – Basketball spielten. Ich hatte immer Distanz gehalten, oft in mich hineingehorcht und gefragt: »Sag mal, bist du hier eigentlich richtig? Gehörst du überhaupt hierher?« Das hatte keineswegs etwas mit meinen Eltern zu tun – es fehlte nur ein Teil, das Verbindung hieß. Und das beinhaltete nicht die coole Clique. Natürlich hatte ich zu einer solchen gehören wollen, das besaß zweifellos eine Anziehungskraft, aber hatte ich es erst geschafft, Mitglied in einer solchen zu sein, hatte ich sie schon nicht mehr interessant gefunden.

Aber zu diesem Volk würde ich gerne gehören, oder war ich dabei, mir etwas vorzumachen?

Ich verdrängte diese Gefühle und flog zurück nach Deutschland.

5 DER FENSTERSTURZ – DURCH EIN WUNDER ÜBERLEBT?

Von einer Bulthaup-Küche konnte nicht die Rede sein. Eklektisch war sie, meine Küche, in einer Ecke stand ein Gasherd in der hellen, quadratischen Küche, sogar mit vier Flammen; in Israel hatte ich in der WG mit zwei Flammen auskommen müssen. Mitte 1997 war ich aus Tel Aviv zurückgekehrt, und schon dort hatte ich angefangen, juristische Bücher, die mir mein Vater auf meine Bitte geschickt hatte, zu wälzen – keine leichte Sache zugegebenermaßen, doch für mich war inzwischen klar, dass ich Jura studieren wollte. Nach einigem Hin und Her hatte ich mich schon vor Beendigung meiner ASF-Zeit für dieses Fach entschieden, denn ich stellte mir vor, für Recht sorgen zu können. Meine Arbeit im Krankenhaus und im Seniorenheim hatte mich fürs Leben gelehrt, ich fühlte mich ihm gewappnet. Insbesondere in dieser Wohnung in der Luxemburger Straße in Köln-Klettenberg, sie befand sich in einem Block, in dem schon meine Großeltern gelebt hatten und in dem mein Vater aufgewachsen war, es war die Wohnung direkt neben ihr, der Hausmeister kannte mich.

Gas war einfach toll, so einfach, so ideal – und das Feuer ein faszinierendes Element. Ich liebte es, auf Gas zu kochen. Pfannen und Töpfe aus Eisen und Kupfer wurden angeschafft, natürlich wieder günstig erstanden auf Trödelmärkten. Für einen Studenten mit schmalem Budget gab es keine besseren Orte, um der Koch-Leidenschaft nicht zu viel Grenzen bei der Grundausstattung zu setzen. Und so setzte sich meine Küche bald aus den verschiedensten Elementen und Stilen zusammen, bis ich alles zusammen hatte, was ich brauchte, und die Küche richtig gemütlich und mein eigentliches Wohnzimmer wurde. Von meiner

Mutter ließ ich mir Rezepte erklären, zudem blätterte ich in Kochbüchern mit Rezepten aus der italienischen Küche. Nicht, dass ich jemals nach Rezepten kochte, mit genauen Grammangaben und strikt mit allen erforderlichen Zutaten. Das interessierte mich nicht, das hatte mich schon in Israel nicht interessiert, aber ich mochte es, mich von diesen Büchern inspirieren zu lassen.

Nie war es mir zu viel, noch abends etwas für mich zu kochen, da konnte der Tag an der Uni noch so lang gewesen sein. Befand sich eine Tiefkühlpizza im Ofen, dann lag es nicht an der mangelnden Lust, am Herd zu stehen, dann hatte ich einen Mordshunger oder einfach keine Zeit. Aber selbst Pizza verfeinerte ich mit Toppings oder Knoblauchöl, bevor ich sie ins heiße Rohr schob. Ich war mir damals nicht bewusst, dass ich womöglich eine besondere Fähigkeit hatte, was die Zubereitung von Speisen betraf – im Endeffekt war es zu dieser Zeit das einzige Kreative, was ich machte. Nur hatte ich es nicht als kreativ wahrgenommen. Ich joggte gern, deshalb kam ich auch nicht auf die Idee, Profimarathonläufer zu werden. Kochen war für mich ein entspannendes Hobby, nichts weiter, ohne professionelle Ambitionen.

Freunden schmeckte mein Essen, sie fragten auch mal: »Tom, wie hast du das denn zubereitet, das war super gewesen!« Aber dann geriet die Mahlzeit schnell wieder in Vergessenheit, denn spannend wurde der Abend erst nach einigen Flaschen Kölsch. Danach brachen wir auf, irgendwo wurde immer eine Party gefeiert. Trinken, Rauchen, nicht zu vergessen die herumkreisenden Joints. Ich lebte exzessiv, wobei ich immer darauf achtete, dass ich nie ganz abdriftete. Nicht eine einzige Klausur versäumte ich, weil ich nicht aus den Federn kam. So hart die Nacht auch gewesen war, ich stand früh auf, trank eine Flasche Wasser und machte Sport, lief im Grüngürtel oder ging ins Sportstudio, um mit Gewichten zu trainieren. Aber ich kam auch nicht auf die Idee, meine Ausschweifungen einzuschränken. Es war völlig normal, dass ich an den Wochenenden meinen Rausch hatte, alle in meinem Umfeld feierten wild, jeder wollte dazugehören. Dass mein enormer Alkoholkonsum vielleicht auch etwas mit einer Flucht aus der Realität zu tun haben könnte, wäre mir damals nie in den Sinn gekommen. Auch nicht, dass ich nicht das tat, was ich letztlich wollte. Wir alle hatten enormen Spaß, wenn wir durch die Nacht zogen – wieso sollte man mit dem Spaß aufhören?

Nur hin und wieder blitzte es in mir auf, dass ich doch mal was in meinem Leben ändern und die Bremse ziehen müsste – aber der Gedanke war nicht stark genug, etwas zu ändern. Machte ja auch Spaß. Ich war noch nicht so weit, noch längst nicht. Noch ging es mir gut, und ich konnte prima so weitermachen. Ich hatte auch verdrängt, dass ich in Israel angefangen hatte, nach Höherem zu streben. Ich hatte dort viel klassische Musik gehört, Bachs »Wohltemperiertes Klavier«, hatte viele Klassiker gelesen, Hesse, Goethe, Dostojewski, Tolstoi. Aber die Party-Seite in mir hatte dann doch wieder die Oberhand bekommen. Beim Feiern konnte man so wunderbare und schöne Frauen kennenlernen, und darauf wollte ich keineswegs verzichten. Was blieb denn sonst noch?

Aber hatte ich Israel vergessen? Nein. Keineswegs. Ich hatte gerade das zweite Semester beendet und alle bis dahin notwendigen Prüfungen abgelegt. Auf einmal merkte ich, dass Wochen vor mir lagen, in denen ich keine Vorlesungen und Seminare hatte und nichts lernen musste. Sollte ich in die Ferien fahren? Mein Budget gab nicht viel her, aber ich wollte auch nicht die ganze Zeit in Köln bleiben. Was tun? Plötzlich hatte ich die Antwort: Du gehst zurück nach Israel. Ich rief im Krankenhaus an, in dem ich in Tel Aviv gearbeitet hatte, und fragte, ob ich nicht für sechs Wochen kommen könne, um zu helfen. »Klar«, sagte man mir, »kein Problem, wir haben auch ein Zimmer für dich.« Ich kaufte mir ein Flugticket, packte meinen Rucksack – und war weg. Jetzt würde ich meinen wirklichen Freiwilligendienst machen, dachte ich, denn zuvor war die ASF ja nur ein Ersatz für den Zivildienst gewesen. Es war ein gutes Gefühl.

Das gute Gefühl verflüchtigte sich aber bald. Ich fühlte mich wohl im Krankenhaus, aber gleichzeitig merkte ich, dass ich hier nichts mehr verloren hatte. Was hatte es für einen Sinn, als Freiwilliger in Israel zu arbeiten? Irgendwie passte es nicht mehr, es fühlte sich nicht mehr richtig an. Es gab da diese für mich nahezu unerklärliche Anziehung zum Judentum, sie war da, das konnte ich nicht länger leugnen, aber ich wusste nicht, was ich damit anfangen sollte. Ich ging nicht in die Synagoge, lernte nicht die Torah, ich betrachtete mich noch immer als einen ungläubigen Menschen, als einen Menschen, der nicht an Gott glaubte. Ich war nicht nur nicht religiös, ich glaubte überhaupt nicht an irgendeine höhere Macht. Gott hatte in meinem Leben keinen Platz, ich selbst war meines Glückes Schmied. Mit einem Gott konnte ich nichts anfangen, aber trotzdem konnte ich nicht leugnen, dass ich mich zum Judentum hingezogen fühlte. Aber war das nicht absurd? Stand das nicht im Widerspruch zu meinem Atheismus? Aber erstens ist Gott, wenn es ihn gibt, nicht darauf angewiesen, dass ich an ihn glaubte, und zweitens hatte Gott anscheinend so seine eigenen Vorstellungen von dem, was mich in meinem weiteren Leben erwarten sollte, ganz wie ein jiddisches Sprichwort besagt: »Der Mensch denkt und Gott lenkt.«

Ungefähr eine Woche bevor ich wieder zurück nach Deutschland fliegen wollte, stand ich in der Mittagspause in meinem Zimmer im Krankenhaus. Über mir wurde gebaut, auf das flache Dach wurden zwei Stockwerke draufgebaut. Ich blickte aus dem Fenster, besser gesagt durch die Jalousien, die als Sonnenschutz davor angebracht waren. Unten im Hof liefen Arbeiter herum, ich sah ihnen zu, doch aus einem unbestimmten Grund wollte ich gerade zurücktreten, als in diesem Moment eine Eisenstange vom Dach herunterfiel und mit einem Ende in das Fenster einschlug, genau dort, wo ich vorher gestanden hatte. Jalousie und Scheibe wurden zerschmettert. Ich spürte die Druckwelle, und die Trümmerteile flogen haarscharf an mir vorbei, aber mir war nichts passiert. Im ersten Schreck war ich nur wütend, schrie auf Hebräisch nach oben, Richtung Bauarbeiter: »Könnt ihr nicht aufpassen! Hallo, hier sind Menschen!« Danach wurde mir klar, dass es eben gerade ziemlich knapp gewesen war. Hätte mich die schwere Eisenstange erwischt, mein Leben wäre vorbei gewesen, zumindest wäre mein Gesicht zertrümmert worden. Nur durch meine Rückwärtsbewegung hatte ich nicht einmal einen Kratzer von der zerberstenden Scheibe abbekommen. Erst langsam realisierte ich, was für ein großes Glück ich gehabt hatte.

Das Erlebnis beschäftigte mich so sehr, dass ich es jemandem erzählen musste. Zvi schien der Richtige zu sein, er arbeitete mit mir im Krankenhaus, ein muskulöser Fünfzigjähriger aus Südafrika, ein Jude, der niemals religiös gewesen war, dann aber irgendwann einmal fromm wurde. Seine Frau hielt das nicht aus, die beiden trennten sich – und Zvi ging nach Israel. Das war erst vor Kurzem gewesen. Mit fünfzig wagte er einen Neustart, und zur Überbrückung arbeitete er im Krankenhaus, wo er hier ähnlich wie ich eine Bleibe, ein Zimmer bekommen hatte.

Beim Mittagessen in der Kantine erzählte ich ihm von meiner Fenstererfahrung. Da wir beide noch nicht richtig Hebräisch konnten, sprachen wir Englisch.

»Du glaubst doch nicht, dass das einfach so passiert ist. HaSchem will dir etwas sagen.« Er grinste begeistert, während er seine Nudeln in einer undefinierbaren Soße wälzte und sich dann voller Genuss in den Mund schob.

»Aber ich glaube doch nicht an Gott«, widersprach ich. »Wie soll das gehen?«

Zvi sagte »HaSchem« anstelle von »Gott«, da gläubige Juden dieses Wort nicht einfach so verwenden, denn in den Zehn Geboten steht, dass sie den Namen Gottes nicht umsonst aussprechen dürfen. HaSchem heißt »Der Name«. Es gibt noch viele andere umschreibende Namen für Gott, aber HaSchem ist der geläufigste. Ich lernte erst später, dass gläubige Juden das Wort »Gott« auch nicht gerne *hören*.

Zivi kaute und grinste. »Wieso meinst du, dass HaSchem deinen Glauben braucht, um irgendetwas zu machen? Du bist doch einfach so wieder hierhergekommen, hast du dich mal gefragt, wieso eigentlich? Du suchst doch etwas, obwohl du mir selbst erzählt hast, dass du hier eigentlich nichts mehr verloren hast.«

»Du magst recht haben«, sagte ich und schob den Teller mit den Nudeln von mir weg.

»Ich glaube, dass HaSchem dir ein Zeichen geben will, damit du deine Sehnsucht nach dem Judentum nicht weiter ignorierst.«

»Aber wie kann man gegenüber einer Religion Sehnsucht verspüren, wenn man nicht glaubt? Das macht doch keinen Sinn. Das ist doch wie Schwimmen ohne Wasser.«

»Soll ich dir einen Rat geben?« Mein Gegenüber fuchtelte mit der Gabel herum, als wolle er mich aufspießen.

Bevor er es sagte, ahnte ich – oder hoffte? –, was kommen würde.

»Tom, du musst zum Judentum konvertieren. Glaub mir, das ist die Lösung.«

»Konvertieren?«

»Genau. Das Beste, was du tun kannst.«

Seltsamerweise fand ich diesen Gedanken nicht so abwegig, wie er klang. Ich war fast erleichtert, dass es ausgesprochen war.

»Aber wie soll das gehen? Wie tritt ein Deutscher zum Judentum über? Ist das nicht auch eine Art Blutangelegenheit, man ist jüdisch, wenn die Mutter jüdisch ist? Die Juden sind doch ein Volk. Und selbst wenn ich das tun sollte, ich würde doch immer außen vor bleiben.« Alle meine Bedenken, die ich in mir herumgetragen hatte, kamen auf den Tisch.

»Ich zeig's dir, dass es nicht so ist.«

Als hätte Zvi nur auf diesen Moment gewartet, zeigte er mir am Abend Torahstellen, die besagten, dass Konvertiten im Judentum besonders hoch angesehen sind – er hatte dafür extra seinen Rabbi gefragt. »Weil sie es aus einem freien Willen heraus machen. Du siehst, es steht deiner Konversion nichts entgegen.«

»Aber warum bist du so überzeugt davon, dass ich das tun sollte?«

»Weil ich nicht glaube, dass dir das mit der Eisenstange einfach so passierte. HaSchem wollte dir damit etwas sagen.«

»Und was?« Das kam mir nun doch wieder äußerst merkwürdig vor.

»Er wollte dir zeigen, dass er da ist und dass er dich beschützt.«

»Was redest du denn da für einen Unsinn?« Meine Offenheit zu Glauben und Judentum wich auf einmal meiner gewohnten Denkweise. »Da oben auf dem Dach wurde gebaut. Ich stand am Fenster, und eine Eisenstange fiel herunter. Ich habe Glück gehabt, dass die Eisenstange mich nicht erschlagen hat. Das hat doch nichts mit Gott zu tun.«

»Doch, natürlich. Alles hat mit HaSchem zu tun. Nichts passiert zufällig, nichts ohne Grund. Du könntest ein bisschen Dankbarkeit zeigen.« Zvi sah mich herausfordernd an.

Ich schaute ihn so skeptisch an, dass er lachend aufstand und im Weggehen sagte: »Frag dich doch bitte mal, warum du mit der Geschichte ausgerechnet zu mir gekommen bist?«

Das Gespräch ließ mir keine Ruhe. Hatte Zvis Sichtweise der Fenstergeschichte ihre Berechtigung? Er hatte mir zu verstehen gegeben, dass es kein Glück, sondern Fügung gewesen war. Ich fing an, auf mein gesamtes Leben zurückzublicken. Hatten die Dinge, die mir passiert waren, mit Glück oder einfach nur Pech zu tun gehabt? Meine Mutter sagte immer, dass ich ein Glückspilz sei. Waren diese Ereignisse wirklich in einem anderen Licht zu sehen, als Fügung, so wie Zvi es mir suggeriert hatte? Ohne dass ich es wollte, begann es in mir zu arbeiten, begann ich die Realität anders wahrzunehmen. Ein Prozess war in Gang gesetzt, der sich verselbständigte und nicht mehr aufhalten ließ. Letztlich war die Eisenstange der Auslöser für meinen Glauben, der berühmte Funken.

Jetzt wollte ich es wissen. Konnte man Fügung auch praktisch einsetzten? Ich hatte in Israel zu der Zeit eine Freundin, eine Ex-Miss-Israel, und wenn ich sie besuchen wollte, musste ich immer einen ganz bestimmten Bus erwischen, die Haltestelle war ungefähr einen Kilometer vom Krankenhaus entfernt. Da es August war, war es extrem heiß, gut 30 Grad bei einer Luftfeuchtigkeit von 70 Prozent. Selbst in kurzen Hosen und T-Shirt war Schwitzen garantiert, trocken kam man nie irgendwo an. Da es aber im Gegensatz zu Deutschland keine festen Abfahrtszeiten gab, Fahrpläne nicht existent waren beziehungsweise nur angaben, wie oft ein Bus die Stunde fuhr, bin ich immer zügig zur Haltestelle gegangen. Im Grunde bin ich jedes Mal so schnell wie möglich gegangen, um »den Bus nicht zu verpassen«. Völlig verschwitzt kam ich an, und wenn ich Glück hatte, fuhr ein Bus vor, wenn nicht, musste ich warten, oder ich sah ihn gerade noch wegfahren. Nun startete ich mein Experiment: Bewusst beeilte ich mich nicht, ich wollte sehen, was in diesem Fall passierte. Immerhin kam ich nicht verschwitzt an – und der Bus fuhr genau vor, als ich die Haltestelle erreichte. Ich stieg gemütlich ein und dachte: O Mann, das funktioniert ja.

Es war vielleicht ein etwas eigenwilliger Test, aber es war für mich eine Möglichkeit, Gott in mein Leben und in meine Gedanken hineinzulassen, letztlich auch mit ihm zu »arbeiten«. Und als solche Dinge wie mit dem Bus klappten, hatte ich angebissen. Beim nächsten Mal klappte es wieder nicht mit dem Bus, und ich musste verstehen lernen, dass Gott nicht Gott wäre, wenn er sich in die Karten gucken ließe.

Glaube funktioniert umgekehrt zur menschlichen Logik, könnte man sagen. Daher wirkt Glaube zunächst auch so unlogisch. Wenn man aber erst einmal angefangen hat, die Gesetze des Glaubens zu lernen und anzuwenden, verschmelzen die Gesetze der Logik und des Glaubens zu einem Ganzen – der Realität. Das ist ganz so wie bei der Quantentheorie, die wir nicht verstehen, weil sie nicht nach menschlicher Logik funktioniert, aber weil man sie akzeptierte und annahm, eröffnete ihre Anwendung ungeahnte Möglichkeiten – völlig real. Es kommt nicht von ungefähr, dass wir mit den Gesetzen der Logik die Realität zwar erklären, aber nicht vorhersagen können – denn ihr fehlt das Element der Fügung.

Gott machte zwar Geschenke, aber nicht so, dass man sie berechnen konnte, denn sonst wäre das Leben nicht schwerer als eine Klausur, zu der man den Lösungsbogen vorher bekommen hatte, es wäre wie, Lotto von letzter Woche zu spielen. So einfach war es nicht.

Es war spannend, wie ich durch diese kleinen Präsente in den Glauben hineingezogen wurde – ich letztlich bereit war, mich hineinziehen zu lassen, als hätte ich nur darauf gewartet, aber nicht zuletzt, weil ich merkte, dass es mir guttat. Nach und nach verlor ich dadurch meine Verbissenheit, mein Verhalten, mich mit mir selbst und mit anderen in einem ehrgeizigen Wettbewerb zu messen.

Auf einmal konnte ich auf dem Rücken liegend einschlafen, wozu ich noch nie fähig war. Immer hatte ich die Seiten- oder Bauchlage bevorzugt, weil ich viel zu verspannt war, um ausgestreckt Ruhe zu finden, abzuschalten und nicht mehr an mögliche oder tatsächliche Sorgen zu denken. Nun versuchte ich die Rückenposition, und ich konnte einschlafen. Ich hatte mein Gedankenkarussell stoppen können, denn es gab ja jemanden, der das über mich verfügte und dem ich vertrauen konnte. Ich brauchte ja auch nicht mehr, auf den Zufall zu warten oder irgendeine Wette einzugehen, davon hing ja nichts mehr ab. Ich war jetzt nicht auf einmal ein völlig gleichmütiger Mensch, aber ich war ein Stück weit entspannter. Es war der Anfang einer Entwicklung, die immer weitergehen sollte, und von der sich absehen ließ, dass sie endlos steigerungsfähig sein konnte.

In der nächsten Woche ging es zurück nach Deutschland. Keineswegs hatte ich vor, mein Leben zu ändern, dennoch tat ich etwas Ungewöhnliches, ich rief den damaligen Rabbi von Köln an. Ich sagte ihm nicht, dass ich womöglich konvertieren wolle, aber dass ich mehrmals in Israel gewesen sei, gerade eben erst, einigermaßen Hebräisch könne und mich fürs Judentum interessiere. Zum Schluss kam ich aufs Wesentliche: »Könnte ich vielleicht einer Torah-Stunde in Ihrer Synagoge beiwohnen? An Daf Jomi?« Beim Daf Jomi wird jeden Tag eine Seite aus dem Talmud gelernt. Ich hatte davon gehört und wollte gern daran teilnehmen. Noch heute bin ich nicht in der Lage, eine ganze Seite aus dem Talmud so schnell zu lernen, dazu brauche ich einige Tage. Damals war ich aber so naiv gewesen zu denken, ich könne einfach in die Synagoge hineinmarschieren und Seite für Seite in mich aufnehmen. Naiv, aber mit guten Absichten.

Der Rabbi lachte leise. »Das gibt es bei uns nicht in Köln. Das können Sie hier nicht machen.« Sachlich und freundlich wimmelte er mich ab.

»Okay, verstehe«, sagte ich fast ein wenig beleidigt. Aber nachdem ich aufgelegt hatte, merkte ich, dass ich eigentlich ganz froh war über diese Absage, denn ich hatte mich bei dem Rabbi aus einem Pflichtgefühl heraus gemeldet. Wenn ich mich an die Fenstergeschichte entsann, war da zwar immer noch eine schöne Erinnerung an ein spirituelles Ereignis, aber wenn ich ganz ehrlich sein sollte, fand ich es nun nicht mehr überzeugend, wegen eines Bauarbeiters, der nicht aufgepasst hatte, mein Leben zu ändern. Ich hatte nun meine Pflicht erfüllt, ich hatte es versucht. Prima, es hatte nicht geklappt, ich musste nicht weiter darüber nachdenken. Und darüber war ich irgendwie ganz froh, denn ich lebte in einem Umfeld, in dem Glaube und Religion etwas für Esoteriker war. Was aber nicht bedeutete, dass mich Israel in Ruhe ließ, und schon gar nicht das Fenstererlebnis.

Als angehender Jurist lernte ich, einer Sache auf den Grund zu gehen und Widersprüche herauszuarbeiten, um so der Wahrheit ans Tageslicht zu verhelfen. Es war üblich, während des Studiums für ein Jahr ins Ausland zu gehen, und es wäre nur zu selbstverständlich gewesen, sich wieder für Israel zu entscheiden. Aber Auslandssemester mit ERASMUS in Jura wurden nicht in Israel angeboten. Aber das war mir ganz recht, denn, um Gewissheit zu haben, sagte ich mir: »Du gehst nach Spanien. Nach Sevilla. Hübsche Frauen gibt es auch dort, ebenso ausgezeichnetes Essen, eigentlich müsste es dir dort auch gefallen. Und wenn es dir dort gefällt, dann hast du deine Israel-Schwärmerei widerlegt, dann musst du dir nicht länger einbilden oder was auch immer, dass du nach Israel gehörst und kannst dich auf deine Karriere hier konzentrieren.« Ich fand das ungemein logisch, eine perfekte Beweisführung, die ich sofort mit aller Konsequenz umsetzte.

Spanien war dann aber so gar nicht mein Fall, so schön es war. Nichts konnte ich gegen Sevilla sagen, die alte europäische Stadt ist wunderschön. Ähnliches vermochte ich auch über die Spanierinnen und die Speisen zu sagen, doch ich vermisste etwas Wesentliches: Ich fand zu den Menschen keinen Zugang. Es lag nicht an der Sprache – ich hatte im Vorfeld Spanisch gelernt, konnte es ziemlich gut sprechen und las ohne Mühen die Tageszeitung *El País*. Es lag an der Mentalität der Spanier, ich konnte mich mit ihr nicht anfreunden. Vielleicht wollte ich es auch nicht – wer konnte das schon wissen. Ich maß dagegen dem Umstand, dass ich im alten jüdischen Viertel Santa Cruz, in dem die Juden einst unter dem königlichen Schutz von Alfons X. gelebt hatten, täglich zum Sprachkurs ging, einige Bedeutung zu, auch wenn von einem jüdischen Leben keine Spur zu finden war. Die Inquisition, die in Spanien gegen Ende des 15. Jahrhunderts begann, hatte mit ihrem Alhambra-Erlass 1492 den Juden nur eine Wahl gelassen: ins Exil zu gehen oder zu konvertieren. Nicht ohne Folgen: Die Stadt kam mir hoch katholisch vor, immer wieder gab es irgendwelche Umzüge, die mich arg ans dunkle Mittelalter erinnerten. Seltsam, wie hell und anziehend dagegen die noch viel älteren jüdischen Traditionen auf mich wirkten.

An einem Abend rauchte ich einen Joint, in Spanien gab es tolles Zeug, nicht zu vergleichen mit dem, was wir Studenten in Köln herumkreisen ließen, aber man gewöhnt sich daran. Was mir aber an jenem Abend in Sevilla passierte, übertraf in seiner Wirkung alles, was ich bis dahin erfahren hatte. Normalerweise machte das Zeug kreativ, woran man sich aber im Nachhinein nie erinnern konnte, oder einfach nur müde, lustig oder hungrig. Aber dieses

Mal war ich seelisch high, ich hatte das Gefühl, auf dem Rücken gen Himmel zu fliegen, mit irgendeiner Sphäre verbunden zu sein. Es war eine spirituelle Reise zu mir selbst, eine ungewöhnliche Verbindung zu einer höheren Macht. Ohne dass ich irgendeinen Gott gesehen hätte, machte ich die spirituellste Erfahrung meines Lebens durch. Es war so zu beschreiben, als hätte man mir eine Brille aufgesetzt, mit der ich auf einmal durch meine Realität hindurchblicken konnte. Wie in dem Film *Matrix* sah ich auf einmal die Welt mit anderen Augen.

Ich versuchte mir danach selbst einzureden: Das ist normal, wenn man kifft. Das mag stimmen, das kann dann verwirrend sein, doch irgendwann pendelt sich alles wieder ein. Doch bei mir war es anders, erstens war die Erfahrung viel tiefer und absolut wahr – und mein neuer Blick blieb, so, als hätte ich eine langjährige Psychotherapie erfolgreich beendet. Ich hatte mich selbst durchschaut, ich konnte mir seitdem nichts mehr vormachen.

Wie ein Heimatloser lief ich am nächsten Tag durch die Stadt und wusste nicht, wohin mit mir, denn im Grunde lief ich vor mir selbst weg. Unruhig. Völlig hilflos. Irgendwie verloren. Abends suchte ich dann vor lauter Verzweiflung eine Taverne auf und bestellte mir dort Wein, ein Glas nach dem anderen, sicher zwei Liter. Ich trank, weil ich vergessen wollte, was mir am vorherigen Abend widerfahren war. Doch der Wein zeigte keine Wirkung, er half überhaupt nicht, war keine Lösung. Er schmeckte mir nicht einmal. Am Ende sah ich nur zwei Möglichkeiten: härtere Drogen oder das Ruder rumreißen und in die Richtung steuern.

Ich fing an, in Spanien Sport zu treiben, was ich bislang wegen der hohen Luftfeuchtigkeit und der Hitze nicht gemacht hatte. Ich hörte auf, Schweinefleisch zu essen, was in diesem Land mit diesen vielen Tapas und den Unmengen von überall von der Decke baumelnden Serrano-Schinken nicht gerade leicht war. Ab diesem Tag rührte ich nie wieder Schweinefleisch an, ich zog die Leine und meinte es auch ernst. Die wunderbaren Tintenfische, die ich so geliebt hatte, waren ebenfalls tabu, da wie Schwein nicht koscher. Und auch den Alkohol schränkte ich drastisch ein, wobei Alkohol ja im Judentum nicht verboten ist. Mit sechzehn hatte ich zu trinken angefangen, nicht, weil ich Bier oder Wein mochte, sondern weil ich die Wirkung von Alkohol angestrebt hatte. Nach diesen zwei Litern wollte ich aber keine Wirkung mehr – und wenn das nicht mehr mein Ziel war, dann konnte ich Wein oder auch Bier nicht mehr genießen. Und von Joints ließ ich meine Finger, ich hatte eine Heidenangst davor, noch einmal so etwas zu erleben.

Durch diesen regelrechten Höhenflug war ich mit meinem wirklichen Ich konfrontiert worden, mit meinen wirklichen Motivationen. All die Schalen, die wie bei einer Zwiebel um mich lagen, pellten sich ab, um meinem Kern näherzukommen. Ich sah mich, wie ich war, warum ich welche Dinge machte und wie ich auf Menschen wirkte, wie ich auf Menschen wirken wollte. Dieses Sehen warf mich völlig aus meiner alten Bahn. Ich war völlig überfordert von dieser Sichtweise, denn ich hatte gedacht, dass ich mich kennen würde. Doch zum Schluss führte dieser außergewöhnliche Rausch zu einem ganz starken Gefühl von Gott und Sehnsucht nach Wahrheit. Ich wusste nun, wo ich hingehen sollte. Das musste nicht speziell Israel sein, aber zwangsläufig das Judentum.

Ich musste an Julia denken, enorm attraktiv, sie wollte Journalistin werden, seit einiger Zeit waren wir zusammen. Ernsthaft zusammen. Wie hatten sogar überlegt, nach meiner Rückkehr aus Spanien zu heiraten. Nach dem Rausch wusste ich, dass es mit einer Fortsetzung dieser Beziehung schwierig werden würde. Es war bei uns nie um

Liebe gegangen, wir hatten uns das nur eingebildet. Für die anderen gaben wir äußerlich ein gutes Paar ab. Jeder von uns hatte eine Rolle ausgefüllt, kein Wunder, dass wir als zukünftiges Powerpaar gehandelt wurden. Anfangs wollte ich sie, nachdem ich Sevilla hinter mir gelassen hatte, noch halten, erinnerte mich immer wieder an unsere erste Zeit, die sehr schön gewesen war. Doch dann musste ich erkennen, dass ich ihr nichts mehr zu geben vermochte. Ich hatte ihr und mir etwas vorgemacht, und nachdem ich mir nichts mehr vormachen konnte, war ich auch nicht mehr dazu fähig, anderen etwas vorzumachen. Ich hatte mit jemandem zusammen sein wollen, wollte etwas geben, aber auch letztlich auch viel nehmen, um meine eigenen Bedürfnisse zu befriedigen.

Doch die Beziehung entglitt mir, weil ich mich selbst anders wahrnahm. Julia konnte nichts dafür. Was auch hieß, inzwischen war es Dezember 1999: Ich hatte angefangen zu glauben. Mochte die Droge dabei geholfen haben, aber es wäre sicher auch ohne sie passiert, durch den Joint war die Wirkung einfach nur drastischer. Sie war ein Katalysator gewesen.

Und weil ich nun jüdisch werden und glauben wollte, war es ja nur naheliegend, dass ich irgendwann einmal eine jüdische Frau heiraten wollte, dass die Kinder, die ich einmal mir ihr haben wollte, im Judentum aufwachsen. Ein Wunsch, der bei Shiri schon dagewesen war, aber danach vergessen schien. Und Julia war keine Jüdin. Doch wie führte man ein Trennungsgespräch mit einem derart ungewöhnlichen Argument? Meist wurde eine Beziehung beendet, weil man sich in der Schlussphase häufiger gestritten hatte. Die Auseinandersetzungen waren ein guter Hinweis darauf, dass man nicht über die Trennung in Streit geriet. Das war bei uns nicht so, wir hatten uns am Anfang gestritten, aber zusammengerauft. Und nun trug ich sicher die blödeste Ausrede vor, die sich eine Frau nur anhören konnte, wobei es für mich keine Ausrede war, sondern eine ernste Angelegenheit. Ganz ehrlich trug ich meine Beweggründe vor: »Julia, ich kann nicht mehr mit dir zusammen sein, weil ich konvertieren möchte.«

Meine Freundin sah mich lange an, ohne ein Wort zu sagen, dann meinte sie: »Du hast dich in eine andere verliebt.«

»Nein«, protestierte ich und dachte: Hätte ich das bloß gesagt, das wäre einfacher gewesen, aber da ich dort angekommen war, wo ich hatte sein wollen, war ich mit mir im Reinen. Besser konnte ich es Julia nicht erklären. »Diesen Weg, der jetzt vor mir liegt, den muss ich allein gehen.«

»Das ist die dümmste Ausrede, die ich je gehört habe.«

Ich war selig, dass ich es so hatte formulieren können. Meine frühere Partnerin stand von der Parkbank auf, auf der wir uns ausgesprochen hatten. Ich hatte mich ausgesprochen. Sie drehte sich nicht mehr um.

Dass Spanien ein Reinfall gewesen war, war kein Zufall gewesen.

EINE FRAU OHNE TÖPFE UND PFANNEN 6

Ich hatte mir eine Katze angeschafft, genauer gesagt einen Kater. Eine Katze in der Wohnung, so dachte ich, würde mir dabei helfen, mich beim Lernen zu konzentrieren, ich wäre dann auch nicht so allein in der Wohnung. Das deutsche Jura-Examen ist darauf ausgelegt, aus Studierenden Volljuristen zu machen, das heißt, wir wurden alle so ausgebildet, dass wir als Richter einsetzbar waren – das bedeutete einen Lernmarathon, spaßig und lässig war etwas anderes. Zivilrecht. Strafrecht. Verwaltungsrecht. Es war abwegig zu denken, dass man das alles beherrschen konnte, aber man musste in der Lage sein, sich auf all diesen Gebieten zurechtzufinden. Und Kater Baghira half mir tatsächlich dabei, meine Gedanken besser zu ordnen. Seine Anschaffung war auch ein eindeutiger Beweis dafür, dass ich in Deutschland bleiben wollte. Hätte ich schon Auswanderungspläne gehabt, ich hätte mir bestimmt kein Haustier in meine Wohnung geholt – so ganz hatte ich meinem eigenen Empfinden nach dem Sevilla-Erlebnis anscheinend doch nicht getraut.

Als ich an jenem Abend von meinem Trennungsgespräch nach Hause kam, völlig glücklich, wie bei einem spirituellen Flow, reagierte Baghira auf eine Weise, wie ich es noch nie zuvor bei ihm erlebt hatte. Fast schien es, als würde er vor Wonne durchdrehen, er schnurrte wie verrückt, wusste nicht, wo er sich lassen sollte, wollte mir ganz nah sein, rieb sich an mir. Aber er hatte meine Freude über meine Entscheidung gespürt, und die wollte er mit mir teilen. Ich sah ihn verwundert an und fragte: »Sag mal, wer bist du eigentlich?«

»Ein Geschöpf Gottes«, tauchte die Antwort prompt in meinem Kopf auf, und ich musste breit grinsen und nahm ihn auf den Arm. Sein Schnurren schwoll zu einem wohligen Grollen an.

Wahrscheinlich hätte er sich aber nicht so wohlgefühlt, wenn er geahnt hätte, was ich für Vorbereitungen traf, von denen ich selbst nicht wusste, wohin sie mich eines Tages führen würden.

Die nächsten Wochen wurden knüppelhart, die Prüfungen rückten näher und näher. Doch sollte ich das Erste Staatsexamen geschafft haben, durfte ich ich mich noch längst nicht als »Volljurist« bezeichnen, dafür musste ich ein Rechtsreferendariat absolvieren, das in mehreren Pflichtstationen bestand, auch in einer dreimonatigen Wahlstation. Bei den Pflichtstationen wurde mir mitgeteilt, wohin ich zu gehen hatte, bei der Wahlstation gab es – wie schon die Bezeichnung suggerierte – eine freie Wahl. Man konnte sich eine Kanzlei aussuchen, eine Organisation, ein Konsulat.

»Wenn du nach Israel gehen willst«, mein Vater sprach aus, woran ich selbst schon gedacht hatte, »ich kenne da den Leiter der deutschen Außenhandelskammer in Tel Aviv.« Er hatte seine Bekanntschaft gemacht, als er mich zusammen mit meinem Bruder Robert einmal in Israel besucht hatte. »Warum rufst du ihn nicht an und erkundigst dich nach entsprechenden Möglichkeiten?«

Das tat ich dann auch. Unter anderem gab er mir den Tipp, den Kontakt zur Deutschen Botschaft aufzunehmen, die wüssten vielleicht Anlaufstellen für angehende Juristen, die aus Deutschland stammen. »Die haben bestimmt irgendwelche Listen, auf denen steht, wohin man sich wenden kann. Die haben immer irgendwelche Listen.« Auch machte er mich aufmerksam auf die Deutsch-israelische Juristenvereinigung, die für mich anfangs eine große Rolle spielen sollte. Im Endeffekt ist es ein Verein zwischen deutschen und israelischen Juristen, ein Teil davon sitzt in Tel

Aviv, ein anderer in Berlin. Jährlich treffen sich die beiden Schwestervereine zu einer Tagung, mal in Deutschland, mal in Israel, es werden dann Vorträge gehalten, Weiterbildungen anvisiert, Freundschaften gepflegt und aktuelle Themen diskutiert. Und natürlich arbeiten sie auch geschäftlich zusammen.

Genau zwei Wochen vor meiner ersten Prüfung sollte die Deutsch-israelische Juristenvereinigung mal wieder tagen, und zwar in Wildbad Kreuth, in Bayern gelegen, nahe dem Tegernsee, bekannt durch die Kreuther Beschlüsse, in der sich die CSU von der CDU trennte, um Vierte Partei zu werden. Das war 1976 gewesen. Hingehen oder nicht hingehen? Das war jetzt die große Frage. Lernen oder nicht lernen? Die Tagung sollte einige Tage dauern, war das nicht eine Möglichkeit, Kontakte zu knüpfen, die vielleicht einmal wertvoll sein konnten? Ich dachte an den Schüler, der damals den Schüleraustausch wegen der Abi-Klausuren abgesagt hatte, und meldete mich an.

Wildbad Kreuth war pittoresk, die Blumenkästen mit den Geranien brachen unter dem Gewicht der vielen Blüten nahezu zusammen. Auf den Almwiesen bimmelten sich Kühe durch das Gras, ich dachte, für Israelis musste das ein eher ungewöhnlicher Anblick sein, eine Postkartenidylle. Ich erwartete eine gediegene Gesellschaft, aber da sehr viele junge Studenten anwesend waren, die von ihren Professoren zu hören bekommen hatten: »Geht da mal hin, das könnte spannend werden«, kam es mir vor, als hätte man mich in die Zeit des Schüleraustausches zurückversetzt: Alle wollten in den Tagen, die man gemeinsam verbrachte, Spaß haben. Nach den Vorträgen wurde gesungen, man tanzte, die Stimmung war locker und entspannt. Nur war man mittlerweile um einiges älter geworden, doch das spielte keine Rolle, der Lebensfreude tat das keinen Abbruch. Vom ersten Moment an sprach ich

Hebräisch, wobei ich mich selbst wunderte, woher meine Worte kamen. Es war bei Weitem noch nicht das Hebräisch, das ich heute beherrsche, aber es war genug, um ins Gespräch mit den Israelis zu kommen. Diese wiederum freuten sich, dass ein weiterer angehender deutscher Jurist in der Lage war, Hebräisch zu reden. Das war nicht üblich. Ich fand es toll, Menschen zu treffen, die mit mir im Austausch bleiben wollten, denn meine alten israelischen Kontakte waren inzwischen ein bisschen verloren gegangen. All jene, mit denen ich vorher noch einen engen Briefkontakt gepflegt hatte, hatte ich über die Jahre aus den Augen verloren.

Am Ende der Tagung hatte ich eine Liste mit israelischen Juristen, die mich für die Wahlstation aufnehmen wollten, ich entschied mich schließlich für eine kleine Anwaltskanzlei in der Nahalat Binyamin Street, nicht weit entfernt vom Rothschild Boulevard, einer Flanier- und Flirtmeile mit vielen teuren Apartmenthäusern, alten weißen im strengen Bauhausstil, neuen im internationalen Glasdesign, die nachts von unten angestrahlt werden, dazwischen Banken, Museen, Theater, Restaurants und Cafés. Nachts tobt hier das Leben, Musik ist überall zu hören, das geschäftliche Zentrum macht Pause, stattdessen treten die Clubs auf den Plan, und erst in der Morgendämmerung leert sich der Boulevard, um wenig später wieder von Anwälten, Bankern und Händlern übernommen zu werden. Die Vorstellung, ein Teil von diesem Trubel zu sein, gefiel mir – die Adresse war einfach toll. Zudem war die Kanzlei kein großes internationales Büro, das an einem Fall über Monate und Jahre arbeitet. In einer solchen Gemeinschaft hätte ich wahrscheinlich nur Übersetzungs- oder kleinere Recherchearbeiten auf den Tisch bekommen, ohne wirklich etwas mehr über die (juristischen) Probleme der Menschen dort zu erfahren.

Ich war froh, diesen Ausflug nach Bayern gemacht zu haben, was aber auch bedeutete, danach noch intensiver zu lernen. Die Prüfung verlief insgesamt gut, ich machte nicht so viele Punkte, wie ich mir vorgestellt hatte, aber dennoch war ich zufrieden. Was spielten Punkte schon für eine Rolle, wenn ich wieder nach Israel konnte?

Die Kölner Wohnung musste noch untervermietet werden, der Kater kam zu meinen Eltern, eine Bleibe in Israel hatte ich auch schon – statt ein Hotelzimmer zu beziehen, was sehr viel gekostet hätte, mietete ich mir ein Zimmer bei einer älteren Frau, Essen inklusive, also eine Art Halbpension.

Am 3. Oktober 2004 landete ich in Israel. Der Tag der Deutschen Einheit war mein Abreisetag, letztlich, ohne es zu wissen, der Anfang meines Ausstiegs aus dem Land, in dem ich zur Welt kam. Insgeheim konnte ich mir gut vorstellen, nach dem Referendariat in Tel Aviv als Jurist zu arbeiten, doch man konnte guten Willens sein, das hieß noch längst nicht, dass es am Ende auch klappen würde. Meine Wahlstation war eine geregelte Sache, der Status geklärt, ich hatte ein Visum bekommen, wurde für das Vierteljahr auch von Deutschland bezahlt. Alles war legitim und geregelt, äußerst praktisch, aber es wurde dabei auch deutlich: Nach diesen drei Monaten musst du zurück nach Deutschland. Aber immerhin hatte ich die Chance erhalten, hier eine Feuerprobe zu bestehen. Es konnte doch sein, dass sich eine Möglichkeit eröffnete, Fuß in diesem Land zu fassen.

Nachdem ich das Gebäude des Ben-Gurion-Flughafens verlassen hatte, atmete ich tief die fremde Luft ein, die mir nun gar nicht mehr fremd vorkam – schon einige Male hatte ich hier gestanden, jedes Mal mit einer weiteren Etappe auf meinem Lebensweg. Doch dieses Mal war eine andere Schwingung dabei, nun hieß es, sich wirklich auf das

Land einzustellen, es ging ja um meine Zukunft. Gleichzeitig stellte sich Skepsis ein, jene Skepsis gegen mich selbst, die mehr sehr vertraut war: Ist es nicht so, dass man gern Dinge beschönigt? Machte ich mir hier nichts vor? Ich dachte an ein Beispiel aus dem Privatleben, an eine Trennung von der Partnerin, weil einfach nichts mehr lief. Doch als man sich getrennt hatte, waren plötzlich alle Gründe auf und davon, warum man sich getrennt hatte, kein einziger wollte sich mehr einstellen. Stattdessen stellte sich eine fürchterliche Sehnsucht ein: Die Frau war doch das Beste, was du je gehabt hattest, du musst sie unbedingt zurückgewinnen oder wenigstens noch mal sehen, nur einmal. Und dann hatte ich tatsächlich alles Erdenkliche angestellt, um sie wieder davon zu überzeugen, dass das Ende der Beziehung ein großer Fehler gewesen war. Der wirkliche Fehler bestand aber darin, einen Neustart zu versuchen. Denn innerhalb kürzester Zeit, im schlimmsten Fall von zwei Tagen, im längsten von zwei Monaten, war wieder der Punkt erreicht, an dem man vorher gewesen war. Wie Schuppen fällt es einem von den Augen, aus welchen Überlegungen heraus man sich getrennt hatte. Stimmt ja, da hättest du es eigentlich wissen können. Aber ich war emotional dafür nicht zugänglich gewesen. War meine Skepsis deshalb nicht begründet?

Ein Bus brachte mich in die Innenstadt, fast zwanzig Kilometer lag der Flughafen außerhalb von Tel Aviv. Als Frau Wina die Tür öffnete, konnte ich feststellen, dass sie wirklich keine junge Frau mehr war, vorher hatte ich das nur an ihrer Stimme vermutet. Sie war Anfang achtzig, was nicht weiter problematisch gewesen wäre, aber alles war sehr ungepflegt, von Wohlfühlen konnte keine Rede sein. Wir benutzten dasselbe schmuddelige Bad, und am schlimmsten war, dass sie ständig eine Kippe im Mund oder zwischen den Fingern hatte, dazu einen Husten mit

Auswurf, selbst wenn sie mir in der Küche das Frühstück hinstellte oder das Abendessen machte. In den warmen Nächten stellte sie auch nie die Klimaanlage an, stattdessen lief sie lieber nackt durch die Wohnung. Und weil sie sehr unregelmäßig schlief, konnte das zu allen möglichen Zeiten passieren.

Aus Anstand habe ich das ein paar Tage über mich ergehen lassen, aber in ihrer Küche bekam ich nichts mehr runter. Ich frühstückte in einem Café, aß auch abends woanders. Auch stand ich schon sehr früh auf, um ihr nicht zu begegnen. Natürlich konnte sie nicht verstehen, warum ich nicht mehr bei ihr essen wollte.

Der Haushalt von Frau Wina war aber nicht die einzige Überraschung. Als ich gleich nach meiner Ankunft bei dem von mir ausgewählten Anwalt anrief, um ihm mitzuteilen, dass ich da sei, wie verabredet, Anfang Oktober, erklärte er: »Tut mir leid, ich habe irgendwie die Termine durcheinandergebracht, ich habe im Moment noch eine Referendarin, Sie können erst in zwei Wochen bei mir anfangen.« Ich konnte mein Glück kaum fassen, während ich versuchte, enttäuscht zu klingen: »Okay, dann melde ich mich dann.« Nach acht Jahren Israel-Abstinenz und zwei Jahren Marathonlernen für die Examensklausuren war, zwei Wochen frei zu haben, genial. Das Wetter war noch traumhaft, warm genug, um an den Strand zu gehen und zu baden. Bislang war ich nicht der großartige Schwimmer, aber die Wellen zu durchbrechen, den Strand entlangzuschwimmen, genoss ich sehr, insbesondere frühmorgens, wenn noch niemand am Strand war.

Nach zwei Tagen fuhr ich mit dem Bus nach Jerusalem und liebte es, einfach planlos durch die Stadt zu schlendern. Natürlich ging ich auch zur Klagemauer, zum ersten Mal als Anwärter, Jude zu werden. Ich würde immer wieder hinfahren, wenn ich frei hatte.

Irgendwann hatte ich dann zufällig mitbekommen, dass um drei Minuten vor sechs im Radio das Sch'ma Jisrael vorgelesen wurde, das Glaubensbekenntnis der Juden. »Höre, Israel!« steht in der Torah im 5. Buch Mose, im 6. Kapitel, es ist das wichtigste Gebet. Man hatte mir schon gesagt, dass viele Juden, wenn sie es sprechen, die Hand über ihre Augen legen, um so von nichts abgelenkt zu werden. Das Bekenntnis wurde klar vorgetragen, eine sanfte Melodie war im Hintergrund zu hören. Von da an saß ich immer rechtzeitig vor dem Radio und freute mich riesig, wenn ich dieses Gebet hörte. Schon bald besorgte ich mir im Antiquariat auch ein Gebetbuch von 1890 mit deutscher Übersetzung und versuchte, darin zu lesen. Es dauerte Wochen, bis ich es mitlesen konnte, aber ich ließ nicht locker, bis ich es konnte. Der Anfang war gemacht.

Viele Tage lief ich einfach nur durch die Stadt, suchte bekannte Orte auf, um zu sehen, ob sich seit meinem letzten Aufenthalt etwas verändert hatte. Immerhin war es eine lange Zeit der Enthaltsamkeit gewesen, insgesamt acht Jahre. Vieles war gleich geblieben, doch von der Skyline von Tel Aviv konnte man das nicht behaupten. Wie Pilze waren Hochhäuser aus dem Boden geschossen, überall ragten glänzende Türme in den Himmel, die wohl von Wohlstand erzählen sollten, von Big Business und Internationalität. Es gefiel mir, fast erstaunte es mich ein wenig selbst, wie gut.

Einige Male traf ich Shiri, die inzwischen verheiratet war und zwei Kinder hatte, an anderen Tagen Menschen, die ich in Wildbad Kreuth kennengelernt hatte. Meist war ich aber allein unterwegs. Ich setzte mich in ein Café, trank einen Espresso und beobachtete die Menschen um mich herum. In Tel Aviv befindet sich an jeder Ecke ein Café. Die Cafés haben nicht so viel Flair und Romantik wie jene in Wien oder Paris, meist liegen sie an einer lauten Kreuzung, doch alles um einen herum kann noch so hektisch sein, in dem Moment, wo ein Besucher auf einem Stuhl Platz nimmt, ist er entspannt. Dadurch haben auch die Cafés in Tel Aviv eine ganz eigene Kultur und Dynamik, die jeden Espresso zu einem Erlebnis machen. Und ich suchte aus diesem Grund nicht wenige Cafés auf.

Mein erstes Stammcafé befand sich jedoch in der Ben Yehuda Street, nur wenige Minuten vom Strand entfernt. Seit den Dreißigerjahren trafen sich hier die deutschsprachigen Juden, die Jekkes, die vor den Nazis nach Palästina geflohen waren. Vor dem Zweiten Weltkrieg waren rund 2000 Einwanderer gekommen, während des Krieges um die 60 000. Ihre Gemeinschaft umfasste damals ein Fünftel aller Emigranten. Der Name »Jekke« kam daher, dass die deutschen Neuankömmlinge selbst in der größten Hitze nie ihre Jacke ablegen wollten. Aber selbst die ältesten Gäste, die sowieso nur vereinzelt anzutreffen waren, redeten kaum noch Deutsch miteinander, sondern bevorzugten das Hebräische. Als sie merkten, dass ich ein Deutscher war, fingen sie an, mich auszufragen, interessierten sich für meine Geschichte, erzählten ihre, meist traurige – es erinnerte mich an meine Zeit des Zivildiensts.

An einem Morgen tauchte eine Frau auf. Sehr hübsch und sehr groß, fast eins achtzig, große Oberweite, mit dunklen langen Locken. Ich war von dieser Frau vom ersten Moment an beeindruckt – und sie auch von mir. Jedenfalls nahm ich das durch unseren Augenkontakt an, den sie von einem Nebentisch zu mir aufnahm. Weiter passierte aber noch nichts. Ich hätte mich nie getraut, einfach auf eine Frau zuzugehen. Irgendwann verließ sie das Café, ich schaute ihr lange nach, bis ihr farbenfrohes Kleid in der Menge der Passanten verschwand. Plötzlich tippte mir jemand auf die Schulter. Ich drehte mich zur Seite und sah einen Mann, der mir einen Zettel entgegenhielt. »Schau mal«, sagte er grinsend. »Du erinnerst dich sicher noch an die hübsche Frau gerade, sie hat mir gesagt, ich solle dir ihre Telefonnummer geben. Du kannst Ora ja mal anrufen.« Mit diesen Worten legte er den Zettel auf meinen Tisch und begab sich wieder auf seinen Platz. Die beiden kennen sich also, dachte ich, und sie heißt Ora. Langsam steckte ich den Zettel in meine Brieftasche, es war, als würde ich gerade etwas ganz Kostbares in Händen halten.

Ich wählte am Abend die Nummer. Gleich am ersten Tag hatte ich mir eine israelische SIM-Card besorgt. Niemand meldete sich. Ich versuchte es nochmals. Nichts. Vielleicht hatte mir der Typ eine falsche Nummer aufgeschrieben, konnte ja gut sein, dass er sie nicht hergeben wollte, weil Ora ihm selbst so ausnehmend gut gefiel. Ich konnte das nachvollziehen. Na schön, dann eben nicht. Aber es gab noch eine Chance: in den nächsten Tagen immer zur selben Zeit im Café zu sitzen. Sollte ich noch in ihrem Kopf herumgeistern, würde sie womöglich auf einen ähnlichen Gedanken verfallen.

Nach drei Tagen hatte meine zunehmende Ungeduld ein Ende. Ora erschien ein weiteres Mal im Café. Wir sahen uns an, und ohne zu zögern setzte sie sich zu mir, so als wären wir verabredet. Sofort verstanden wir uns, sie erzählte, dass sie eine Physiotherapeutin und Masseurin sei, uns beiden war schon während dieser Begegnung klar, das hier etwas passieren sollte. Eine seltsame Erfahrung, bislang hatte ich Frauen eher unter Alkoholeinfluss näher kennengelernt, auf einer Party, in einer bestimmten von Musik und sonstigen Drogen angeheizten Stimmung. Jetzt war ich vollkommen nüchtern, fühlte mich aber nicht so.

Als Ora in meinem Leben auftauchte, war es mir auch bei Frau Wina zu viel geworden, ich hatte angefangen, mir ein Zimmer zu suchen – und auch eines gefunden.

»Sie können doch nicht weg«, empörte sich meine Vermieterin, die brennende Zigarette wippte im Mundwinkel auf und ab. »Der Monat ist noch nicht um. Wir haben eine Monatsmiete verabredet.«

Ich bezahlte ihr ohne irgendwelche Einwände zu erheben – sie wären mehr als berechtigt gewesen – die volle Monatsmiete, ich wollte einfach nur raus aus dieser dreckigen, verqualmten Wohnung und in das WG-Zimmer, das ich gefunden hatte, umziehen. Nun konnte ich auch entspannt in die Nahalat Binyamin Street gehen und mit meiner Wahlstation beginnen, ohne dass die Leute gleich dachten, ich wäre ein Kettenraucher, dem Geruch meiner Kleidung nach zu urteilen.

Ora und ich fingen an auszugehen. Ich erzählte ihr, warum ich in Israel war, sie von ihrer marokkanischen Herkunft und dass ihre Eltern nach Israel ausgewandert waren. Im Gegensatz zu Shiri hatte sie jedoch ein Problem damit, dass ich kein Jude war, aber als sie dann von mir hörte: »Ich will konvertieren«, war sie wieder bei mir. Noch nie hatte ich das einem anderen Menschen aus meinem privaten Umfeld gegenüber zugegeben. Ich weiß heute nicht, ob ich diesen Schritt, jüdisch zu werden, schon in dieser Zeit so entschieden Freunden oder der Familie gegenüber formuliert hätte, aber durch Ora trat der Entschluss deutlicher zutage.

Sie war sechs Jahre älter als ich, sechsunddreißig, und wohnte seit Jahren in einer Wohnung ohne Küche. Ich konnte das kaum fassen. Ihre gesamte Küche bestand aus einem Wasserkocher. Gut, es gab in dem kleinen Raum einen Kühlschrank, Küchenschränke, in denen ein großes Durcheinander herrschte sowie einen Tisch mit Stühlen, aber keinen Herd, keinen Backofen und kein Kochgeschirr. So wie sie sich anfangs schwer damit getan hatte, dass ich nicht dem jüdischen Glauben anhing, so fand ich es hart, dass sie nicht kochte und dafür auch keinen Sinn hatte.

»Was befindet sich denn in deinen Schränken?«, fragte ich, in der Hoffnung, sie hätte dort Lebensmittel verstaut.

Ora zuckte nur mit den Schultern. »Keine Ahnung.«

»Aber du lebst doch hier schon seit fünf Jahren, oder?«

»Deshalb muss ich nicht wissen, was in den Schränken ist. Interessiert mich eben nicht.«

Aha. »Wir können aber so nichts zu Hause essen«, sagte ich. »Und wir können nicht jeden Abend ein Restaurant aufsuchen, das ist zu teuer.«

Ich fühlte mich auf einmal so unglaublich deutsch. Ich hatte schon gemerkt, dass man in Israel gern ein Auge zudrückte, bei allen möglichen Dingen, und eine gewisse Nachlässigkeit an den Tag legte (Ora hatte zum Beispiel die Eigenschaft, riesige Berge von Wäsche anzusammeln und nur dann etwas zu waschen, wenn sie saubere Sachen brauchte), es war alles nicht so, wie ich es gewohnt war, aber ich war willens, mich anzupassen. Nur nicht, was die Küche betraf.

Als ich bei ihr einzog, kaufte ich erst einmal einen neuen Herd und begann, ihre Küche sauberzumachen, sie zu ordnen und mit einigen Kochgeräten und Geschirr auszustatten, die sich selbst nach intensivstem Durchforsten der Küchenschränke nicht auffinden ließen – das war ja nichts Neues für mich. Immerhin mochte sie es, zu essen, ich hätte es wahrscheinlich kaum mit ihr weiter ausgehalten, wenn sie in meinen zubereiteten Mahlzeiten nur wie ein Spatz herumgepickt hätte. Aber ihre Figur hatte mir schon verraten, dass sie gern aß.

Ora fragte immer wieder, so auch dieses Mal, als wir in der kleinen Küche zusammensaßen, ich hatte uns einen Salat mit Datteln und Ziegenkäse gemacht: »Wie willst du eigentlich konvertieren, wie willst du das machen, wenn du in drei Monaten wieder zurück in Deutschland bist?«

»Ich werde einen Weg finden.«

Ich dachte daran, wie ich noch vor meiner Abreise den Rabbi in der Kölner Synagoge in der Roonstraße im Stadtteil Neustadt-Süd aufgesucht hatte, dieses Mal persönlich, es war ein anderer als bei meinem letzten Telefonat, wobei ich seinen Namen nicht mehr erinnere. Dieses Mal hatte ich auch deutlich zu verstehen gegeben: »Ich möchte konvertieren«, wobei ich ihm auch darlegte, warum ich das wollte.

Nachdem er sich meine Geschichte angehört hatte, sah er mich direkt an. Wie ich später erfuhr, hat ein Rabbi die Pflicht, einen Menschen, der konvertieren will, erst einmal abzuweisen. Kommt er dann wieder, bleibt beharrlich, stellt er so sicher, dass er es wirklich will. Er sagte: »In Deutschland zu konvertieren ist sehr schwer. Hier existiert nicht die entsprechende Infrastruktur.«

Das klang ein wenig technisch, aber ich ahnte, was er damit zum Ausdruck bringen wollte: Durch die Verbrechen der Nationalsozialisten gab es keine umfassende Glaubenskultur mehr in meinem Land.

»Was raten Sie mir denn stattdessen?«, fragte ich.

»Wenn Sie wirklich konvertieren wollen, dann machen Sie das in Israel. Ich halte nichts davon, einen solchen Schritt in Deutschland zu machen, in Israel haben Sie das richtige Umfeld.«

Damit war das Gespräch beendet. Der Vorschlag des Rabbi kam meinen eigenen Vorstellungen entgegen, aber war es überhaupt möglich, als Deutscher in Israel zu konvertieren? Ich würde es herausfinden.

Ora unterbrach meine Erinnerungen: »Es ist wirklich seltsam, dass ich dich getroffen habe – eigentlich habe ich mir schon mein ganzes Leben gewünscht, fromm zu sein.«

»Aber du bist doch Jüdin«, sagte ich.

»Das heißt aber noch längst nicht, dass ich glaube.« Ora nahm eine Pekannuss aus der Salatschüssel.

Ich horchte auf. In Deutschland stand man entweder einer Kirche nahe oder nicht, und man hörte fast nie davon, dass junge Menschen auf einmal fromm wurden. Doch hier gab es viele junge Menschen, die aus säkularen Familien stammten und dann fromm wurden. Das war aber nicht einfach, denn das Judentum zu praktizieren bringt viele Veränderungen und Einschränkungen im Alltag mit sich. Ora gehörte offensichtlich zu diesen Menschen. »Vor fünf Jahren habe ich es allein versucht«, sagte sie und lachte, »aber ich habe es nur ein paar Monate durchhalten können, ich bin nicht so diszipliniert wie meine Familie. Mein jüngerer Bruder ist schon fromm geworden, sogar ultraorthodox.«

»Vielleicht schaffen wir es zusammen«, schlug ich vor, ohne weiter auf die verschiedenen Glaubensabstufungen einzugehen, das war mir in diesem Moment zu viel.

Ora sah mich nun direkt an; »Eine Bedingung habe ich jedoch ...«

»Was für eine Bedingung?«, fragte ich nach.

»Du musst dich beschneiden lassen.«

»Sicher«, erklärte ich und musste ein wenig schlucken, denn daran hatte ich nicht gerades als Erstes gedacht.

»Und bevor du nicht beschnitten bist, werde ich auch nicht mit dir schlafen.«

Nochmaliges Schlucken. »Das ist völlig in Ordnung. Ich weiß ja, dass ich nur Jude sein kann, wenn ich mich habe beschneiden lassen. Kein Problem.«

Ora wollte fromm werden, und ich wollte konvertieren. Na, wenn das keine Fügung war.

7 BESCHNEIDUNG AUF RUSSISCH MIT ÜBER DREISSIG

Ich zog bei Ora ein statt in die WG, die ich gefunden hatte, Wir waren uns einig, ihr Frommwerden und meine Konversion zusammen anzugehen.

»Vergiss nicht das andere«, sagte Ora eines Tages lachend.

»Was meinst du mit ›das andere‹?«

»Du weißt das ganz genau.« Das stimmte. Sie meinte die Beschneidung, dieser Schritt war eine beschlossene Sache. »Eine Freundin von mir«, fuhr sie fort, »arbeitet bei einer Krankenkasse, und sie hat die besten Fachärzte herausgesucht, wenn es um die Beschneidung erwachsener Männer geht. Einer soll besonders gut sein, ein Russe.«

Dr. Solowjow hatte dunkle dichte Haare, helle Haut und ein kantiges Gesicht, in dem blaue Augen dominierten. Ich schätzte ihn auf Ende vierzig, er schien selbstbewusst, seine Haltung war gerade, fast wie die eines Generals. Ich erklärte ihm mein Anliegen, als ich ihn in seiner hellen Praxis mit vielen Drucken von Marc Chagall an den Wänden aufsuchte: »Ich möchte konvertieren und mich aus diesem Grund beschneiden lassen.« Ausdruckslos blickte er mich an, auch erwiderte er nichts. Mochte er keine Deutschen? Hielt er mich vielleicht für verrückt? Hatte er mich überhaupt verstanden?

Anscheinend, denn plötzlich sagte er mit schwerem russischen Akzent, es klang fast wie ein Befehl: »Ziehen Sie sich aus, ich muss mir die Sache mal genauer anschauen.«

Ich tat wie geheißen, und er warf einen ausführlichen, aber auch skeptischen Blick auf das Organ, um das es hier ging. Ich fühlte mich mulmig. War ich hier bei dem richtigen Arzt gelandet?

»Sie können sich wieder anziehen«, sagte Dr. Solowjow schließlich. »Und Konversion hin oder her, Sie müssten sich auf jeden Fall beschneiden lassen, denn Sie haben eine Phimose, eine Vorhautverengung.«

Als er seine Diagnose stellte, erinnerte ich mich daran, dass ein Schularzt mir in der dritten Klasse nach einer eingehenden Untersuchung empfohlen hatte, mit meiner Mutter einen Mediziner aufzusuchen. Er hatte gemeint, eine Beschneidung sei bei mir unbedingt erforderlich. Ich hatte eine solche Angst davor gehabt, dass ich zu Hause nichts davon erzählte. Auf keinen Fall wollte ich unters Messer, Beschneidung klang so, als würde dabei wer weiß was mit mir angestellt werden. So war ich um eine Beschneidung herumgekommen, und ich hatte bislang auch keine Probleme gehabt. Nun war ich jedoch froh, dass ich nicht schon als Junge aus medizinischen Gründen beschnitten worden war, sondern erst als Erwachsener, mit über dreißig. Auf diese Weise, so mein Gefühl, war es mir möglich, noch viel bewusster zum Judentum zu konvertieren.

Dr. Solowjow nannte mir zum Anschluss noch einen OP-Termin in einem Krankenhaus. »Sie müssen nüchtern sein, denn der Eingriff findet unter Vollnarkose statt.« Mit diesen Worten entließ er mich.

Ich erzählte meiner Familie davon. Mein Vater sagte: »Tom, das ist ein großer Schritt für einen Mann in deinem Alter, und wenn du hier wärst, könntest du sehen, wie deine Mutter die Hände über dem Kopf zusammenschlägt, aber du wirst schon wissen, was du tust.« Ich konnte regelrecht spüren, wie wieder das Wort »Kapriolen« in ihren Köpfen herumgeisterte. Es schien besser zu sein, so überlegte ich, ihnen nicht mehr so viel von dem zu erzählen, was mich bewegte, obwohl ich gern alle Schritte mit ihnen geteilt hätte.

Unabhängig von der Reaktion und den Bedenken meiner Eltern ging ich zu dem Beschneidungstermin mit einer Art Hingabe, doch zugleich wurde mein Glaube auf den Prüfstand gestellt. In OP-Kleidung wurde ich den Operationsaal gefahren. Ich konnte Dr. Solowjow erkennen, aber noch vier, fünf andere Personen, die zum OP-Team gehörten. Alle sprachen Russisch, ich verstand kein Wort. Himmel, worüber reden die denn?, dachte ich. Wissen die überhaupt, was ich will und was gemacht werden soll? Ich betete: »Lieber Gott, ich mach das für dich, pass bitte auf, dass die nicht zu viel abschneiden.« Sie machten alles richtig. Als ich aufwachte, war ich unglaublich glücklich, ich fühlte mich, als wenn Gott meine Konversion angenommen hätte.

Ora und ich suchten nun die Synagoge auf, die ganz in der Nähe ihrer Wohnung lag. Ein Glücksfall. In Tel Aviv gibt es viele Synagogen, verschiedene Synagogen mit unterschiedlichen Formen des Gebets, je nachdem, aus welchen Ländern und Regionen der Welt die Gläubigen stammen, und nicht alle sind einladend. Die Synagoge, zu der mich Ora führte, passte perfekt – wenn ich auch damals noch keine Vergleiche anstellen konnte. Der Rabbi war ein aschkenasischer Jude, also ein nord- oder osteuropäischer Jude, aber viele Menschen, die die Synagoge aufsuchten, kamen wie Ora aus Marokko oder aus Tunesien, waren sephardische Juden, wobei die meisten aber schon eine oder mehrere Generationen in Frankreich gelebt hatten. Wegen zunehmendem Antisemitismus hatten sie das Land verlassen. Dem Rabbi war es egal, er meinte, Tel Aviv sei inzwischen bunt gemischt, da käme es auf solche Unterschiede nicht mehr an. Außerdem war er über jeden froh, denn in dieser brodelnden und lebenshungrigen Stadt war man als Rabbi über jeden frommen Menschen froh. Doch der Kantor der Synagoge war ein Marokkaner, er war zwischen fünfzig und sechzig, mit großem schwarzen Hut und Schläfenlocken, er besaß ein außergewöhnliches Profil mit einer markanten Nase, selbst die Haare in den Ohren sahen aus, als müssten sie da hingehören. Würde man einen orthodoxen Juden malen wollen, ich hätte mir diesen Kantor als Vorbild genommen.

Der Rabbi hatte Ora gesagt, ich könne einfach zu den Gebeten am Schabbat in die Synagoge kommen. Ora und ich machten uns also am nächsten Freitagnachmittag kurz vor Sonnenuntergang auf den kurzen Weg, um den Kabbalat Schabbat, den Schabbatempfang, mitzumachen. Das Gebäude lag in Strandnähe, keine hundert Meter vom Meer entfernt, ein hübsches Eckhaus, einzeln stehend, was in Tel Aviv heute eher ungewöhnlich war, denn die Bauten standen hier eng beieinander, meist mehrstöckig. Klein war die Synagoge, aber mit einer unglaublichen Atmosphäre, und wie alle orthodoxen Synagogen hatte es eine Frauenabteilung und eine Männerabteilung, in letzterer wurde das Hauptgebet geführt mit dem Kantor, hier befanden sich auch die Torahrollen.

Ich saß im Männerbereich in einer u-förmigen Runde auf einer Holzbank, die leicht gepolstert war, und wusste nicht, wie ich mich verhalten sollte.

Ich hatte diese Synagoge schon vorher gesehen. Das war gleich nach meiner Ankunft in Israel gewesen, in den vierzehn Tagen meiner arbeitsfreien Zeit, die zugleich mit der zweiten Hälfte von Sukkot zusammenfiel, dem Laubhüttenfest. Vor der Synagoge war eine Laubhütte aufgebaut, innen war sie hell erleuchtet, und in der Laubhütte saßen Menschen beisammen, die aßen und tranken. Es sah sehr einladend aus, und ich hatte noch gedacht, dass ich gern dazugehören wollte. Nun schien es so weit zu sein, nur wenige Wochen später. Mein erster Kabbalat Schabbat von mittlerweile vielen Hundert, die ich alle ausnahmslos herbeigesehnt und genossen habe.

Aber jetzt wollte ich auch lernen, wie man betet. Andererseits sollten die hier versammelten Gläubigen nicht merken, dass ich überhaupt nicht wusste, wie man das anstellte. Am liebsten hätte ich es gehabt, nicht aufzufallen und nur zuzugucken. Aber das war natürlich schwierig, wenn man nicht die geringste Ahnung hatte, wie der Ablauf des Gottesdiensts funktionierte. Mein erster Fauxpas bestand darin, dass ich kein Gebetbuch vom Regal am Eingang nahm. Als ich mich schon auf eine enge Bank niedergelassen hatte, kam jemand und überreichte mir mit freundlichem Zunicken eines, die richtige Seite schon aufgeschlagen. Ich hatte das Gefühl, alle hätten das beobachtet und mitbekommen. Zum Glück hatte ich nicht vergessen, mir eine Kippa aufzusetzen, die ich mir im Vorfeld besorgt hatte.

Und dann begann der Gottesdienst. Immer wieder schielte ich zu meinem Sitznachbarn hinüber, um nachzuverfolgen, welche Seite er aufgeschlagen hatte, denn Ora saß ja auf der anderen Seite des Vorhangs in der Frauenabteilung.

Dass Frauen nicht am formalen Gebet teilnehmen, ist keine Benachteiligung, sondern dem Umstand geschuldet, dass Frauen zum formalen Gebet nicht verpflichtet sind. Diese religiöse Pflicht obliegt allein den Männern. Frauen sind außerdem spirituell viel höher gestellt als Männer und können jederzeit direkt mit Gott sprechen. Männer haben es da schwerer.

Inhaltlich vermochte ich überhaupt nicht zu folgen. Zwar konnte ich inzwischen ein wenig mehr Hebräisch, aber für das Gebet reichte es nicht. Und da auch die Seitenzahlen in dem Gebetbuch auf Hebräisch und nicht mit arabischen Ziffern gekennzeichnet waren und teilweise sogar als Buchstaben, war ich schnell draußen. Dazu kam das hohe Tempo, in dem gelesen wurde, ich hatte null Chancen mitzukommen.

Ich brauchte Monate, bis ich erst mitlesen konnte und dann auch langsam verstand, was in dem jeweiligen Gottesdienst zum Ausdruck gebracht wurde, wie die einzelnen Gebete aufgebaut waren, die zum Großteil Psalmen waren. Jedes Mal wurden sie von verschiedenen Besuchern vorgelesen, wobei ich einfach nicht begriff, wie das vor sich ging. Da las einer vor, dann übernahm ein anderer, ohne dass ich je beobachtet hätte, dass jemand ein entsprechendes Zeichen gab. Und an einer anderen Stelle übernahm dann ein Dritter. Es war faszinierend, das zu beobachten, nie entstand im Singsang eine Lücke, hier war etwas derart eingespielt, dass man partout kein System dahinter erkennen konnte. Es war, als würde ein unsichtbarer Dirigent die Einsätze geben. Beeindruckend war das. Und damit man sich das Pensum mal vorstellen kann: Das Morgengebet in der Woche (nicht am Schabbat, da ist es noch länger) umfasst in meinem Gebetbuch neunzig Seiten (DIN-A5); sind die Gebetbücher kleiner, können dies locker 130 Seiten sein, und die werden dann in einer Dreiviertelstunde, vielleicht auch in einer Stunde laut oder leise in einer Höllengeschwindigkeit vorgetragen.

Und so saß ich da auf meiner Bank, wenn ich Glück hatte, konnte ich die eine oder andere Seite mit den Augen verfolgen, ansonsten stellte ich Selbstbetrachtungen an. Bist du froh, hier zu sein? Ja, ich bin froh. Du weißt, dass es dauern wird, momentan bist du noch ziemlich überfordert? Ja, das weiß ich, aber ich möchte mich darauf einlassen. Das wird schon gut gehen. Ich bin früher Marathon gelaufen, ich weiß, worauf ich mich einstellen muss. Der Weg ist lang, er ist steinig, und irgendwann wird man richtig müde werden, es wird richtig wehtun – aber man kann sich auch nicht bei jedem Meter beschweren. Man hat gewusst, dass es so kommen wird.

»Und wie ist es dir ergangen«, fragte Ora, als wir uns nach dem Gebet wieder zusammenfanden.

»Es war schon etwas verwirrend, aber am Ende habe ich mich sehr wohlgefühlt, die Menschen in der Synagoge haben mich mit großer Wärme aufgenommen.«

Ora hakte sich bei mir ein. »Mir ist es nicht anders ergangen, es war ein sehr schönes Erlebnis.«

»Aber sag, hat der Rabbi denn keine Funktion? Er saß zwar da, betete mit, aber irgendwie hatte ich nicht das Gefühl, dass er den Gottesdienst leitete. Der Kantor, der Marokkaner, der hat das Gebet eher gesungen, denn vorgelesen. Mit einer tollen Stimme. Und auch die anderen Gläubigen haben Gebete vorgesungen. Wie geht das?«

»Das ist richtig, im Grunde brauchen wir keinen Rabbi. Es reicht, wenn zehn erwachsene Männer beieinander sind, und jeder dieser Männer kann Gebetsvorbeter sein oder aus der Torah vorlesen. Auch du kannst das einmal machen.« Ich lachte und erzählte ihr, dass ich nicht mal mit den Augen den Text hatte verfolgen könne. Dass der Gedanke mir aber auch deshalb absurd vorkam, weil ich damals viel zu wenig Mut gehabt hätte, vor Menschen zu sprechen, geschweige denn zu singen (heute bin ich schon oft als Vorbeter angetreten). Mir gefiel aber diese Form der Gleichberechtigung.

Nachdem wir noch eine Weile unseren eigenen Gedanken nachhingen, sagte ich: »Nun können wir zum Rabbinat gehen!«

Ora war ähnlich selig wie ich.

Das Rabbinat ist vergleichbar mit einer Behörde, ein Ableger des Ministeriums für religiöse Angelegenheiten, heute nennt es sich Ministerium für Dienstleistungen zur Religionsausübung. Im Rabbinat werden Hochzeiten geregelt oder das Kindersorgerecht bei Scheidungen, aber auch Konversionen. Hier beginnt der formale Akt einer solchen.

Ora – sie hatte mich begleiten und letztlich auch unterstützen wollen – und ich saßen an einem Novembertag in einem so unauffällig wie möglich möblierten Büro einem Rabbiner gegenüber. Er war Mitte vierzig, trug einen schwarzen Bart, ein schwarzes Jackett, Kippa und ein weißes Hemd. Er sah sehr typisch aus, nichts an ihm war auffällig, er begrüßte uns freundlich und bat uns, auf den »etwas unbequemen Holzstühlen« Platz zu nehmen. Ein weiteres Mal erzählte ich meine Geschichte, und der Rabbi hörte zu, ohne mein Vorhaben zu hinterfragen. Dann erklärte Ora, warum sie mitgekommen sei.

Nachdem sie berichtet hatte, dass wir zusammenwohnen würden und gemeinsam fromm werden wollten, fragte er: »Wie wichtig ist Ihnen, dass Ihr Freund konvertiert?«

Oras Antwort war ehrlich: »Mir ist das sehr wichtig. Aber ich möchte, dass er es aus eigenem Willen heraus macht, nicht weil ich das möchte.«

»Und möchten Sie das?« Der Rabbi wandte sich mir zu. »Welche Rolle spielt Ihre Freundin bei Ihrer Vorstellung, zum Judentum überzutreten?«

»Keine«, sagte ich, genauso ehrlich. »Ich hatte den Wunsch schon, bevor ich Ora kennenlernte. Er ist unabhängig von ihr.«

»Das ist gut«, sagte er. Ora und ich nickten bestätigend. »Ich werde jetzt eine Konversionsakte mit euren Namen anlegen.«

»Und wie geht es weiter?«, fragte ich. »Was habe ich zu tun?«

»Besuch die Synagoge, und dazu wöchentlich mindestens einmal eine Torah- und Talmudstunde. Und in einem Jahr sehen wir uns wieder, also im nächsten November. Dann werden wir schauen, ob wir Sie« – der Rabbi sah mich an – »zur Konversion zulassen.« Danach blickte er auf ein Formular, auf dem er eifrig unsere Namen notierte. Ich dachte im Stillen: In einem Jahr habe ich mein Referendariat beendet, ich bin dann wieder hier. In Israel sollte die

Konversion vollzogen werden, davon war ich in diesem Moment felsenfest überzeugt. Mein Herz klopfte vor Aufregung.

»Das ging ja schnell und unkompliziert«, sagte ich zu Ora, als wir das nüchterne Büro verließen, noch ganz aufgeregt von dem, was ich eben in diesem kahlen Raum erlebt hatte. »Ich hab mit allen möglichen Steinen gerechnet, die man mir in den Weg legen würde. Immerhin bin ich ein Deutscher. Aber so ...«

»Vielleicht wäre es auch schwieriger geworden«, bemerkte sie, »wenn du allein bei ihm als Ausländer aufgekreuzt wärst. Aber für den Rabbi bist du Teil eines Paars, bei dem die eine Hälfte, also ich, Bürgerin des Landes ist. Da stellt man wohl weniger Fragen und findet es eher selbstverständlich. Er geht davon aus, dass wir nach der Konversion heiraten werden. Die Konversion hast du also mir zu verdanken ...« Sie kicherte.

Im Laufe der Konversion erfuhr ich, dass diejenigen, die sie einem Partner zu Liebe machten, nicht angenommen wurden. Ähnlich hätte man es wohl nicht akzeptiert, wenn ich gesagt hätte: »Ich möchte konvertieren, weil ich als Deutscher wegen der Schoah Schuldgefühle habe und das für mich der beste Weg ist, um Sühne zu leisten.« Das war kein anerkannter Grund. Aber auch für eine solche Argumentation gab es bei mir keine Anwandlung.

Der Rabbi, da war ich mir sicher, hatte bestimmt registriert, dass meine Motive autonom waren und das Ergebnis einer langen Auseinandersetzung. Insgesamt hatte ich mir acht Jahre Zeit gegeben, um mich zu prüfen und schließlich einen solchen Schritt zu wagen. Der Antrieb dazu hatte allein in mir gelegen, kein äußerer Umstand hatte dazu beigetragen, weder Ora noch Schoah. Ora war Fügung, ein Entgegenkommen des Himmels, was alles Weitere ermöglichte. Dass es ohne die Begegnung mit ihr vielleicht unmöglich gewesen wäre, das hatte ich zu diesem Zeitpunkt jedoch noch nicht gesehen.

Es folgte meine erste Talmudstunde. Der Talmud ist die mündliche Lehre, die wie die schriftliche Lehre, die Torah, am Berg Sinai überliefert wurde und schließlich doch aufgeschrieben wurde. Ich hatte schon die Gebete in der Synagoge nicht verstanden, aber nun war ich noch mehr aufgeschmissen. Diese Schriften umfassen zwei Teile, einen älteren, der sich Mischna nennt, einen jüngeren namens Gemara. Die in ihnen festgehaltenen Regeln waren dazu noch in althebräischer Schrift verfasst, manchmal sogar in Aramäisch, in winzig kleiner Schrift, kaum zu entziffern. Diese Regeln sind das Ergebnis langer Diskussionen von jüdischen Gelehrten, es geht bei ihnen um juristische Fragestellungen, um medizinische und pädagogische Dispute, auch enthalten sie Gleichnisse und Parabeln, um das dialektische Denken zu fördern. Schön und gut, ich hatte damals nicht die geringste Ahnung, worum es ging. Das änderte sich auch nicht in den nächsten Monaten, und selbst heute habe ich noch Schwierigkeiten, diese Schriften zu entziffern.

»Und was habt ihr in der Stunde gemacht?«, fragte Ora neugierig, als ich zurück in ihrer Wohnung war.

»Ich weiß es nicht, ich kann es dir nicht sagen«, erklärte ich ehrlich. »Wie beim Gebet habe ich eigentlich nur die Menschen beobachtet.«

»Aber kannst du dir vorstellen, wirklich fromm im Sinne von orthodox zu werden?«

Ich antwortete mit einer Gegenfrage, um Zeit zu gewinnen: »Kannst du dir das denn vorstellen?«

»Ja«, erwiderte Ora sehr ernst.

»So einfach kann ich es nicht für mich beantworten«, erklärte ich. »Ich will zwar unbedingt jüdisch werden, aber die ganzen orthodoxen Regeln sind mir zu viel. Das geht ja in jeden Lebensbereich rein und bestimmt den ganzen Tagesablauf. Ich weiß nicht so recht, da kommt mir doch vieles so vor, als hätten Menschen es sich ausgedacht und nicht Gott.«

»Das war es, was mich damals davon abgehalten hat, richtig fromm zu werden – abgesehen davon, dass es unheimlich schwer ist –, dass ich nicht alles geglaubt habe. Aber wenn man richtig jüdisch leben will, dann ist das so. Die verbindlichen Regeln stehen alle im Schulchan Aruch, und daran halten sich alle, die es ernst meinen. Aber keiner zwingt dich.«

»Verstehe, wenn ich mir sicher wäre, dass Gott das alles *so* gewollt hat, dann wäre ich dazu bereit.«

»Du wirst mit der Zeit schon zu deinem Glauben finden, so wie du schon bis hierher gefunden hast. HaSchem wird dir helfen.«

»Amen«

»Amen. – Für den Anfang könntest ja schon mal anfangen, HaSchem statt Gott zu sagen, denn seinen Namen auszusprechen ist eine der Regeln. Kostet dich nichts.«

»Einverstanden.«

»Prima. Hast du nicht Lust, was für uns zu kochen? Du kochst köstlich. Was gibt es heute?«

Ora hatte recht. In den nächsten Monaten entwickelte ich meinen Glauben. Ich sah den Menschen zu, wie sie beteten, wie sie ihre Lippen bewegten, wie sie sich verhielten. Die ganzen Regeln, wie man eine Religion lebt, habe ich anfangs durch Zugucken und Zuhören gelernt.

Fast war der erste Monat herum, als Ora und ich zu der Hochzeit ihres jüngeren Bruders Oren eingeladen wurden. Ich hatte schon an ein, zwei Hochzeiten in Israel teilgenommen, aber noch nie an einer orthodoxen, eigentlich einer ultraorthodoxen. Ich konnte mir darunter nichts Genaues vorstellen.

»Oren ist besonders fromm«, sagte sie und lachte. »Er ist nach der Armee fromm geworden. Ultraorthodox fromm. Und seine Eheschließung wurde arrangiert. Ich sage nur Schidduch.«

»Was ist denn Schidduch?«, fragte ich verwundert nach, den Begriff hatte ich noch nie gehört.

»Ein Begriff aus der jüdischen Orthodoxie. Eine Heiratsvermittlung.«

»Was, Oren und seine Braut haben sich über eine Heiratsvermittlung kennengelernt? Sie haben sich nicht irgendwo getroffen, sind dann ausgegangen und haben festgestellt, dass sie auch im Alltag ganz gut miteinander auskommen?«

»Nein, sie haben sich nur zweimal vorher getroffen.«

Von arrangierten Ehen hatte ich schon gehört und wusste, dass sie in ultraorthodoxen Kreisen üblich sind. Ich hätte mir nie vorgestellt, dass das jemand aus freien Stücken machen würde, schon gar nicht in der Großstadt Tel Aviv, in der es nur so von Gelegenheiten wimmelte, irgendwo jemanden kennenzulernen. So wie auch Ora und ich uns getroffen hatten. Undenkbar war so etwas für mich.

»Das klingt für mich total verrückt«, sagte ich etwas brüsk.

»Für mich wäre das auch nichts. Aber Oren wollte das unbedingt. Es ist ja auch keine Zwangsheirat. Die Partner entscheiden selbst, ob sie sich wollen, nicht die Eltern oder sonst wer. Man kann auch mehrere mögliche Partner kennenlernen. Natürlich ohne Sex oder sonstige Intimitäten«, erwiderte Ora. »Diese Ehen funktionieren oft besser als übliche Ehen, die Scheidungsrate ist viel geringer.«

»Vielleicht«, warf ich ein, »aber das kann auch damit zusammenhängen, dass man sich gar nicht erst trennen darf. Es bleibt einem keine andere Wahl, oder?« Mir kam ein solches Vorgehen weltfremd vor.

»Das ist nicht richtig. Es gibt die Scheidung im Judentum, anders als in der katholischen Kirche. Wir sagen sogar, dass etwas keine katholische Ehe ist, wenn es nicht bindend ist.«

Ora zuckte nur mit den Schultern.

Die Hochzeit von Oren und Sarah fand ich nicht minder ungewöhnlich. Männer und Frauen feierten getrennt, in zwei Festsälen, so wie in der Synagoge, nur die Trauung fand im Beisein aller Gäste statt. Es ist schon ziemlich gewöhnungsbedürftig, nur mit Männern zu tanzen.

»Seid fruchtbar und mehret euch und füllt die Erde«, hieß es nach altem Brauchtum. Das Gesicht der Braut war mit einem weißen, transparenten Schleier bedeckt. Der Rabbiner sprach den Segen über einen mit Wein gefüllten Becher, aus dem *kalla* und *chatan* tranken, Braut und Bräutigam. Anschließend steckte Oren der Braut einen Ring an den Zeigefinger der rechten Hand und sagte: »Durch diesen Ring seiest du mir angelobt entsprechend dem Gesetz von Moses und Israel.« Nur die Frau erhielt den Ring, Oras Bruder bekam keinen. Nach dieser Zeremonie verlas der Rabbiner den Ehevertrag, in dem der Ehemann sich zu Unterhalt, Bekleidung und Geschlechtsverkehr verpflichtet.

Nach einer jüdischen Hochzeit finden eine ganze Woche lang die Scheva Brachot statt, sieben Segen, um sich der Bedeutung des gemeinsamen Lebens bewusst zu werden. Jeden Abend findet ein gemeinsames Mahl statt, zu dem wechselnde Familienmitglieder und Freunde hinzukommen. Die sieben Tage und die gesellschaftlichen Zusammenkünfte hatten ihre Berechtigung, denn bei einer arrangierten Ehe kannte sich das Brautpaar ja kaum, es musste sich erst langsam kennenlernen, und diese zusätzlichen Feiern lockern die erste Zeit auf, bevor der Alltag eintritt.

An einem Abend waren wir in Bnei Brak unterwegs, einem Vorort von Tel Aviv, in dem vornehmlich ultraorthodoxe Juden leben, die sich selbst Haredim nennen, »die vor Gott zittern«. Während meiner Aktion-Sühnezeichen-Zeit hatten wir einen Ausflug in dieses Ultraorthodoxen-Viertel unternommen, mir war das damals hinterwäldlerisch vorgekommen und arg übertrieben. Doch an jenem Abend waren wir bei einer Familie zum Essen eingeladen, die für das junge Brautpaar gekocht hatte. Es war eine Großfamilie, zu der rund zehn Kinder gehörten, es war dort richtig viel los. Die Männer saßen im Wohnzimmer um einen Tisch, und die Frauen gruppierten sich um einen zweiten in einem Nebenzimmer. Die Kinder liefen herum, waren mal in dem einen, mal in dem anderen Raum. Auf irgendeine Weise geschah es, dass ich im Wohnzimmer neben Oren platziert wurde. Durch seine neue Stellung im Leben als Ehemann war er wohl ein wenig eingeschüchtert, was mir auch nicht so richtig half, um ein korrektes Verhalten an den Tag zu legen. Keineswegs wollte ich etwas falsch machen und Ora blamieren. Sich eine Kippa auf den Kopf zu setzen ist eine recht einfache Angelegenheit, sich aber in einer ultraorthodoxen Familie in Bnei Brak richtig zu verhalten, sodass man nicht gegen irgendwelche Regeln verstieß, war etwas völlig anderes. Ich konnte nicht gerade behaupten, dass ich mich in irgendeiner Weise frei fühlte. Alles war äußerst seltsam.

Es fing damit an, dass ich mir Wasser dreimal über die Hände schütten musste, bevor ich Brot essen durfte, wobei ich bei diesem Ritual einen Segen sagen musste. Oren sagte ihn mir leise vor, und ich sprach ihm nach. Das war schon etwas umständlich. Zurück am Tisch stellte ich Oren eine eher belanglose Frage, doch Oras Bruder schwieg. Wieso redete er nicht mir mir? Was hatte ich falsch gemacht? Später erfuhr ich, dass man erst wieder sprechen durfte, wenn man einen Bissen vom Brot gegessen hat, nachdem der Segen über das Brot gesprochen war. Was war das peinlich, sogar noch nachträglich! Das Essen an sich war aber ein unglaubliches Aha-Erlebnis. Nicht dass an diesem Abend irgendwelche aufwendigen Gerichte serviert wurden, dennoch war es ein kulinarischer Höhepunkt. Das Ambiente war etwas gewöhnungsbedürftig. Der Tisch war mit nichts weiter als einer schlichten Plastikfolie bedeckt, das Geschirr bestand aus Pappe und Plastik, es war ein Wegwerfgeschirr, wie es meist bei uns auf irgendwelchen Events verwendet wird oder zum Picknicken. Eigentlich für jedes Essen eine Beleidigung, aber in Israel eine häufige Praktik, weil man keine Lust hat, bei größeren Einladungen hinterher die Mengen an Teller und Besteck abzuspülen. Nachhaltig ist etwas anderes. Serviert wurde Hummus, Auberginensalat, Eiersalat und gehackte Leber. Doch diese ganz gewöhnlichen Speisen, die ich alle schon mehrfach gegessen hatte, schmeckten mir so gut wie noch nie.

»Hey, Oren«, raunte ich zu dem Bräutigam, nachdem ich den Mund endlich mal leer hatte und mir wieder etwas auf meinen Plastikteller füllte, »wieso ist das so lecker?«

»Ich weiß auch nicht«, sagte er verwundert grinsend.

»Hör mal«, protestierte ich. »Das ist genial lecker. Wie machen die das?« Ich bekam ein Kauen zur Antwort.

»Wenn es bei euch Ultraorthodoxen in Bnei Brak immer so fantastisch schmeckt, dann ich bereit, auch so zu leben.« Ich hatte es lauter gesagt als beabsichtigt, und alle lachten.

Die Feier verließ ich mit dem Gefühl, dass ich so etwas Tolles noch nie gegessen hatte. Es war perfekt. Vollkommen. In dieser extremen Form hatte ich es noch nie erfahren. Jedenfalls nicht bei so einfachen Sachen. Fast schien mir ein solcher Geschmack nahezu unmöglich zu sein. Was war wohl das Geheimnis hinter diesem Essen?

Die Arbeit in der kleinen Kanzlei in der Nahalat Binyamin Street, bei einem Schweizer Anwalt, der witzigerweise in

Köln aufgewachsen war, war nicht sehr anspruchsvoll, aber das war mir nur recht, denn meine berufliche Fortbildung war in diesen Monaten nicht mein Hauptanliegen. Eher war sie mein Alibi, um meine Konversion voranzutreiben. Dennoch gab es noch viele Dinge, die Ora und ich anfangs nicht sehr ernst nahmen. Etwa den Schabbat. Zwar gingen wir jeden Freitag in die Synagoge, doch hinterher fuhren wir im Auto zu Oras Vater. Ein Ding der Unmöglichkeit, denn zu diesem Feiertag heißt es in der Bibel: »Sechs Tage sollt ihr arbeiten, den siebenten Tag aber sollt ihr heilig halten als einen Schabbat völliger Ruhe, heilig dem Herrn. Wer an diesem Tag arbeitet, soll sterben. Ihr sollt kein Feuer anzünden am Schabbattag in allen euren Wohnungen ...« Ein Auto zu starten bedeutete letztlich, über die Zündkerze ein Feuer zu entfachen. Und weil man kein Feuer anzünden durfte, war es auch nicht erlaubt, zu kochen. Die vorher zubereiteten Speisen durften nur über die Länge des Feiertags warmgehalten oder nach besonderen Regeln gewärmt werden. Das tat man, indem man eine Heizplatte anließ, einen Gasherd auf kleiner Flamme laufen ließ oder alles auf einem Blech in einen Ofen schob, der nicht ausgemacht wurde. Daraus hatte sich über die Jahrtausende eine wunderbare Küche entwickelt, zum Beispiel der Klassiker Tscholent, das sind verschiedenste Eintopfgerichte aus der sephardischen Küche, die mit jeder Stunde, mit der sie bei geringer Hitze vor sich hin köcheln, besser schmecken, Hauptbestandteile sind dabei Fleisch, Bohnen, Tomaten und Kartoffeln. Unglaubliche Aromen entstehen dabei, jedenfalls mit ein bisschen Übung.

Ora kümmerte das alles herzlich wenig, das hätte ich wahrnehmen können, wollte ich aber nicht. Sie war die richtige Frau zur rechten Zeit gewesen, gleichsam mein Türöffner zu meiner Konversion. Das war so viel, da stellte ich weitere Dinge nicht in Frage.

Ich liebte mehr und mehr den Kiddusch, den Segen über einen Becher Wein, der den Schabbat einleitet und ihn heiligt.

Da die Synagoge in der Nähe von Strand und Meer so klein war, fand sich dort keine Möglichkeit, diese »Heiligung« ihn ihren Räumen zu feiern. Aber direkt vor ihr gab es eine Terrasse mit einem sehr langen Tisch, um den einfache Holzbänke standen, ähnlich wie die in der Synagoge. Freitagabend machten alle zu Hause mit der Familie Kiddusch, aber jeden Samstagmorgen, wenn das Gebet beendet war, wurde der Segen über den Wein gesprochen, um den Schabbat zu heiligen – und dann wurde an diesem Tisch zusammen eine kleine Mahlzeit eingenommen, mit vielerlei Dingen, Crackern, Salaten, eingelegtem Thunfisch, manches sehr scharf, wie in der marokkanischen Küche oftmals üblich. Es waren Speisen, die ich in dieser Form, mit diesen Gewürzen, bislang noch nie probiert hatte.

Die Schärfe war eine Herausforderung, denn mit scharfen Sachen hatte ich bei meinen Kochversuchen noch wenig experimentiert. Mit der Zeit gewöhnte ich mich aber an diesen unglaublichen Schärfegrad. Später konnte ich, wenn mich jemand warnte: »Pass auf, das ist scharf, das solltest du vielleicht nur ganz vorsichtig probieren«, stolz sagen: »Und? Kein Problem, das macht mir nichts. Ich bin Marokkaner.« Die, die mich kannten, lachten wohlwollend. In der Synagoge war ich, jedenfalls was das Essen betraf, zu einem solchen geworden.

Diese köstliche Mahlzeit, wenn sie auch nicht viel mehr als ein kleiner Imbiss war, war mit gesungenen Liedern, Gesprächen und Vorträgen des Rabbi verbunden. Eine dritte Mahlzeit, die Seuda Schlischit, wurde später am Schabbat, zwischen dem Nachmittags- und Abendgebet, wenn es schon dunkel wurde, nochmals wiederholt, immer draußen auf der Terrasse unter einer Markise, egal bei welchem Wetter. Mir gefiel das außerordentlich, es war zu einer schönen Gewohnheit geworden, die ich nicht mehr missen wollte. Sie prägte mich und wurde dann in Zukunft zu einem wichtigen Anker für mich, der meinem Leben eine Chance suggerierte, auch in stürmischen Zeiten geborgen zu sein. Das ganze Prozedere beanspruchte natürlich auch viel Zeit, am Freitagabend ungefähr zwei Stunden, am Samstagmorgen drei, am Samstagabend nochmals gut zweieinhalb Stunden. Für einen Konvertiten eine Angelegenheit, die nicht gerade unanstrengend war, da ich jedes Mal viel aufnehmen und lernen musste. Aber ich hatte Glück gehabt, man machte es mir angenehm.

Zu dieser positiven Grundstimmung trug auch der Rabbi viel bei, er war ähnlich beeindruckend wie der Kantor, nur von einem ganz anderen Wesen. Er war kaum älter als ich, aber er wirkte viel älter durch seinen Bart, die Brille, den schwarzen Anzug, den Hut und sein ganzes Auftreten. Er hatte eher helle Haut, auch nicht so dunkle, eindringliche Augen und längst nicht so ein auffälliges Profil, von dem man kaum seinen Blick abwenden konnte. Doch er besaß ganz andere Qualitäten. Von seinen Vorträgen verstand ich anfangs wenig, das war auch nicht weiter verwunderlich, aber der Rabbi sprach frei, und so viel konnte ich trotz aller Sprachunsicherheiten nachvollziehen: Er besaß ein unglaubliches Wissen, ein großes Zutrauen, was seine Bekenntnisse betraf, und in seiner Stimme lag eine immense Ruhe. Er schien gleichsam aus dem Nichts zu schöpfen. Manchmal kamen seine Kinder, um mit ihrem Vater die Kiddusch-Mahlzeiten zu teilen, zuvor hatten sie noch, gerade am Freitagsgebet, einige Abschnitte aus der Torah vorgetragen, später, am langen Tisch, erzählten sie etwas von ihren Erlebnissen aus dem Kindergarten oder der Schule. Dabei stellten sie sich auf einen Stuhl, damit sie von allen aus der Gemeinde gesehen und gehört wurden. Es wurden auch Fragen an sie gestellt, von den Erwachsenen, und alle wurden beantwortet. Ich musste an meine eigene Kindheit denken, musste eingestehen, dass ich nie dazu angeleitet worden war, so selbstbewusst aufzutreten. Es war ein Selbstbewusstsein, das ihnen auf natürliche Weise mitgegeben wurde. Ich dachte daran, sollte ich einmal Kinder haben, so wollte ich auch, dass ihnen etwas auf ähnliche Weise widerfuhr.

Am Anfang zog Ora mit, mit den Wochen aber nahm sie es mit den Gebeten nicht mehr so genau, schien überhaupt mehr und mehr mit dem Frommsein zu hadern. Wieder einmal, denn sie hatte ja schon mehrere Versuche gestartet – und am Ende alles wieder aufgegeben, was sie sich gewünscht hatte.

»Kommst du wirklich wieder?«, fragte sie skeptisch, als meine drei Monate um waren.

»Klar«, erwiderte ich und nahm Ora in den Arm. »Ich habe mir mit dir hier ein Zuhause geschaffen. Wir haben eine Beziehung. Ich habe mich beschneiden lassen. Wir haben eine Synagoge, eine Akte über uns ist im Rabbinat eröffnet worden, ich lerne weiter jeden Tag Hebräisch. Wenn das keine Gründe sind, um zurückzukehren. Alles ist schöner verlaufen, als ich mir je hätte vorstellen können, ich bin auf dem richtigen Weg.«

Außerdem hatte ich in der Kanzlei anscheinend gute Arbeit geleistet, denn ich hatte schon ein, zwei Zusagen in der Tasche, wenn ich mein zweites Staatsexamen geschafft hatte. Es gab kein Zurück mehr. Ich fühlte mich wie im Honeymoon.

»Es kann aber sein, dass du in Deutschland von einer angesehenen Kanzlei umworben wirst, einer Kanzlei, in der du Karriere machen und viel Geld verdienen könntest. Ausgeschlossen ist das nicht. Jetzt hast du einen guten Willen, der kann aber durch lukrative Angebote schnell eines anderen belehrt werden. Womöglich lernst du es schätzen, einen Haufen Geld zu haben, der dir ein angenehmes Leben garantiert.«

Ora vollzog Gedanken, die mir bekannt vorkamen und die ich nicht als völlig abwegig abtun wollte. Bislang war es mir immer um viel Geld gegangen. Aber längst hatte mich die finanzielle Seite meines Berufs nicht mehr derart interessiert wie am Anfang meines Studiums. Es hatte diese Priorität verloren. In der Kanzlei in der Nähe des Rothschild Boulevards hatte ich so wenig bekommen, doch nicht einen Moment hatte ich daran gedacht, dass ich unterbezahlt war oder womöglich sogar meinen Status einbüßen konnte (Anwälte galten ja als Menschen, die besser verdienten als andere). Die Bezahlung war kein Aspekt, um irgendwo in der Welt eine Stelle zu übernehmen – solche Gedanken hatte ich hinter mir gelassen. Oder meinte es zumindest. Geld allein machte nicht glücklich, das hatte ich inzwischen verstanden. Geld war nicht die Voraussetzung dafür, um ein Lebensgefühl herzustellen, das mit Zufriedenheit verbunden war. Bei Geld bestand nur die Gefahr, dass man sich zu schnell daran gewöhnte. Und wenn es Glück beinhaltete, dann nur für kurze Zeit, sehr bald verlor sich dieses Gefühl wieder. Das war alles eitel und Haschen nach Wind. Ich wollte ein Glück, das länger hielt.

8 KONVERTIEREN – EINE EXISTENZIELLE HERAUSFORDERUNG

Ora war erleichtert, als ich nach wenigen Monaten zurückkehrte. Ich hatte es versprochen, aber ihre Zweifel hatte ich nie wegwischen können. In jedem Telefonat, das wir führten, war zu hören, dass sie sich unserer Beziehung nicht sicher fühlte. Ich war da ganz anderer Meinung, weshalb ich ihre Bedenken überhaupt nicht verstand.

In Deutschland hatte ich meine weiteren notwendigen Stationen als Referendar beendet. Sie hatte ich ja nicht wählen können, ich wurde ihnen zugeteilt. Einmal musste ich nach Bonn, sehr ärgerlich, weil man das auch in Köln machen konnte, parallel arbeitete ich in einer schicken international arbeitenden Kanzlei in Köln, wo viele gerne nach dem Zweiten Staatsexamen hinwollten. Man bekam dort ein Gehalt, das so außerordentlich gut war, niemand hätte so ein Angebot ausgeschlagen – außer man hatte andere Lebensvorstellungen und strebte mit aller Entschlossenheit eine Konversion an. Ich hatte überhaupt kein Problem, diese Gelegenheit nicht wahrzunehmen, denn ich hatte meine Entscheidung unumstößlich getroffen und ging offensiv damit um.

Meine Eltern hatten zwar seit dem Schüleraustausch meine Begeisterung für das Land Israel mitbekommen, waren zum Teil selbst dort gewesen und liebten das Land auch sehr, dennoch hatten sie große Schwierigkeiten, meinen »Ausstieg« aus Deutschland mit all den damit verbundenen Konsequenzen nachzuvollziehen. Für sie waren es, eigentlich verständlich, »Kapriolen«, und so sehr ich versuchte, ihnen alles verständlich zu machen, es blieb eine Wand, die ich nicht zu durchdringen vermochte.

Die guten Freunde hatten mich mehr oder weniger schon immer mit meiner Israel-Leidenschaft teilen müssen, für sie war auch nur konsequent, dass ich diesen Schritt tat. »Wir besuchen dich.« Drei hielten ihr Wort, noch heute gibt es einen engen Kontakt, andere hatten es versprochen, doch sie machten es nicht wahr: »Das Land ist mir zu gefährlich, ich wage es nicht, wer weiß, ob nicht gerade da, wo ich stehe, eine Bombe explodiert.« Eine wenig rühmliche Ausrede war auch: »Wenn ich dort bin, geht bestimmt wieder ein Krieg bei euch los.« Ich konnte die Ängste verstehen, war aber trotzdem traurig, wie wenig die Menschen sich mit Israel befassen wollten, um sich ein persönliches Urteil zu bilden.

Schon während der Wahlstation hatte ich meine Fühler ausgestreckt und einige Bewerbungsgespräche in Tel Aviv geführt, denn aufgrund meines durch die Beziehung zu Ora erhaltenen Visums konnte ich völlig legal in Israel arbeiten. Und tatsächlich bekam ich einen Job in einer deutsch-israelischen Kanzlei, die im Azrieli Center ihr Büro hatte.

Nun hielt ich Ausschau nach einer kostengünstigen Gelegenheit, um wieder nach Tel Aviv fliegen zu können. Bald ergab sich auch eine. Die nächste Jahresversammlung der deutsch-israelischen Juristenvereinigung stand an, im Mai 2005, dieses Mal in Israel, und keinesfalls wollte ich sie versäumen. Von Köln aus fuhr ich mit dem Zug zum Flughafen Frankfurt am Main, wo sich alle deutschen Teilnehmer dieser Tagung aus der gesamten Bundesrepublik versammelten, eine Gruppe von vierzig, fünfzig Leuten. Ich wusste, dass sie so groß war – perfekt für mein Vorhaben. Ich hatte nämlich Unmengen von Gepäck dabei, allein ein kleiner Koffer voll mit Messern und anderen Küchenutensilien. Das Übergepäck, so hatte ich im Vorfeld überlegt, könnte ich auf die Mitreisenden der Gruppe übertragen, denn ich hatte meine Koffer und Taschen auf die Waage gestellt – das Freigepäck, das ich hatte, war mit fast achtzig Kilogramm katastrophal überschritten. Tatsächlich beanstandete die Frau vom Bodenpersonal nichts, als sie mich eincheckte. Unsere Reiseleiterin hatte sie vorbereitet, und da die meisten von uns für die wenigen Tage nur wenige Sachen mithatten, drückte sie wohl bei mir ein Auge zu. Mit einem Blick zum Himmel bedankte ich mich.

Doch dann bekam ich mit den Messern meine Probleme.

»Moment mal«, sagte der Mann, der meinen Koffer und die Taschen durchleuchtete. »So können Sie das nicht aufgeben. Nicht mit den vielen Messern.« Es waren sicher zehn an der Zahl.

»Aber die Messer müssen mit«, sagte ich verzweifelt. »Ich bin dabei, in Tel Aviv eine Küche einzurichten.«

Der Mann musterte mich. Er schien zu überlegen, ob ich die Wahrheit sprach oder möglicherweise ein Terrorist war. Heute wäre eine solche Situation völlig undenkbar, damals war sie begrenzt undenkbar. Da er auch die anderen Küchengeräte inspiziert hatte, meinte er bestimmt: »Die Messer müssen in die Sicherheitsverwahrung. Holen Sie die bitte aus dem Koffer heraus.«

Das hörte sich schon besser an, und unter den neugierigen Blicken meiner Mitreisenden öffnete ich meinen Koffer, kramte die Messer hervor und drückte sie dem Mann mit Nachdruck in die Hände, als würde ich ihm das Kostbarste von der Welt anvertrauen – was auch in einer bestimmten Form stimmte. Tatsächlich bekam ich sie am Ben-Gurion-Flughafen zurück, komplett und gut versiegelt. Ich hatte dafür nicht einmal extra zahlen müssen. Natürlich hatte ich diesen Punkt nicht von mir aus angesprochen, es hatte ja alles auch so geklappt. Stillhalten war manchmal eine gute Methode, um ungeschoren sein Ziel zu erreichen. Ich hatte mir im Flieger vorgestellt, dass dieses versiegelte Messerpaket im Cockpit gelegen hatte und die Piloten Witze darüber gerissen hatten. Vielleicht hatten sie sich auch ausgemalt, was für tolle Speisen sie damit essen konnten, rheinisch-israelischen Sauerbraten oder ein saftiges Rumpsteak. Ora fand das alles abwegig, als ich ihr davon erzählte, sie fand es sowieso überhaupt verrückt, dass ich Messer aus Deutschland angeschleppt hatte. Aber gute Messer waren das A und O in der Küche und kosteten viel Geld, das ich in absehbarer Zeit nicht verdienen würde. Ich wollte aber keinesfalls auf sie verzichten.

Doch trotz aller Einrichtungsversuche in Oras einst leerer Küche war ich dieses Mal nicht in der richtigen Stimmung, für uns zu kochen. Es fehlte mir die Energie dazu, sodass wir doch häufig außerhalb aßen, wenn auch nicht in Restaurants, sondern es gab genügend Möglichkeiten, um an klasse Streetfood zu kommen. Borekas wurden von uns favorisiert, man konnte sie in jedem Supermarkt bekommen, in fast jeder Bäckerei, es waren leichte Blätterteigtaschen, salzig gefüllt mit Käse, Spinat oder Kartoffeln, süß mit Apfel oder Schokolade. Es war Kiloware, und wir kauften jedes Mal eine ganze Tüte voll mit diesen luftigen Taschen, sie schmecken unglaublich gut, sind aber in der Menge nur für Menschen geeignet, die nicht mit Gewichtsproblemen zu kämpfen haben. Ora scherte sich darum wenig, weshalb sie genauso genussvoll zubiss wie ich. Mit dieser Tüte, die sich leider langsam leerte, liefen wir durch die Stadt. Wenn wir uns an Borekas überessen hatten (das kam aber nur sehr selten vor), aßen wir alternativ eine aufgeschnittene Pita, in der sich Huhn, Fisch und Salat befand, alles gut gewürzt mit einer Tahina-Sauce, einer Sesampaste aus Kreuzkümmel, Knoblauch, Petersilie und Zitronensaft.

»Willst du eigentlich immer noch fromm werden?«, fragte ich sie an einem unserer ersten Abende nach meiner Rückkehr, wie hatten uns mit einer gut gefüllten Borekatüte auf eine Bank am Strand gesetzt und sahen aufs

Mittelmeer. Mir war schnell klar geworden, dass sie in den Monaten, in denen ich nicht da gewesen war, eine Auszeit vom Frommwerden genommen hatte. Das Wasser schimmerte in der Abenddämmerung grün, weiße Schaumkronen rollten sanft ans Ufer heran.

Sie machte eine abwehrende Geste, untermalt von einem ablehnenden Geräusch. »Man braucht dazu ganz schön viel Disziplin.« Herzhaft biss sie in ein Blätterteigstück mit Fetakäse, Disziplin sah tatsächlich anders aus.

»Willst du das überhaupt noch?« Nachdenklich schaute ich sie an, das leichte Rauschen des Windes im Ohr.

»Grundsätzlich schon«, sagte sie lang gezogen und warf ihre langen dunklen Haare in den Nacken, damit sie sie nicht beim Essen störten.

»Aber?«, hakte ich nach.

Sie zuckte nur mit den Achseln. Ich konnte mir aber selbst zusammenreimen, was sie eigentlich hätte aussagen wollen. Es war wohl auch hier wie bei allen anderen anderen Dingen, die sie sich vornahm. Sie wollte Sport machen, sie wollte abnehmen, mit Rauchen aufhören. Hatte sie erst einmal damit angefangen, fühlte sie sich gut und erzählte es allen, noch bevor ihr Tun von Erfolg gekrönt war. Aber irgendwann kam bei ihr immer der Moment, wo sie sich hätte überwinden müssen, die Sache weiterzuverfolgen. Beim Sport oder bei der Diät wird jedoch dauerhafter Einsatz verlangt, bei der Religion sogar besonders viel; als ein Picknick konnte man das Gläubig- und Frommwerden nicht gerade bezeichnen. So sagt man auch, es sei schwer, Jude zu sein.

Laut sagte ich: »Am Anfang ist es viel Arbeit, sich ein jüdisches Leben zu schaffen. Man braucht viel Durchhaltevermögen.«

»Aber jetzt bist du ja endlich da«, erklärte Ora. »Mit dir wird es auch für mich leichter.«

Ich wollte konvertieren und hatte damit ein Ziel, deshalb hatte ich es leichter als Ora, mich zu disziplinieren. Ich hatte nicht mal kurz Lust gehabt, sondern hatte angefangen, grundsätzlich mein Leben zu verändern, das hatte ich bei der Eröffnung der Konversionsakte deutlich zu verstehen gegeben.

Wir knüllten die leere Tüte zusammen, warfen sie in einen Papierkorb und schlenderten noch lange ziellos durch die sich füllenden Straßen von Tel Aviv.

Bald aber zeigte sich das, was ich zuvor nicht so hatte sehen wollen. Ora und ich waren sehr unterschiedlich. Das musste bei einer Beziehung nicht unbedingt ein Hindernis sein, aber es war ein Unterschiedlichsein, das mir hin und wieder doch recht große Schwierigkeiten bereitete. Ora war nicht nur eine marokkanische Schönheit, sie besaß auch ein marokkanisches Temperament. Wenn ihr etwas nicht passte – und das konnte schnell geschehen –, konnte sie sehr aufbrausend und heftig sein, dann ließ sie ihre emotionalen Verstimmtheiten freien Lauf. Mit so einem marokkanischen Temperament musste man umgehen können. Mir war das fremd, weshalb es mich selbst auf die Palme brachte. Ich rastete zwar nicht aus, hatte aber kein »Werkzeug« an der Hand, um damit umzugehen.

Und es stellte sich heraus, dass sie auch keine Lust mehr hatte, fromm zu werden, wenn ich da war. Ich ging von nun an alleine in die kleine Synagoge. Ora lebte einfach ihr normales Leben weiter. Was bedeutete: Ich musste allein meine Konversion bewältigen, und weil wir uns mehr und mehr aneinander aufrieben, hieß das auch, dass ich wohl nicht länger bei ihr in der Wohnung bleiben konnte. In der Zwischenzeit hatte ich einen deutschen Stammtisch aufgetan, der sich einmal im Monat in einem Bierhaus auf dem Rothschild Boulevard traf. Es waren Expats aus Deutschland, die Kontakt zu anderen Deutschen suchten, einige von ihnen arbeiteten seit Jahren in der Deutschen Botschaft in Tel Aviv. Uwe gehörte dazu, er hatte den Stammtisch organisiert. Ich fand ebenfalls Kontakt zu Noam, der seit drei Jahren in Israel lebte, auch konvertiert war, sich aber nicht sonderlich um die Regeln des Judentums scherte. Er war zehn Jahre älter als ich, also Anfang vierzig, ähnlich begeistert von dem Land wie ich, auch ähnlich groß, nur mit Sicherheit zehn, fünfzehn Kilo schwerer an Muskeln als ich, mit dichtem blondem Zopf, den er wachsen ließ, seit er clean war. Vor Jahren war er ein Narkomane gewesen, süchtig nach allem, was high macht. Er wurde für die nächsten Jahre zu meinem engsten Freund.

Uwe wiederum, Ende vierzig, blond, ein solider, sicherheitsliebender Beamter mit großem Herz, war derjenige, der sagte, als ich ihm einmal von den Schwierigkeiten mit Ora erzählte: »Sollte es mal gar nicht mehr mit ihr laufen, dann ruf mich einfach an. Ich habe eine große Wohnung, du kannst bei mir immer unterkommen.«

»Danke für das Angebot, aber so schlimm wird es nicht werden«, winkte ich ab.

Im Vordergrund stand aber erst einmal mein neuer Job. Das Azrieli Center ist ein hochmoderner Komplex, der aus drei Skyscrapern besteht, dem Circular Tower, dem Triangular Tower und dem Square Tower, wobei alle Wolkenkratzer über vierzig Stockwerke haben und an der Basis durch eine gigantische Shoppingmall verbunden sind, die unzählige Restaurants, Kino und sogar Märkte beherbergen. Die Kanzlei galt als renommiert, und das Büro im achtunddreißigsten Stock war schon recht beeindruckend, von dort oben hatte ich einen atemberaubenden Blick über Tel Aviv.

Die Kanzlei war sehr angesehen, sie hatte sich auf deutsche Kläger spezialisiert. Einer der Partner, Aaron, war der Sohn einer Deutschen, einer Konvertitin, und eines erfolgreichen israelischen Geschäftsmanns; die gesamte Familie pflegte gute Kontakte mit Deutschland und eben auch mit der deutsch-israelischen Juristenvereinigung. Aaron war kaum älter als ich, aber durch die Beziehungen seines Vaters war er in der Lage gewesen, sich schon sehr jung eine eigene Kanzlei aufzubauen. So weit, so gut, der einzige Haken an der Sache war nur der: Ich bekam ein Gehalt von umgerechnet 800 Euro im Monat bei einer Vollzeitwoche, das war der Mindestlohn. Von dem, was man mir in Köln geboten hatte, war das natürlich ein Riesenschritt von oben nach unten, selbst als Referendar hatte ich so viel in knapp zwei Tagen verdient. Materiell konnte sich das wirklich nicht lohnen, aber da ich ja meine eigene Meinung zu Geld und ein gutes Gefühl bei dieser Kanzlei hatte, störte es mich nicht sehr, quasi für einen Mindestlohn als Anwalt tätig zu sein. Irgendwie würde es schon reichen. Und es reichte auch. Wichtig war, dass ich in Israel arbeiten konnte, dass ich einen Fuß in der Tür hatte. Ora verdiente ihr eigenes Geld.

Am ersten Tag war ich in einem Anzug erschienen, in der Annahme, in einer besseren Kanzlei hatte man sich entsprechend zu kleiden, doch die meisten trugen Poloshirts. In Israel zog niemand freiwillig einen Anzug an, nicht einmal im Geschäftsleben, allenfalls vor Gericht, und sonst nur Politiker und natürlich die die Ultraorthodoxen. Nach einer Viertelstunde zog ich verstohlen mein Jackett aus, rollte den Schlips zusammen und steckte ihn in meine Tasche, öffnete den Hemdkragenknopf. Die Arbeiten, die mir Aaron gab, waren nicht sehr anspruchsvoll, häufig waren es Übersetzungstätigkeiten, oder ich musste die E-Mail-Korrespondenz auf Deutsch übernehmen. In Deutschland war ich einen anderen Standard gewohnt, ich fühlte mich dort eher wie ein Praktikant und fand in der Arbeit keine Befriedigung. Letztlich war mein Gehalt meiner Unterforderung angemessen. Andererseits wusste ich, dass ich hier durchhalten musste, ich tröstete mich damit, dass ich, hätte ich erst die Konversion hinter mir, sich alles andere schon finden würde.

Um ins Büro zu kommen, lief ich jeden Tag drei Kilometer durch die Stadt, und zwar zu Fuß. Ich hätte auch einen Bus nehmen können, was ich an den ersten Tagen auch getan hatte, doch weil ich viel Zeit hatte, entschied ich mich fürs Gehen. In dem Vierteljahr, in dem ich in der Kanzlei arbeitete, schaffte ich es, nicht ein Mal dieselbe Strecke zu gehen, ohne größere Umwege zu machen. Mal bog ich an dieser Ecke, mal an jener ab, lernet so jeden Winkel, jedes Café, jedes Geschäft in der Innenstadt kennen, das auf dieser Achse lag. Ich besaß einen iPod, ich hörte viel israelischen Pop, aber auch Songs von Robbie Williams, insbesondere »Feel«, ich hatte es erst jetzt entdeckt, obwohl es schon 2001 herausgekommen war. Er sang davon, dass er mit Gott sprach, der aber nur über seine Pläne lachte. »I just wanna feel / Real love feel the home that I live in.«

Ich wollte auch die wahre Liebe spüren in dem Haus, in dem ich lebte, aber das war zwischen Ora und mir nicht möglich, wie ich bald begriff. Die Abwehrhaltung ihr gegenüber wurde immer größer, was nicht nur damit zu tun hatte, dass sie keine Lust hatte, in unserem gemeinsamen »Haus« etwas zu machen (es fing dann doch an, mich zu stören), irgendwie gab es grundsätzlich keine gemeinsame Basis. Verliebt waren wir nicht mehr, das zeigte sich mehr und mehr. Wären wir das gewesen, so hätte alles seine Richtigkeit gehabt. Aber an vielen Stellen hatte ich das Gefühl gehabt, als wäre meine Wahrnehmung gedämpft, fast wie betäubt.

Manchmal schien es, als würde ich unter einem Einfluss stehen, als wäre ich gegen meinen Willen in Ora verliebt. Was nicht stimmte, ich war schon am Anfang in sie verliebt gewesen, aber dann hatte sich eine Diskrepanz aufgetan, ich spürte, dass ich nicht zu meinen eigentlichen Gefühlen durchkommen konnte. Dennoch tat ich mich schwer, das für mich zu formulieren. Ich hatte sie nicht einfach so kennengelernt wie andere Frauen, ich hatte diese Beziehung als Fügung verstanden auf dem Weg der Konversion. Aus diesem Grund hatte ich eine höhere Leidensbereitschaft als unter normalen Umständen (ich hätte mich sonst schon längst getrennt), war bereit, auftauchende Schwierigkeiten anzunehmen und zu ertragen. Ich sah einen spirituellen Zusammenhang zwischen dem, was ich so machte und der Tatsache, dass es nicht leicht war, mit Ora zusammen zu sein.

Erst später verstand ich, dass das Judentum nicht nur aus Regeln, Verhaltensvorschriften und Verboten bestand, sondern auch eine Selbstkorrektur beinhaltete, Tikun genannt. Sich selbst zu korrigieren, um ein besserer Mensch zu werden, war eine der Hauptaufgaben, war Gottesdienst par excellence.

Ora schaffte es, mich so sehr zu reizen, dass ich an der Grenze war, gewalttätig zu werden, was ich vorher von mir nicht kannte – in diesem Moment setzte Erkenntnis ein: So kann es nicht weitergehen.

Ich musste Konsequenzen ziehen, und das hieß, dass Ora und ich nicht länger zusammenleben konnten. Ich musste mir eine eigene Wohnung suchen, doch bei meinem Mini-Gehalt würde es schwierig werden, etwas Bezahlbares zu finden, außerdem hatte ich noch keine Genehmigung vom Innenministerium für die Konversion. Nach einem heftigen Streit eigentlich wegen Nichtigkeiten rief ich in meiner Not Uwe an und erinnerte mich, dass ich nicht gedacht hatte, dass es soweit kommen würde – ich hatte mich da getäuscht.

»Uwe, du hast mir doch mal gesagt, dass ich bei dir wohnen kann, wenn es zwischen Ora und mir kracht. Der

Fall ist jetzt eingetreten. Es ist mir unangenehm zu fragen, aber steht dein Angebot noch?«

»Kein Problem«, meinte Uwe. »Bei mir wohnt eigentlich immer jemand, momentan aber gerade nicht. Glück für dich.«

»Wann willst du kommen?«

»So bald wie möglich.«

»Komm einfach mit deinen Koffern bei mir vorbei, heute Abend.«

Und das tat ich. Wobei ich die meisten Gepäckstücke unausgepackt in dem Raum stehen ließ, den mir Uwe in seiner Wohnung zur Verfügung stellte, eine wahre Flucht von Zimmern, die er als Junggeselle kaum alle nutzte. Er hatte nicht übertrieben, als er behauptete, viel Platz zu haben.

»Wie kannst du dir überhaupt so eine große Wohnung leisten?«, fragte ich, nachdem er mich durch die hellen Räume geführt hatte.

»Botschaftsmitarbeiter bekommen einen Mietzuschuss, und je teurer die Wohnung ist, umso größer fällt er aus, deshalb konnte ich mir diese Bleibe hier leisten.« Er grinste.

»Ein eigenwilliges Finanzierungsmodell«, meinte ich

»Ich habe es nicht erfunden.« Uwes Grinsen wurde noch breiter.

In den nicht ausgepackten Koffern hatte ich hauptsächlich meine Kochgeräte, auch meine Messer verstaut. Da Ora in den Monaten meiner Abwesenheit ihre Küche nicht anders genutzt hatte als vor unserem Kennenlernen, musste ich meine Sachen retten, bevor sie für Jahre in den Küchenschränken im inzwischen schon wieder angewachsenen Chaos (klar, auch ein Grund unserer Auseinandersetzung) verschwanden, vielleicht sogar für immer. Zudem: Mein Visum würde in einigen Monaten auslaufen, und durch die Trennung von Ora war die Voraussetzung nicht mehr gegeben, dass es verlängert wurde. Aber es war auch nicht mehr möglich, die Beziehung aufrechtzuerhalten, nur um weiter in Israel arbeiten zu können. Unter solchen Umständen überlegt man sich die Auflösung einer Partnerschaft dreimal, und weil das so war, sie definitiv nicht länger tragbar war, gab es kein Zurück mehr. Ich sah keine Perspektive mehr für uns. Als Sicherheitsmensch hatte ich meine Wohnung in Köln aber auch nicht gekündigt, sondern untervermietet. Sollte alles schiefgehen, ich konnte immer zurück, diese Hintertür hatte ich mir offengelassen. Das ließ mich die Ungewissheit leichter ertragen.

Am wichtigsten war aber die Genehmigung zur Konversion, die angelegte Akte war ja nur eine Verfahrenseröffnung, noch längst keine Genehmigung, dass ich damit beginnen konnte. Ich musste nur noch wenige Tage warten, dann war der November gekommen, um mich erneut beim Rabbinat zu melden. Würde ich die Genehmigung haben, konnte auch eine Alijah möglich werden, eine Einwanderung.

»Meinst du, dass mir das Rabbinat eine Konversionserlaubnis erteilt?«, fragte ich Uwe, als ich eines Abends für uns beide einen Fisch zubereitet hatte und wir uns am Küchentisch gegenübersaßen. Viel Geschirr hatte er auch nicht, aber zumindest gab es einige Töpfe und eine Pfanne.

»Du bist nervös, weil Ora nicht mehr mitzieht, oder?« Er gabelte sich ein Stück von seinem Zackenbarsch auf einer Artischockencreme auf und wedelte mit der Gabel vor meiner Nase herum. »Schmeckt übrigens genial. Komm ja nicht auf die Idee, so schnell hier wieder auszuziehen.«

Das Lob freute mich, aber die Möglichkeit, dass das Rabbinat eine gegenteilige Entscheidung traf, beunruhigte mich tatsächlich.

Schließlich war es so weit, der Termin beim Rabbinat stand nach einem Jahr an.

»Hast du gemacht, was ich dir gesagt habe?«, fragte er. In Israel wird gern geduzt. »Bist du in die Synagoge gegangen und hast Torahstunden genommen?«

Ich bejahte und zog als Beweis eine Bescheinigung des Rabbis aus der marokkanischen Synagoge aus der Tasche und legte sie ihm auf den Schreibtisch.

Der Rabbi las sie durch, schließlich sagte er: »Das ist schön, das klingt gut. Aber was ist denn mit deiner Partnerin? Du warst doch im vergangenen Jahr mit deiner Lebensgefährtin hier, die auch fromm werden wollte. So steht es wenigstens hier in eurer Akte.« Nachdrücklich tippte er auf meine Konversionsakte, die schon geöffnet vor ihm auf seinen Schreibtisch gelegen hatte, als ich sein Büro betrat.

Diese Frage hatte ich befürchtet. Lügen wollte ich nicht, also sagte ich die Wahrheit: »Wir haben uns getrennt.«

Der Ausdruck in den Augen meines Gegenübers wurde schlagartig ernst: »Ja, aber ohne deine Partnerin hast du kein Recht, in diesem Land zu sein, da kannst du auch nicht hier konvertieren.«

»Ich hatte Ihnen schon vor einem Jahr gesagt, dass ich nicht wegen ihr kontervieren will, ich will konvertieren, weil ich Jude werden möchte.« Konnte ihn das überzeugen?

»Das verstehe ich, aber es ist ein rechtliches Problem. Ohne Aufenthaltsgenehmigung keine Konversion.« Und das musste man gerade mir als Juristen sagen.

Ich hatte geahnt, dass es nicht leicht werden könnte, ich hatte aber nicht geahnt, dass es so schwierig werden könnte. Mir stand nun eine ziemlich schlimme Zeit bevor. Alles hatte bislang geklappt, alles hatte sich irgendwie gefügt und geregelt, und nun hing ich auf einmal zwischen den Stühlen. Ohne Aufenthaltsgenehmigung keine Konversion, ohne Ora keine Aufenthaltsgenehmigung. Diese große Unsicherheit war kaum zu ertragen – wie würde es weitergehen? Der Rabbi konnte es mir auch nicht sagen.

Bei Ora hatte unser kleiner Rosenkrieg, den wir geführt hatten, bis ich ihre Wohnung verließ, zur Folge gehabt, dass sie nahezu über Nacht fromm geworden war. So richtig fromm. Sie hatte immer luftige, kurze Kleider getragen, die ihre Kurven betonten, nun war sie auf einmal zu hundert Prozent auf Linie, wollte nur noch religiös sein. Ihre modischen Kleider ließ sie links liegen, sie zog einzig lange Röcke und weite lange Oberteile an. War unser Streit auch um ihre reduzierten Besuche in der Synagoge gegangen, so war sie jetzt ständig dort, um zu beten. Dort sah ich sie an den Schabbatot, sodass ich diese Veränderung miterlebte.

Mir war in der letzten Phase der Beziehung klar geworden: Ich hatte noch viel Arbeit vor mir, um mich selbst zu korrigieren. Ich war mir selbst von meiner dunkelsten Seite vorgeführt worden.

Aber was war mit ihr passiert? Ich konnte es mir nur schwer erklären, konnte aber einige Anhaltspunkte finden, die so etwas wie ein Gesamtbild ergaben. Sie musste unter einem immensen psychologischen Druck gestanden haben. Sie hatte mit mir eine Familie gründen wollen, und sie war in einem Alter, in der sie, um Kinder zu gebären, die biologische Uhr ticken hörte. Sie hatte mir viel geholfen, sie hatte mich ins Rabbinat gebracht, einen guten Arzt für die Beschneidung gefunden. Ohne sie hätte ich diesen Sprung vielleicht nicht gewagt. Das hatte sie bestimmt gespürt, und so hatten wir beide uns dadurch am Anfang in einer Art Sicherheit befunden, einer Sicherheit, die aber nur vermeintlich eine war, wie ich auch in den Anrufen gespürt hatte, wenn ich in Deutschland war. Und am Ende war ein Krückstock weggebrochen, ich war ganz woanders hingesprungen, nämlich ins kalte Wasser.

Ich durfte nicht aufgeben, nicht so schnell. Also suchte ich nochmals das Rabbinat auf, um nachdrücklich auf meinen Wunsch zur Konversion hinzuweisen. Um einen weiteren Weg zu überlegen, schlug man mir vor, ich solle doch noch einmal zusammen mit Ora in diesem Büro erscheinen.

»Das will ich gern versuchen«, erwiderte ich, gab aber auch zu bedenken: »Sie ist inzwischen sehr religiös geworden. Und ich weiß nicht, ob sie mir helfen wird.«

»Versuche es«, sagte der Rabbi. »Vielleicht finden wir dann eine Lösung.«

Weil sie jetzt fromm war und es für eine Mitzwa, eine religiöse Pflicht, hielt, mir zu helfen, erklärte sie sich zu einem gemeinsamen Termin im Rabbinat bereit, doch bevor der Rabbi auch nur irgendeine Frage stellen konnte, legte sie los: »Wie hast du nur akzeptieren können, uns als unverheiratetes Paar zusammenleben zu lassen? Nicht einmal Jude ist er, das ist ein Verstoß gegen die religiösen Vorschriften. Du hättest wissen müssen, dass das nicht funktionieren kann.« So ging das noch eine Weile weiter, es war ein Ausbruch, der ganz ihrem Temperament entsprach, während dem ich auf meinem Stuhl immer tiefer rutschte. »Aus religiöser Sicht durften wir nicht zusammen sein. Du hättest das verhindern müssen. Und jetzt bin ich fromm und will einen orthodoxen Juden heiraten. Nur einen solchen und keinen anderen. Punkt. Aus.« Sie hatte den Termin benutzt, um ihre Sichtweise klipp und klar darzulegen.

Der Rabbi schaute etwas konsterniert drein, aber nur wegen ihrer vulkanartigen Emotionalität, mit der sie alles vorgetragen hatte. Denn sie hatte recht, das konnte man ihm ansehen.

»Wollt ihr es nicht doch noch mal versuchen?«, fragte er zaghaft.

»Nein!«, antworteten wir beide gleichzeitig, ohne uns anzusehen und überlegen zu müssen. Er schlug die Akte, auf der »Tom und Ora« stand, zu.

In diesem Moment verstand ich, dass Gott Ora und mich zusammengeführt hatte, um jeden von uns auf einen eigenen Weg zu leiten. Wir waren nicht dazu bestimmt, zusammen zu sein, aber wir hatten uns gegenseitig dahin geführt, wo Gott uns haben wollte.

Das Innenministerium wurde eingeschaltet. Im Rabbinat hatte man mir zu verstehen gegeben: »Du kannst nicht konvertieren, wenn du kein Visum hast. Eine Konversion dauert fünfzehn Monate und länger, du musst uns vom Innenministerium ein Visum für diesen Zeitrahmen vorlegen, nur dann kann ich dich zur Konversion zulassen.« Im Ministerium sagte man mir: »Du bekommst kein Visum, solange das Rabbinat deine Konversion nicht genehmigt.« So ging das hin und her. Ein Teufelskreis war aufgemacht, und ich wusste nicht, wie ich ihn durchbrechen konnte. Unzählige Male lief ich von einer Institution zur anderen, dazwischen hatte ich nervenaufreibende Wartezeiten zu überstehen, ohne je ein Gefühl, eine Ahnung zu haben, wohin das am Ende führen würde. Immer wieder verlangte man neue Bescheinigungen von mir, von Leuten, die ich im Laufe des vergangenen Jahres in Israel kennengelernt hatte und die mir bestätigen sollten, dass mein Interesse an einem Übertritt zum Judentum ein ernsthaftes Anliegen von mir war.

Als ich kurz vor dem Aufgeben war, erklärte man mir im Rabbinat: »Sie haben uns doch von dem Rabbi aus Köln erzählt, jenem, der Ihnen empfohlen hatte, in Israel zu konvertieren. Von ihm würden wir auch gern eine Bestätigung haben, dass Sie ihn aufgesucht haben. Das könnte uns vielleicht überzeugen.«

Ich stöhnte innerlich auf. Das war eine Begegnung von zehn Minuten gewesen – würde man sich noch an mich erinnern? Ich glaubte es kaum, aber ich ließ nichts unversucht, es schien, als wäre es meine letzte Chance. Und so nahm ich Kontakt zur Synagoge in der Roonstraße auf und erzählte in einem Telefonat von meinem Dilemma, am anderen Ende der Leitung war nicht der Rabbi, mit dem ich damals gesprochen hatte, sondern ein Gehilfe von ihm. Am Schluss des Gesprächs sagte er mir, das mit der Bestätigung könne man machen, man würde sie mir in die Anwaltskanzlei faxen. Zwei Wochen lang horchte ich auf, wenn das Faxgerät im Büro lief – nie war etwas darunter aus der Roonstraße 50.

Mir blieb nichts anderes übrig, als es nochmals zu probieren. Diesmal hatte ich den Rabbi am Apparat, ich erkannte seine Stimme. Wieder erzählte ich von meinem Problem. Der Rabbi hörte zu, sagte aber, nachdem ich geendet hatte: »Ich kann mich beim besten Willen nicht an Sie erinnern.«

Na super! Verzweifelt sann ich darüber nach, wie ich seinem Gedächtnis auf die Sprünge helfen konnte. Schließlich sah ich nur noch einen Ausweg: Ich schickte ihm ein Foto von mir nach Deutschland, mit den Zeilen: »Übrigens, so sehe ich aus. Vielleicht können Sie sich doch an mich erinnern. Von Ihrer Bescheinigung hängt ab, ob ich hier in Israel konvertieren kann.« Fast umgehend bekam ich eine Nachricht von ihm, dass er sich doch meiner entsinne, aber das erwünschte Schriftstück blieb abermals aus. Tag für Tag rief ich in der Kölner Synagoge an, denn mein nächster und tatsächlich auch letzter Termin im Rabbinat rückte näher. Immer wieder wurde beteuert, man würde das Dokument gleich aufsetzen, aber nichts passierte.

Mit hängendem Kopf ging ins Rabbinat in den King David Boulevard, direkt neben dem Jitzchak-Rabin-Platz. Die gewünschte Bescheinigung hatte ich nicht bei mir, und somit konnte ich sie auch nicht vorlegen. Ich hatte alles versucht – vergebens. So viel hatte ich auf mich genommen, jede Anstrengung überwunden, nun scheiterte ich an einem Stück Papier aus Deutschland. Ich kam mir vor, als sei ich auf dem Weg zur Guillotine.

»Willst du nicht noch mal in Deutschland anrufen?«, fragte der Rabbi, der ein gewisses Mitgefühl zeigte und auf das Telefon auf seinem Schreibtisch wies.

Zögernd griff ich zum Hörer, ich hatte schon jegliche Hoffnung verloren. Tatsächlich meldete sich der Kölner Rabbi sofort. Ich erzählte ihm, wie brenzlig es sei, meine allerletzte Chance. In der nächsten halben Stunde spuckte das Faxgerät im Rabbinat die Bescheinigung aus. Was für eine Zitterpartie! Was für ein Kampf! Aber war er damit beendet? Gab es endlich ein Einsehen, von welcher Seite auch immer?

Das Einsehen kam nach weiteren vier Wochen vom Rabbinat, das meinen Fall dem Ausschuss für Ausnahmegenehmigungen im Innenministerium vorgelegt hatte: »Du kannst hier konvertieren.«

Ich konnte es kaum glauben. Man hatte mir grünes Licht gegeben. Hatte sich meine Hartnäckigkeit ausgezahlt?

Ich bekam nun ein Visum, doch das war, wie konnte es auch anders sein, mit einem Pferdefuß verbunden. So leicht machte man es mir nicht. Man verlängerte zwar mein Visum, sodass ich mich in Israel aufhalten durfte, um zu konvertieren, aber man bewilligte mir keine Arbeitsgenehmigung.

Ich war empört, fand, das sei ein Unding, ja, eine Frechheit. Laut schimpfend lief ich durch die Straßen Tel Avivs. Natürlich beruhigte ich mich wieder und redete wieder in normaler Lautstärke mit mir selbst.

Aber die nächste Misere war damit vorprogrammiert. Nach allen Vernunftmaßstäben konnte man eigentlich nur zu einem Schluss gelangen: Du hast es versucht, aber so geht es gar nicht. Gib auf!

Aber in meinem Kopf fand diese gute alte Vernunft kein Gehör mehr. Meine Prioritäten waren früher sehr klar gewesen. Erst Karriere, dann Familie, dann Hobbys und danach irgendwann Religion – wenn überhaupt. Je mehr ich mich damit beschäftigte, umso mehr hatte ich das Gefühl, dass diese Welt nicht dem Leben entsprach, dass ich für mich finden wollte.

Ich hatte doch überall gesehen, dass Geld nicht glücklich machte. Wenn ich also glücklich werden wollte, durfte ich nicht länger meinen Erfolg an Geld messen. Und mit meiner Entscheidung, in Israel zu konvertieren, hatte ich meine Prioritätenleiter umgedreht. Religion kam nun zuerst, und Karriere hatte ich hintenangestellt. Ich wollte nicht mehr meine Karriere planen, um ein gutes Leben führen zu können, sondern Gott vertrauen, dass immer genug zum Leben da sein wird.

Nun war es an der Zeit zu beweisen, dass ich es auch leben wollte und konnte. So nahm ich diese Herausforderung als Glaubensprüfung an, und eklatanter als mit einer solch rigiden Maßnahme konnte ich kaum geprüft werden.

Mit der Zeit machte ich die Erfahrung, dass es klappte, wenn man nicht genau nachrechnete und auf Gott vertraute, selbst wenn ich bei dem einen oder anderen Monat dachte, es könnte arg brenzlig werden. Bis heute handhabe ich es so.

Rückblickend waren diese Selbstgespräche, die ich in meiner Not führte, meine ersten persönlichen Gebete. Jedenfalls ein Vorläufer davon, denn noch immer kam ich nicht auf die Idee, mit Gott *persönlich* zu sprechen.

Und dann begann der Konversionsprozess, verbunden mit der formalen Konversion. Aber ich hatte die Latte hoch gehängt, orthodox in Hebräisch. Ich hätte ihn auf Englisch machen können, aber ich wählte Hebräisch. Ich wollte den gesamten Stoff, den ich lernen musste, in dieser Sprache lernen. Ich hatte gedacht, wenn ich das schon mache, dann richtig.

Für eine orthodoxe Konversion hatte ich mich aus zwei Gründen entschieden: Zum einen sind fast alle Synagogen in Israel orthodox – würde ich nicht orthodox konvertieren, ich würde dort nicht mitbeten können. Das aber wollte ich. Zum anderen hätte ich auch nicht in Israel heiraten können, was ich aber seltsam gefunden hätte, wäre das nicht möglich. Zwar war eine Frau, mit der ich diesen Schritt gehen wollte, in weiter Ferne, aber denkbar war, dass irgendwann einmal die Richtige in mein Leben treten würde. Nach all dem Antisemitismus, den es in der Welt gegeben hatte, wollte ich nicht ein Jude werden, den nicht alle Juden anerkennen. Ich wollte mich nicht zwischen die Stühle setzen, ich wollte nicht in eine Diskussion geraten, die im Nazi-Deutschland vielfach ausgetragen worden war, wer denn nun Jude war und wer nicht, wer als ein Volljude, ein Halbjude oder ein Achteljude galt. Wenn ich ein Jude werden wollte, dann ganz und gar. Und mit einer orthodoxen Konversion konnte ich dann auch in eine konservative oder eine Reformsynagoge gehen und mitbeten. Nur nicht umgekehrt. Deswegen hatte ich mich auf diesen schwierigsten Weg begeben – und durfte dann feststellen: Diese Konversion war anstrengender als beide Juraexamina zusammen – und die gelten in Deutschland nicht gerade als leicht.

Doch ich musste noch etwas damit warten, denn der nächste Kurs im Hauptrabbinat von Tel Aviv begann erst einige Wochen später, nachdem ich für meine Konversion grünes Licht bekommen hatte. Schließlich begann sie, diese meine große Entscheidung, für die ich Jahre gebraucht hatte. In dem Kurs erfuhr ich, dass er ein Jahr dauern würde. Dreimal in der Woche hatte ich Unterricht (zweimal abends und einmal vormittags), insgesamt waren es 500 Stunden. Parallel musste ich in die Synagoge gehen, um das Gelernte zu leben und umzusetzen. Danach musste man zur Prüfung vor einem Rabbinatsgericht zugelassen werden und auf seinen Prüfungstermin warten, was wiederum Monate dauern konnte. Es war ein gewaltiges Pensum, ich haderte manchmal, ob ich es schaffen würde, wobei ich aber nie grundsätzlich Zweifel an meinem Schritt hegte.

Dabei konnte ich nicht behaupten, dass ich damals ein wirklich gläubiger Mensch war. Sicher, ich hatte ein bisschen geglaubt, aber dass ich zu hundert Prozent überzeugt war, davon konnte noch keine Rede sein. Denn Glaube war keineswegs gleichbedeutend mit Wissen. Oft genug fragte ich mich: »Hör mal, bist du eigentlich bekloppt? Ist das denn alles echt, was du hier versuchst? Denn selbst wenn es einen Gott gibt, sind es dann genau diese Vorschriften und Regeln, die er vorgesehen hat? Und ist es dann auch das, was du selbst willst?« Ja, was machte ich da eigentlich? Ich kam mir vor wie jemand, der in die Wüste geht, ohne zu wissen, wo die nächste Wasserstelle ist, ohne zu wissen, wie lange man in der Wüste bleiben würde. Wieso war ich bereit, eine Religion anzunehmen, die selbst Vorschriften dafür hat, wie und in welcher Reihenfolge man sich die Schuhe anzieht und zubindet oder die Nägel schneidet? Ich dachte: Die religiösen Regeln lassen keinen Bereich deines Lebens aus, sie bohren sich geradezu in dieses hinein. Geht das nicht zu weit?

Beim Rückblick auf mein bisherigen Leben musste ich feststellen: Du hast schon so viel fürs Leben gelernt, ohne es je gebraucht zu haben, du hast viel gefeiert, viel gesoffen, viele Frauen gehabt, du hast immens viel Zeit verschwendet. Wenn das Judentum wahr ist, dann ist es vollkommen richtig, was du hier tust. Aber selbst wenn du hier etwas machst, das nicht die Wahrheit ist, so ist das, was du hier tust, immer noch das, was du mit deinem Leben machen willst. Allein die Weisheiten der Torah, die ich bisher mitbekommen hatte, überstiegen bei Weitem alles, was ich früher an Lebensweisheiten gehört und aus Psychologie und Pädagogik gelernt hatte. Von der Art und Weise, wie eine Beziehung zu führen ist, ganz zu schweigen. Als ich mal jemanden darauf angesprochen hatte, sagte er lachend: »Was denkst du denn, das ist die Gebrauchsanleitung vom Hersteller.«

Gott hatte mich hierher gelotst, wollte mich hier haben, deswegen hatte ich Deutschland verlassen. Und nach dem ersten Jahr konnte ich sagen, Gott machte es mir nicht einfach, aber ich war sicher, er würde es möglich machen. Und ja, ich wollte diesen Weg weitergehen. Ich musste ja nicht auf einen Schlag alle Regeln einhalten, und ob und wie fromm ich leben wollte, konnte ich dann immer noch entscheiden.

Trotzdem hätte ich gern eine Arbeitserlaubnis gehabt. Denn dieser Mensch, ich, der auch noch nicht in seinem Glauben völlig gereift war, litt unter dieser Situation, die für mich so neu war, sie machte mir enorm zu schaffen. Ich war glücklich, zweifellos, die Konversion beginnen zu können, aber der Tom, der immer ein Bedürfnis nach materieller Sicherheit gehabt hatte, trug schwer an der Last, die ich mir aufgebürdet hatte. Die Situation war eine psychische Last, die physisch sichtbar wurde.

Von Tag zu Tag ging ich krummer. Irgendwann konnte ich vor Schmerzen kaum noch aufstehen und gerade gehen. Ich konnte mich nicht mehr nach vorne beugen und meine Schuhe zumachen, mein Rücken war völlig verspannt. Ich hatte keinen Bandscheibenvorfall oder etwas Ähnliches, dennoch war ich schließlich kaum noch in der Lage, mich zu bewegen. Wurde es ganz schlimm, schnallte ich mir einen Gürtel um meinen Hals und die Knie, um mich so auf dem Bett zusammenrollen zu können, dass mein Rücken entlastet wurde. In dieser Zeit hörte ich mit dem Joggen auf, ich war ein Langstreckenläufer gewesen, erst nach zehn Jahren fing ich wieder damit an – es war vorher nicht möglich gewesen. Ebenfalls konnte ich es mit dem Kraftsport vergessen.

Ich versuchte es mit Akupunktur, Shiatsu und diversen Massagen. Irgendwann fing ich mit Yoga an, zunächst nicht mit den normalen Übungen, das wäre viel zu schmerzhaft für mich gewesen, aber mit Krankenyoga. Dennoch war es eine mühsame Angelegenheit, denn mein Körper war schon so viel zu ungelenkig für solche Dehnübungen. Ich hatte die Dehnübungen für Mädchenkram gehalten, bis ich feststellte, wie anspruchsvoll sie waren.

Von nun ging ich fünfmal in der Woche zu einer Therapeutin, die Stunden waren ein Kampf gegen die Schmerzen. Ich hatte vor der Stunde Schmerzen, in der Stunde, auch als ich wieder draußen war, spürte ich sie. Was brachte das Dehnen, wenn die Schmerzen nicht weggingen? Aber irgendwas musste doch helfen! Die Therapeutin versicherte mir, ich müsse Geduld haben. Geduld war so eine schwierige Sache, wenn man nicht einmal in der Lage war, ein Baby aus einem Kinderwagen hochzuheben. Der psychische Druck, die materiellen Ängste hatten mich niedergedrückt.

Nach zwei Monaten konnte ich in den normalen Anfängerkurs wechseln, und nach einem halben Jahr wurde ich schmerzfrei. Bis heute mache ich regelmäßig Yoga, aber da der Grund für meine Rückenschmerzen meine Sorgen gewesen waren, musste ich lernen, mich nicht zu sorgen. Sich Sorgen war ein Fehler. Wer sich sorgt, verliert die Gegenwart, ohne irgendeinen Gewinn für die Zukunft zu haben. Und wenn man erst einmal so richtig angefangen hatte, sich zu sorgen, hörte man nicht auf, weil sich der Grund für die Sorge erledigte. Sich Sorgen war wie eine Sucht. Und man konnte sich immer wegen irgendetwas sorgen. Gründe gab es genug.

Aber es waren zwei verschiedene Dinge, sich vorzunehmen, Gott zu vertrauen, und Gott tatsächlich zu vertrauen,

Noch Anwalt, aber schon in Israel und immer weniger im Büro:
bei einem Espresso in einem Café auf der Dizengoff Straße (2004).

Jerusalem. Meine Eltern Karin und Manfred haben sich bei ihrem ersten Israelbesuch 1995 sehr wohl gefühlt. Auf dem Ölberg, im Hintergrund der Tempelberg.

Sühnezeichen und Friedensdienst. Auf Besuch bei Herrn Glick, damals 95-jährig, im Elternheim (1995).

Tel Aviv. Die Banklehre ist Geschichte. Glücklich und zuversichtlich zu Beginn des Friedensdienstes mit ASF am Strand vor dem Hintergrund Jaffos (1995).

Nach dem ersten Jahr langer Gebete und vielen Lernens: Tanzen mit einer Torahrolle im Arm. Mein erstes Simhat Torah (Freudenfest der Torah). Ein gutes Gefühl, dem Herzen zu folgen (2005).

Auf einer Hochzeit wird der Bräutigam mit Tanz erfreut. Als die Avrechim aus dem Kolel kommen, geht es richtig los (2009).

Nachdem sie ihre Überraschung und Scheu überwunden haben, tanzen meine Freunde aus Deutschland zusammen mit den Ultraorthodoxen aus Bnei Brak (2009).

Meine wunderschöne Dana wenige Minuten vor der Hochzeitszeremonie. Im Brautkleid, das Emi für Dana gemacht hat (2009).

Ein kurzer Blick zur Vergewisserung: Ja, wir sind uns sicher und wissen, was wir wollen – im Hintergrund Danas Vater Shimon (2009).

Nach Davids schwerer Geburt und Wochen im Krankenhaus: endlich gesund und glücklich zu Hause (2012).

Jericho. Die Konversion ist vorbei, die Frau für's Leben gefunden. Glücksgefühle in der Wüste bei Jericho (2007).

Seit unserer Hochzeit trägt meine Frau eine Kopfbedeckung. Man sagt: Gott schenkt der Frau eine extra Portion Schönheit, dafür dass sie sich ihr Haar bedeckt (2013).

Tel Aviv. Hier gibt es meinen Lieblingshumus: Bei Shlomo & Doron im Jemenitischen Viertel unterhalb des Shuk HaCarmel.

Jerusalem. An der Klagemauer. Manche Betende pflegen eine so innige Beziehung zur Klagemauer, dass sie sie küssen.

Einer der Männer, die jeden Tag hierher zum Gebet kommen. Äußerlichkeiten zählen vor Gott nicht. Es ist die Arbeit im Herzen, die zählt. Im Hintergrund Zettel mit Gebeten.

Jerusalem. Auf der Via Dolorosa. Eine Nonne grüßt früh morgens eine andere Nonne, die oben im Fenster steht.

Jerusalem. Die Geschäfte sind noch geschlossen. Zwei Nonnen früh morgens auf ihrem Weg vom Jaffa Tor hinein in die Altstadt.

Jerusalem. Zwei junge Ultraorthodoxe durchqueren das arabische Viertel der Altstadt. Einer geht rückwärts und schreckt eine Taube auf.

Jerusalem. Eine Straßenkatze streunt durch ihr Revier im Shuk der Altstadt. Um die Ecke liegt die Erlöserkirche.

Jerusalem. Im arabischen Viertel gibt es lange Anstiege, die die Bewohner unterschiedlich meistern.

Jerusalem. Arabische Frauen verkaufen auf dem Boden sitzend frisch gepflückte Weinblätter.

Tel Aviv. In einem Straßencafé in Florentin schreibt eine junge Tel Aviverin Tagebuch.

Tel Aviv. Freitag Vormittag auf der Levinsky Straße in Florentin im coolen veganen Restaurant »Kaymak«. Später bekommt man hier keine Plätze mehr.

Jerusalem. Unterhalb des Damaskustores, Waren werden auf Handhubwagen und Karren, die keine Bremsen haben, in die Stadt »gefahren«.

Tel Aviv. Shuk HaCarmel. Frischer Knoblauch, rohe Oliven und scharfe Chilischoten. Farbenfrohe Gemüse in den Auslagen inspirieren zum Kochen.

denn dann würde man sich keine Sorgen machen. Das geht nicht von heute auf morgen.

In dieser Zeit lernte ich auch zwei Männer kennen, mit denen ich in der Synagoge betete, die ein ähnliches Problem wie ich hatten, nämlich keine Familie zu haben. Uri war vielleicht Ende vierzig, Anfang fünfzig, Zohar um die siebzig, und an einem Freitagabend nach dem letzten Gebet sagte Zohar zu mir: »Komm doch mit zu Uri, er wohnt gegenüber der Synagoge, er wird sich freuen, wenn du kommst.«

Zu dritt begingen wir seitdem jeden Freitagabend in Uris Wohnung Kiddush, ich hatte eine Ersatzfamilie gefunden. Wir aßen zusammen, meist gut gewürzten Fisch, der im Ofen warm gehalten worden war, zu dem es viel Salat gab. Leider tat Uri Unmengen von frischem Koriander hinein. Man könnte sagen, die Welt ist zweigeteilt, die eine Hälfte favorisiert Koriander, die andere Hälfte Petersilie, und in Israel ist die Grenze, hier wird beides viel gegessen. Ich kam aus einer Weltgegend, in der nie frischer Koriander auf Salate oder Speisen gestreut wurde, und ich fand, dass er ein seifiges Aroma hatte, das bei mir Übelkeit verursachte. Trotzdem kämpfte ich mich da durch, denn ansonsten war Uris Essen klasse. Ich griff eben mehr zu Hummus und Challa, geflochtenes Weißbrot, um den Salat, der für mich eine harte Schule war, auf kleine Portionen zu beschränken. Aber es war eine richtige Schule, denn an den Geschmack von Koriander kann man sich gewöhnen. Heute mache ich wunderbare Sachen damit, darunter ein Korianderpesto – also Koriander in seiner Extremform, konzentrierter kann man ihn nicht mehr zu sich nehmen –, und letztlich habe ich dieses grüne Kraut gerade durch diesen Effekt des Eigentlich-zu-viel erst richtig lieben gelernt.

Uri schien ähnlich wie ich auf Gottes Hilfe zu vertrauen, um das Überleben zu sichern. Er war religiös erzogen, aber in einem säkularen Umfeld aufgewachsen, hatte eine wilde Vergangenheit gehabt, seine Eltern hatten im Kibbuz gelebt, er selbst hatte sich in seiner Jugend in den Siebzigern in der Musikszene getummelt, bis er das Gefühl hatte, dass die Musik in den Bars und Diskotheken keinen Inhalt und keine Botschaft besaßen. Von diesem Moment an hatte er das Gefühl, sich schämen zu müssen. Er suchte nach Aussagen (zu viel Sex hatte da auch eine gewisse Rolle gespielt) und wandte sich wieder der Religion zu. Er heiratete bald und bekam schnell fünf Kinder, die sehr unterschiedlich religiös leben. Nun war er geschieden. Seine ungewöhnlich grünen und tief liegenden Augen blitzten, als er von seinen wilden Jahren erzählte, er kam mir vor wie Keith Richards von den Rolling Stones, eine äußere Ähnlichkeit war einfach vorhanden.

Zohar, der für sein Alter eine unglaublich glatte Haut hatte, nur sehr dunkel, was durch seine schwarz gefärbten kurz geschorenen Haare noch stärker betont wurde, erzählte, dass seine Eltern aus dem Jemen eingewandert waren und er erfolgreicher Bauunternehmer gewesen war. Seine Frau war diejenige gewesen, die, als die Kinder schon recht groß waren, plötzlich extrem fromm geworden war. Er hatte um der Beziehung willen mitgezogen, ohne wirklich zu glauben, war aber nach der Scheidung vor Kurzem dabei geblieben.

Zusammen aßen wir nun unseren scharfen Fisch, gemeinsam sangen wir Lieder, die alle zu Ehren des Schabbats gedichtet wurden, teilweise mit Texten aus der überlieferten jüdischen Literatur, teilweise Psalmen aus der Bibel, vertont mit wunderschönen Melodien. Uri und Zohar hatten sich einen Kanon von acht oder zehn Liedern zusammengestellt, die ich am Anfang nicht mitsingen konnte, weil ich auch hier wegen des Althebräischen kaum etwas verstand. Dann aber gaben sie mir Zettel, auf denen die

Texte und die Noten standen. Und weil die Melodien so in mein Gehirn hineingingen, zu einem Teil von ihm wurden, fing ich nach einigen Wochen an, meine Stimme zu erheben. Erst einzelne Worte, dann auch schon mal einen Refrain. Nie zuvor hatte ich in dieser Form gesungen, höchstens mal einen Schlager auf einer Party gegrölt, wenn vorher ausreichend Alkohol geflossen war. Dieses Singen aber brauchte keinen bestimmten Alkoholpegel. Nur eine Stimmung. Es brannten und flackerten die Schabbat-Kerzen und warfen schönste Schatten an die Wände, das Wohnzimmer in Uris kleiner Wohnung war erfüllt von den köstlichsten Gerüchen, und es war einfach angenehm, mit diesen beiden Männern zusammen um einen Tisch zu sitzen und Schabbat zu feiern. Keine typische Schabbat-Gesellschaft aber genau das richtige für diese Übergangszeit.

Irgendwann benötigte ich die Blätter nicht mehr zum Mitsingen, und ich stellte fest, dass es auch gar nicht so schlecht war, was da aus meinem Mund herauskam. Nach einer Zeit der Einübung brauchte ich mich nicht hinter Uri und Zohar zu verstecken. Diese Lieder, die ich bei ihnen gelernt habe, singe ich noch immer in meiner Familie, wenn wir Schabbat machen. Sie haben mir so viel gegeben, und tragen nun die Erinnerungen an die Zeit meiner Konversion.

Erstaunlich war auch, dass diese Lieder nach und nach den Pop und den Rock aus meinem Kopf und meinem Blut verdrängten. Statt Songs aus den Charts zu summen, wie ich es sonst oft gemacht hatte, wenn ich durch die Straßen einer Stadt ging, hatte ich ganz neue Ohrwürmer entdeckt: Die jüdischen religiösen Melodien und ihre Texte, die anders als die Kirchenmusik, die ich von früher kannte, überhaupt nicht sakral klangen, und die wir beim Schabbatempfang in der Synagoge sangen, wurden zu meinen Ohrwürmern. Sie hörte ich in meinem inneren Ohr und summte sie, wenn ich wieder voller Freude über die Märkte ging und Berge von Gewürzen und getrockneten Früchten kaufte, bei den Fleischständen stehen blieb, wie ich es als Zivildienstleistender gemacht hatte. Nur war ich dies nicht mehr. Es kam mir vor, als hätte ich mir langsam Rechte an diesem Leben in Tel Aviv erworben, an dieser Stadt und am Judentum erworben. Ich jedenfalls war glücklich darüber, wenn ich auch wusste: Noch bist du keiner von ihnen, noch hast du die Prüfung nicht bestanden.

Der Schabbat, der von kurz vor Sonnenuntergang am Freitag bis zur vollständig eintretenden Dunkelheit des folgenden Samstags dauert, ist das Zentrum jüdischen Lebens und verknüpft die Schöpfungsgeschichte mit dem Auszug aus Ägypten. Zum einen geht es darum, dass Gott, der Schöpfer, die Welt in sechs Tagen geschaffen hat und am siebten Tag ruhte. Er ist aber auch derjenige, der das Volk der Juden aus Ägypten geholt hat, wobei er den Schabbat anordnete, um sich durch das Volk Israel zu heiligen.

Diese Verknüpfung von Schöpfung, Volkswerdung und Schabbat ist nicht voneinander zu lösen. Die Woche, die vom Schabbat gekrönt wird, hat in vielen Kulturen ihren Einfluss gefunden, nur im Christentum ist es der Sonntag, im Islam der Freitag. Während eines Schabbatmorgens in der Synagoge wurde mir schlagartig bewusst, wie selbstverständlich ich mit dem Wochenrhythmus aufgewachsen war und wie normal in fast allen Kulturen die Unterteilung in Woche und Wochenende war. Das Jahr ist ein Sonnenjahr, der Monat ist ein Mondkreislauf und der Tag eine Erdumdrehung, aber die Woche findet sich nirgends in der Natur – aber eben in der Schöpfungsgeschichte. Die Woche ist also göttlichen Ursprungs, und wenn es Gott nicht geben sollte, wäre das Wochenende eine jüdische Erfindung – nobelpreisverdächtig!

Der Schabbat hat zwei Aspekte, die zum einen mit »halte ihn« oder »schütze ihn«, zum anderen mit »gedenke ihn« übersetzt werden können. Das »halte ihn« bezieht sich auf die Verbote, also all das, was man am Schabbat nicht machen darf, das »gedenke ihn« ist seine Ausgestaltung, letztlich, wie man ihn mit Leben füllt. Das heißt: Man würde einen Schabbat nicht wirklich erleben, wenn wenn man nur im Kopf hat, was man alles nicht machen darf, sondern man muss ihn ebenso zu feiern und zu ehren wissen.

Man darf am Schabbat tatsächlich eine Menge nicht. Die Klassiker hatte ich schon genannt: Man darf nicht arbeiten, kein Feuer machen, nicht kochen und Autofahren; es ist auch nicht erlaubt, Fahrrad zu fahren, Licht anzumachen (man darf aber vorher eine Zeituhr einstellen), zu schreiben, zu telefonieren, fernzusehen oder zu fotografieren beziehungsweise fotografiert zu werden (das wurde für mich zu einem Problem, als ich beim Fernsehkochwettbewerb *MasterChef* teilnahm und viele mit mir, wenn ich auf dem Weg zur Synagoge oder mit meiner Familie im Park war, ein Selfie machen wollten). Man darf am Schabbat auch nicht Fahrstuhl fahren, jedenfalls nicht auf einen Knopf drücken, um ihn zu betätigen. Es gibt in einigen Hotels und Häusern einen extra eingestellten Schabbat-Lift, der an jedem Stockwerk hält, sodass man auf diese Weise jederzeit ein- oder aussteigen kann. Im Endeffekt funktioniert dieser wie ein Paternoster.

Die Verbote können als einschränkend empfunden werden, auch als willkürlich, denn Anstrengungen sind nicht per se verboten, sondern nur werkschaffende Tätigkeiten, so könnte ich einen Tisch hochheben und ihn in einem Haus rauf- und runtertragen, Kniebeugen machen, mich also körperlich total verausgaben, ohne den Schabbat entheiligt zu haben. Grundlage sind neununddreißig Werktätigkeiten, die erforderlich waren, das Stiftszelt zu errichten, da dies am Schabbat verboten war.

Schnell wurde dieser mein Lieblingstag der Woche, es gab bis heute wirklich keinen einzigen, auf den ich mich nicht gefreut habe. Nie habe ich bei seinem Einsetzen gedacht: Das ist ja jetzt schlimm, jetzt kannst du fünfundzwanzig Stunden lang nichts tun oder erledigen. Es ist genau umgekehrt. Ich freue mich, weil ich weiß: Sobald der Schabbat anfängt, legt sich eine unbeschreibliche Ruhe auf mich, und ich kann mich ganz entspannen und Sorgen Sorgen sein lassen und nichts machen außer beten, essen und ruhen. Ich nenne es Offline-Gehen, eine bessere Form der Auszeit gibt es gar nicht, man wird regelrecht süchtig nach ihr. Man könnte mir einen Koffer mit einer Million Euro bieten, wenn ich den Schabbat entheiligen würde, ich würde sagen: »Tut mir leid, behalte deinen Koffer, für das Geld, auf dem sowieso kein Segen liegt, verzichte ich nicht auch nur auf einen Schabbat.«

Der Schabbat ist eine Insel der Meditation, eine Insel der Freude, ich habe eine ganz innige Beziehung zu diesem Tag aufgebaut. Dieses spirituelle Gefühl möchte ich nicht mehr missen, und das ist auch nur möglich, weil es diese Verbote gibt. Andere suchen sich Auszeiten im Kloster, im Judentum ist ein »Ausstieg« aus dem alltäglichen Leben jede Woche vorprogrammiert. Das Haus ist schön hergerichtet, alles ist sauber gemacht worden, der Tisch gedeckt, die Kerzen angezündet, man trägt schicke Sachen – es ist, als würde man einen hohen Gast am Freitagabend erwarten. Die Königin Schabbat.

Weil ich bei Uwe nicht ewig wohnen wollte, suchte ich mir sofort, nachdem ich das Visum vom Innenministerium erhalten hatte, eine eigene Bleibe. Drei Monate hatte ich schon seine Gastfreundschaft in Anspruch genommen, länger wollte ich ihn nicht stören, obwohl er nie zu verstehen gegeben hatte, dass ich ihm zu viel wurde. Damit sich mein Vorhaben nicht in die Länge zog, beauftragte ich einen Makler. Bis dahin hätte ich das für völlig ausgeschlossen gehalten, denn er verlangte eine Monatsmiete, aber seine Aktion war von Erfolg gekrönt. Die von ihm gefundene Wohnung lag an der Dizengoffstraße, benannt nach Meir Dizengoff, dem ersten Bürgermeister von Tel Aviv, sie war mit ihren vielen Geschäften ein Symbol des Aufstiegs des Landes. Ich wollte nicht gerade an einer Hauptstraße wohnen, aber es hatte sich so ergeben, hübsch war die Küche mit hellblauen Schränken. Sie hatte mich vom ersten Augenblick an eingenommen, sie war einigermaßen groß genug, um darin zu kochen. Ich kaufte mir noch einen zusätzlichen Arbeitstisch und einen Toaster-Ofen, alles andere wollte ich wieder auf Flohmärkten besorgen. Ansonsten hatte meine neue Bleibe zwei Zimmer, ein größeres und ein kleineres, genau richtig für mich. Im Februar 2006 zog ich ein.

Zum ersten Mal richtete ich mir nun nicht nur eine Küche, sondern eine koschere Küche ein, wofür der anfängliche logistische Aufwand nicht ganz unerheblich war, zumal man für Milchiges und Fleischiges jeweils einen kompletten eigenen Satz Koch- und Essgeschirr sowie Besteck braucht.

Koscher ist ein Begriff aus der Bibel und bedeutet so viel wie »rein«, aber nicht im Sinne von sauber oder hygienisch, sondern es geht dabei um eine spirituelle Reinheit, um die Reinheitsgebote der Torah, was das Essen betrifft. Im Judentum ist das ein zentrales Thema, und die Gebote werden strenger befolgt, je frommer ein Mensch ist. Koscher gibt es nicht per se, sondern koscher gibt es nur als – ich brauchte lange für die Formulierung – koscher genug oder nicht koscher genug für den Einzelnen. Obwohl ich seit so vielen Jahren in Israel bin, habe ich die verschiedenen Level des Koscher-Seins mit den verschiedenen Zertifikaten immer noch nicht ganz durchschaut. Dauernd lerne ich Neues hinzu, denn in der Bibel heißt es nicht nur: »Esst koscher«, sondern es werden dort unterschiedlichste Vorschriften aufgeführt, was man essen darf und was nicht. Und es steht dort auch nicht: »Du darfst kein Schwein essen, denn es ist ein unreines Tier.« Stattdessen wartet die Bibel auf mit Formulierungen wie: »Vom vierbeinigen Vieh dürft ihr das essen, was durchgespaltene Hufe hat und wiederkäut.« Das ist eine Definition, über die man lange nachdenken kann. Was sind Tiere mit durchgespaltenen Hufen? Welches Tier käut wieder? Wer erfüllt diese Kriterien? Ein Schwein hat zwar durchgespaltene Hufe, ist aber kein Wiederkäuer. Also: nicht koscher. Kamele käuen zwar wieder, haben aber keine durchgespaltenen Hufe. Kaninchen – sie sind zoologisch korrekt keine Wiederkäuer, aber sie mümmeln im Mund, ohne zu essen. Das kann unter Wiederkäuen subsummiert werden, aber sie haben keine gespaltenen Hufe. Darf man also nicht essen.

Beim Geflügel gibt es keine eigene Definition, sondern nur eine Aufzählung dessen, was man von dieser Gattung essen darf und was nicht. Hühner, Enten, Gänse, Wachteln und noch Tauben. Straußenfleisch darf man nicht essen. Und was Fische betrifft, da heißt es in der Bibel, dass man aus dem Meer alles verspeisen darf, was Flossen und Schuppen hat. Da fällt alles raus, was Schalen und Krusten hat, wie etwa Muscheln, Krabben, Hummer, Langusten, die kommen nicht bei uns in den Topf oder in die Pfanne – was mir schon sehr schwerfällt, darauf zu verzichten (viel mehr als auf Schwein). An einer Fischsuppe mit Muscheln und Scampis vorbeizugehen ist schon eine kleine Herausforderung. Auch der Aal fällt weg, weil er nur eine Haut und keine Schuppen hat. Aber Lachs und Thunfisch haben Schuppen und Flossen, und die mag ich ohnehin am liebsten. Nun gut, das klingt nicht einfach, aber mit der Zeit wird es so selbstverständlich, wie man in Deutschland nicht erst lange zu überlegen braucht, ob man Hunde, Insekten oder Rinder isst.

Von großer Bedeutung in der jüdischen Küche ist zudem noch das Schächten, ich kann nicht einfach in Deutschland, wenn ich meinen Vater in Köln besuche (meine Mutter lebt leider nicht mehr), in einen Supermarkt gehen und ein Steak kaufen, auch kein Hähnchen, weil dieses Fleisch nicht geschächtet ist. Das Schächten rührt von einem Gebot aus der Torah, dass man kein Blut essen darf. Das betrifft nicht nur die Blutwurst, die sowieso nicht jedermanns Sache ist, es soll aber auch kein Blut im Fleisch verbleiben. Das Fleisch, das Fachleute schächten, wird mit Salz eingerieben, weil es Flüssigkeit aus dem Tier zieht. Es sind also zwei Stufen, zum einen das richtige Tier, dann einsalzen und nach einer gewissen Zeit abwaschen. Eine Leber hätte selbst nach dem Salzen immer noch viel Blut, sie darf man deshalb nur genießen, wenn sie mit Feuer in Berührung gekommen ist, das heißt, wenn sie gegrillt ist. Am einfachsten zu schächten ist Geflügel, vielleicht liegt es deshalb daran, dass der Pro-Kopf-Verbrauch von Hähnchen in Israel weltweit am höchsten ist.

Die Trennung von Milchigem und Fleischigem ist durch einen kleinen Satz aus der Torah mit großer Wirkung entstanden: »Du sollst das Zicklein nicht in seiner Muttermilch kochen.« Mehr steht dazu in der Bibel nicht drin. Rahmgulasch kann man also vergessen, ebenso ein in Butter gebratenes Steak oder eine Lasagne mit Bolognese, Béchamelsauce und Käse. Und dann müssen nicht nur die Produkte koscher sein, sondern auch noch die Küche selbst, Gemüse darf nicht in den Fleischtöpfen gekocht werden usw. Wer zu Hause das Essen zubereitet, hat eine Menge zu tun und sollte sämtliche Gefäße und Töpfe am besten mit einem entsprechenden Etikett kennzeichnen. Eine kleine logistische Herausforderung. Man muss auch alles getrennt abwaschen, da könnte man gut zwei Küchen gebrauchen, was auch in einigen Haushalten zu finden ist, zumindest zwei getrennte Abteilungen.

Der Aufwand ist enorm, besonders wenn man noch kein Training darin hat, aber man gewöhnt sich daran. Bevor ich nach Israel gegangen war, hatte es bei mir auch immer mal wieder Phasen gegeben, wo ich die Regeln durchbrach. Aus dem Gebot: »Du sollst das Zicklein nicht in seiner Muttermilch kochen«, entwickelten sich nämlich noch Zusätze, die mit der Verdauung zu tun haben. Habe ich gerade etwas Milchiges gegessen, kann ich kurzfristig danach Fleisch essen. Umgekehrt sieht es aber ganz anders aus. Habe ich etwas Fleischiges gegessen, muss ich sechs Stunden warten, bis ich Milchiges zu mir nehmen darf. Der Kaffee nach dem Essen muss also schwarz oder ein Espresso sein – oder ich muss für einen Cappuccino auf Sojamilch zurückgreifen.

In einem Punkt überbietet die koschere Küche die vegane, die alles Tierische aus dem Essen verbannt, in ihrer Akribie, und das gerade, wenn es um Gemüse, Salate und Kräuter geht. Denn alles, was auf oder in ihnen lebt und sich bewegt, ist höchst unkoscher. Damit sind Würmer, Läuse, Maden, Käfer, also jegliche Form von Ungeziefer gemeint. Wohl jeder, der darüber nachdenkt, möchte diese Kleinsttiere nicht unbedingt verzehren. Meist sieht man sie aber kaum mit bloßem Auge, dennoch hocken sie da in Feigen oder auf Erdbeeren oder unter grünen Salatblättern. Im frommen Judentum geht man konsequent vor, diese Krabbler zu entfernen. Um ihnen keine Chance zu geben, legt man diese Sachen in leicht gesalzenes Wasser oder in eine nicht sehr starke Seifenlauge, darin bleiben sie zwanzig, dreißig Minuten. Anschließend wäscht man sie einige Male aus. Da wird Blatt für Blatt gewaschen und dann gegen das Licht gehalten, um zu überprüfen, ob sich da nicht doch noch eine Laus hartnäckig versteckt hält.

Blumenkohl und Brokkoli sind ganz schlimm, eigentlich eine mittlere Katastrophe, denn bei diesem Gewirr von Stängeln und Röschen kann sich leicht ein Wurm der größten Aufmerksamkeit entziehen. Wegen dieser Gefahr essen einige überhaupt keinen Blumenkohl oder Brokkoli – oder sie greifen zu Züchtungen, die ungezieferfrei und tiefgefroren ins Haus kommen. Die Spitze dessen, was ich erlebt habe: ein Brokkoliessen, bei dem nur die Strünke serviert wurden, die Röschen waren vorher abgeschnitten worden, um jeglichem Getier den Garaus zu machen (ähnlich wird häufig bei Spargel vorgegangen, die Stangen ja, die Köpfe nein). Wenn dann alles so gereinigt wurde wie vorgeschrieben, dann ist der Wurm, der dringeblieben ist, koscher. Gleichwohl will ich ihn nicht essen. Also, ich will nicht wissen, dass ich ihn gegessen habe. Aus diesem Grund ist ein vegetarisches oder veganes Restaurant auch nicht per se koscher, wie viele annehmen.

Aber: Grenzen fördern die Kreativität. In einer Küche, in der man alles darf, mit unendlich vielen Möglichkeiten, habe ich nicht so viel darüber nachgedacht, wie ich etwas hinbekomme, dass es mir gut schmeckt. Das tue ich in dieser Beschränktheit viel mehr. Koscher zu kochen empfand ich nie als etwas, was ich widerwillig annahm, sondern es bereitete mir Freude.

Die Kochgebote folgen keiner menschlichen Logik, jedenfalls nicht auf einer kulinarischen oder gesundheitlichen Ebene (einige behaupten das, das ist aber Unsinn). Es sind spirituelle Vorschriften, von Gott gegeben, die von uns Opfer abverlangen. Wir haben uns danach zu richten, und einfach dadurch, dass wir diese Regeln befolgen, in der richtigen Form und in der richtigen Absicht, heiligen wir uns selbst. Gott zu dienen fängt also schon beim Einkaufen an.

10 SCHABBAT – ALLEIN AUF DEM BAHNGLEIS

Beim besten Willen, wie schaffe ich nur den Schabbat? Ich saß auf dem Frankfurter Flughafen und suchte nach einer Lösung.

Ein gutes Jahr war ich nicht mehr in Deutschland gewesen. Absichtlich. Ich wollte mich von meiner alten Heimat lösen, wollte mich in Israel einleben, außerdem fürchtete ich mich auch ein wenig vor den Diskussionen mit meinen Eltern, ich hätte zu viel erklären müssen, was ich selbst noch gar nicht richtig erklären konnte. Doch schließlich hatte ich das Gefühl, eine Reise zu ihnen nicht länger hinausschieben zu können. Da mein Budget nur begrenzt war, konnte ich keinen Direktflug der Lufthansa nehmen, sondern nur einen über Istanbul. Die Fluggesellschaft bot diesen günstigeren Flug nach Frankfurt und dann weiter nach Köln auch nur freitags an, aber wenn alles mal pünktlich klappte, würde ich am frühen Freitagabend bei meinen Eltern sein. Etwas zu spät, um mit dem Schabbat zu beginnen, aber da ich noch kein Volljude war, war es mir sogar verboten, den Schabbat ganz zu halten, es schien also okay zu sein, was ich da plante und buchte. So versuchte ich mich wenigstens zu beschwichtigen.

Natürlich hatte der Flug Verspätung. Ich rannte zu meinem Weiterflug und begriff erst, dass ich nach Köln nicht fliegen, sondern mit dem Zug fahren sollte, als ich pustend auf der Rolltreppe zum Bahngleis stand und meinen Zug aus dem Bahnhof fahren sah. Mit dem Zug von Frankfurt nach Köln, das war auch irgendwie logisch, doch ich hatte in den letzten Monaten so in meiner Welt gelebt, dass ich anscheinend die Realitäten in Deutschland außer Acht gelassen hatte. Aber jetzt war er ohnehin weg.

Draußen wurde es langsam dämmerig, die Zeit des Sonnenuntergangs nahte. Blackout. Schabbat. Dieses Wort stand vor meinen Augen, es hielt mich gefangen, ich war nicht mehr in der Lage, mich gedanklich und physisch zu orientieren und daraus mein Handeln abzuleiten. Rituale, die ich nicht einhalten konnte, schienen mich im wahrsten Sinn des Wortes aus der Bahn zu werfen.

Schließlich stand ich auf dem Bahnsteig. Bis der nächste fuhr, hatte ich ausreichend Zeit, meine Gebete zu sprechen. Zum ersten Mal allein. Sonst hatte ich dazu immer die Synagoge aufgesucht. Es musste aber auch so gehen. Wo war ich am wenigsten gestört? Ich sah mich um. Auf den Bänken saßen vereinzelte Menschen, große Koffer vor sich, sie warteten wohl ebenfalls auf ihre Anschlusszüge, nur wollten sie kaum nach Köln, sonst hätten sie sich in den gerade abgefahrenen Zug bemüht. Bänke kamen also nicht in Frage. Dafür war aber das Ende des Gleises völlig menschenleer. Dort gab es zwar keine Sitzgelegenheiten, aber ich konnte den Beginn des Schabbats ebenso gut im Stehen absolvieren, konnte dabei ein wenig hin- und hergehen.

Mit eiligen Schritten begab ich mich zum Gleisende, es wurde auch höchste Zeit, ein Blick durch die Glasscheiben des Bahnhofs gab mir zu verstehen, dass ich mich sputen musste. Ich holte aus meiner Jackentasche mein Siddur, das jüdische Gebetbuch, das die Ordnung und die Reihenfolge der Gebete festlegt, vorsorglich hatte ich es dort verstaut, um nicht erst lange suchen zu müssen. Gleich darauf fing ich zu beten und zu singen an, nicht anders, wie ich es in der Synagoge gemacht hätte. Nach einer knappen Stunde war ich mit meinem Sologebet fertig – und total glücklich, denn ich hatte mich an alle Melodien erinnert und alles richtig intoniert. Mit dem Ergebnis war ich mehr als zufrieden.

Bald rollte auch der nächste Zug Richtung Köln ein, draußen war es inzwischen stockfinster. Ich stieg ein und sah lange Zeit hinaus in die Nacht. Immer noch zufrieden saß ich da, bis ich auf einmal zusammenzuckte, die Hälfte der Strecke hatte ich sicher schon geschafft, als jemand hinter mir den Zugbegleiter fragte: »Wo können wir denn unsere Koffer abholen?« O Mann! Siedend heiß fiel mir ein, dass ich ja von einem Anschlussflug ausgegangen war. Ich hatte angenommen, mein Koffer wäre automatisch bis Köln durchgecheckt.

»Sie können ihn in Köln am Lufthansa-Schalter abholen. Sie werden dort hingebracht.«

So schnell wie ich mich aufgeregt hatte, so schnell beruhigte ich mich wieder. Und als der Zugbegleiter meine Fahrkarte kontrollierte, frage ich ganz lässig, wo sich denn der Lufthansa-Schalter am Bahnhof befinde und lobte grinsend: »Toller Service.« Mit diesen Worten setzte er seinen Weg fort.

Ich konnte es nicht fassen, davon, dass das Gepäck vom Flugzeug in den Zug umgeladen wird, hatte ich noch nie gehört. Doch das Wunder geschah tatsächlich. Als ich meinen Koffer dann sah, guckte ich dankbar hinauf in den Himmel. Ein bisschen unheimlich war mir das aber doch.

Zu Hause angekommen, erzählte ich meinen Eltern, die schon sehnsüchtig auf mich gewartet hatten, die Geschichte meines verloren geglaubten Koffers.

»Ach Gott, Thomas«, sagte meine Mutter, »das kann auch nur dir passieren.«

Während sie zwar Gott sagte, aber damit meine Schusseligkeit und mein Glück meinte, wusste ich genau, wem ich das zu verdanken hatte und schrieb es meinem Schabbatgebet am Bahngleis zu.

Noch viel mehr als bei früheren Besuchen interessierte ich mich dafür, was meine Mutter in der Küche anstellte.

Ich wollte alles genau wissen, wie sie ihren Sauerbraten und die Kohlrouladen machte, wie sie ihren hervorragenden Möhreneintopf hinbekam, wie sie die Mayo für ihren berühmten Kartoffelsalat machte, und nicht zu vergessen den Kartoffelpuffer. Ihr beim Kochen zuzuschauen, die Leidenschaft zu spüren, mit der sie die Lebensmittel behandelte, faszinierte mich stets von Neuem.

Als wir uns zum Abschied umarmten, meinte sie: »Ich hoffe, es wird alles gut für dich.«

Die Rückenprobleme ließen nicht nach, und Noam, der sich aus seiner Sucht befreit hatte, riet mir: »Versuche es mal mit Meditation, mir hat es geholfen, eigentlich hilft es mir noch immer.«

»Kannst du dir vorstellen, wie ich bei meiner Größe und meiner Ungelenkigkeit im Schneidersitz sitze? Wie soll ich denn meine Füße auf die Oberschenkel kriegen?«

»Man kann das mit dem Sitzen ruhig etwas lockerer sehen, es geht darum, den Kopf freizubekommen. Du könntest mir schon ein wenig mehr vertrauen.«

»Aber der Mensch ist doch nicht dafür geschaffen, unendlich lange in einer Position zu verharren.« So schnell gab ich nicht auf.

Noam aber auch nicht: »Du könnest es wenigstens ausprobieren.«

Sein Vorschlag ging mir nicht aus dem Kopf. Wenn ich schon Yoga machte und es langsam Besserung brachte, wieso probierte ich es nicht mal mit Meditation? Einen Versuch war es wert. Ich setzte mich im Schneidersitz hin, denn der Sitz, so wie er im Yoga gelehrt wird, konnte ich keine zwei Sekunden aushalten. Ich schloss die Augen, begann, meinen Atem zu zählen – und fand das alles schrecklich unbequem. Nicht nur das, es war pure Folter, einen Menschen in eine bestimmte Position zu zwingen. Schon nach wenigen Minuten wich ich in geänderte Positionen aus, aber jede kleinste Änderung meiner Haltung machte alles nur noch unerträglicher. Die Knöchel, auf denen das Gewicht lagerte, fingen an zu drücken, der Rücken verspannte sich, und ich begann zu schwitzen. Die Schweißtropfen liefen an mir herunter und kitzelten dann auch noch. Wie sollte ich das als ein tolles Erlebnis empfinden, wenn ich ein Bündel aus Schmerzen war? Wie konnte man freiwillig nur so viel Unbequemlichkeit ertragen?

Aber ich wäre nicht ich, wenn ich gleich beim ersten Anlauf aufgegeben hätte. Wenn mir das Sitzen zu sehr wehtat, legte ich mich zum Meditieren auf den Rücken. Am schönsten fand ich den Platz auf der Wiese in der Nähe von einem Café in Jerusalem, wo ich mich einfach nur ins Gras legte, aber ähnlich wie die Schweißtropfen war das eine kribbelige Angelegenheit. Einmal vernahm ich an den Fersen ein kitzliges Gefühl, weil es so warm war, hatte ich keine Strümpfe an, sondern war barfuß in meinen Sandalen herumgelaufen. Es kribbelte und piekste fürchterlich, aber ich wollte meine Stunde – dafür stellte ich immer einen Timer – durchhalten und nicht vorher aufgeben. Wahrscheinlich bildete ich mir die eigenartige Empfindung nur ein. Schließlich brannte es so unerträglich, dass ich aufgeben und nachschauen wollte, was mich da derart piesackte. Aber in diesem Moment erlöste mich das Piepen des Timers.

Als ich meinen Oberkörper aufrichtete, sah ich, dass meine Füße mehr oder weniger in einem kleinen Ameisenhaufen lagen und diese Hautflügler mit ihrer Wespentaille über meine Füße krabbelten. Unzählige Male hatten sie ihr Gift auf meine Füße gespritzt. Ich verstand ihren Unmut, fand es aber auch erstaunlich, dass man eine Stunde lang ein solches Kribbeln, das nicht nur in der Vorstellung war, sondern real passierte, aushalten und ertragen konnte. Das faszinierte mich, und ich setzte meine Meditation fort, über mehrere Jahre. Sie beeinflusste meine Aufmerksamkeit, ich bekam durch sie meine Ängste in den Griff und ebenso meine negativen Gedanken.

Aber noch etwas anderes war mir aufgefallen, warum mir die Meditation immer besser gefiel. Es gab eine Parallele zwischen ihr und dem Schabbat. Die positive Wirkung von Meditation stellte sich dann ein, wenn man so wenig wie möglich dachte, sich gewissermaßen leer dachte. Beim Schabbat lernte ich mit der Zeit, mich zwar nicht leer zu denken, aber es ging dabei darum, sich auf bestimmte Dinge zu fokussieren und zu konzentrieren, was auch beinhaltete, bestimmte Themen des Alltags nicht an sich heranzulassen. Zu diesen Themen zählt zum Beispiel alles, was mit Geldverdienen zu tun hatte, ebenso jene Dinge, die man sonst ständig mit sich herumträgt und im Kopf von hier nach dort wälzt. Im Endeffekt raubt einem das sehr viel Energie, macht sogar krank. Erst nach und nach wurde ich gewahr, wie mich Gedanken beherrscht hatten, die mir überhaupt nicht guttaten. Schabbat zu halten ist eine Form der bewussten Verdrängung von Dingen, die man nicht ändern kann oder von Problemen, deren Lösung man erst viel später braucht. Hatte ich früher angenommen, dass man zu einer Lösung kommt, je mehr man über eine Sache nachdenkt, so erfuhr ich nun: Ein Problem löst sich häufig am besten dadurch, dass man es einfach beiseitelegt und darauf vertraut, dass sich die Lösung schon findet. Alles zu seiner Zeit, und nicht, wann man es selbst will.

Wenn man sich darin schult, die eigene Konzentration von den Schwierigkeiten wegzulenken und sich nur auf das bezieht, was der Schabbat von einem fordert, stärkt das nicht nur die Konzentration auf das Wesentliche, sondern auch das Gottvertrauen. Es fördert aber ebenso das Zusammensein mit der Familie.

Uri und Zohar waren die einzigen beiden Menschen aus der Synagoge, von denen ich wusste, was sie in ihrem Leben beruflich – oder auch nicht – gemacht hatten. Von all den anderen hatte ich keine Ahnung, was sie außerhalb dieses Gotteshauses taten. Ich traf hier also auf Menschen, ohne über ihre Funktion Bescheid zu wissen. Normalerweise erfuhr man sehr schnell, ob jemand Lehrer, Tischler oder Zahnarzthelferin war, fand das auch interessant und fragte danach, wenn eine neue Bekanntschaft nicht von sich aus davon erzählte, was sie beruflich tat. In der Synagoge spielte das alles keine Rolle, man lernte sich hier auf ganz andere Weise kennen, als es sonst der Fall ist, jedenfalls ging es mir so. Ich fand es spannend, das zu beobachten, denn so packte man einen anderen nicht in irgendeine der Schubladen, die man sich für Menschen zurechtgelegt hatte, überlegte auch nicht, ob sie in diese hineinpassten. Es ging allein darum, wie man sich untereinander verhielt, wie man sich im Gebet verhielt, wie wichtig dem Einzelnen die Synagoge war. Alles andere war irrelevant.

Eine ähnliche Erfahrung machte ich mit den Jahren mit der Kippa – nur anders herum. Sie außerhalb der Synagoge oder nicht im Rahmen von Kiddusch zu tragen, kam für mich einem Outing gleich. Die kleine, runde Kopfbedeckung gilt ja als Erkennungszeichen der männlichen Juden, steht dafür, den Sitten Israels treu zu sein. Die Kippa in der Öffentlichkeit aufzusetzen, lässt einen Träger für jeden anderen selbst noch aus größerer Entfernung als Juden erkennen (alternativ wäre es der schwarze Hut, der Bart und die Schläfenlocken bei besonders frommen Juden). Diese Kennzeichnung fand ich anfangs schwierig, denn das unter Strafandrohung erzwungene Anheften des gelben Sterns von Juden in Europa während des Zweiten Weltkriegs war für mich Inbegriff eines Leidenswegs von Millionen Menschen, der Hasspropaganda, Entrechtung, Beraubung und

Deportation bis zum Massenmord in Vernichtungslagern beinhaltete. Setzte ich mir die Kippa auf, gab ich damit zu verstehen: Ich bin Jude. Ich glaube an Gott.

Es ist schon seltsam, wenn man so aufgewachsen ist, dass man das Gefühl hat, sich rechtfertigen zu müssen, dass man an Gott glaubt.

Das ist im säkularen Tel Aviv im Grunde nicht anders als in Deutschland. Wollte ich mich freiwillig outen? Anfangs habe ich mich um diese Entscheidung gedrückt, ich hatte ein Problem damit gehabt, die Kippa außerhalb der Synagoge zu tragen. Erst seit zwei, drei Jahren habe ich dieses Vertrauen dazu gefasst, die Kopfbedeckung in Israel auf der Straße oder sogar bei Fernsehauftritten aufzusetzen, im deutschen Fernsehen tat ich dies erstmalig 2017 in der Talksendung von Markus Lanz, um damit zu demonstrieren, wohin ich gehöre. Niemand reagierte darauf. In der Sendung selbst wäre es eigenartig gewesen, aber auch hinterher gab es keine Reaktionen. Sogar mein Vater, der sich die Sendung angeschaut hatte, sagte nichts. Ich hatte bei ihm mit einer Ansage gerechnet, im Sinn von: »Ist das gut für dich?« Aber es kam kein Wort über seine Lippen, vielleicht, weil es ihn nicht mehr überrascht hatte. Es war von langer Hand lanciert, gut vorbereitet, jeder wusste inzwischen, dass ich einen anderen Weg eingeschlagen hatte, weshalb es wohl keinen Aufschrei mehr gab. Dabei hatte er mich noch nie in der Öffentlichkeit mit einer Kippa gesehen. Wenn ich ihn besuchte, hatte ich es mir zwar angewöhnt, eine Kopfbedeckung zu tragen, wenn ich das Haus verließ, aber das war meist eine Baseballkappe, die nicht weiter auffiel.

Ehrlich gesagt: So manches, was ich im Judentum am Anfang kennenlernte, war auch mir viel zu viel, zu aufwendig, und irgendwie auch zu abgedreht. Dazu zählten die Tefillin, die zwei schwarzen Lederriemen, die mit Kapseln aus

Leder ausgestattet sind, in denen sich handgeschriebene Schriftrollen mit Texten aus der Torah befinden. Nahm man sie ernst, musste man sie sich beim Morgengebet um den linken Arm und um die Stirn – genauer gesagt zwischen die Augen – wickeln, es ist, ebenso wie die Tzitziot, die Schaufäden, die man unter der Kleidung trägt, ein Zeichen des Bundes mit Gott, das die Bereitschaft symbolisiert, das Joch der 613 Gebote (365 Verbote und 248 Gebote, darunter auch die Zehn Gebote) zu tragen.

Lange Zeit, wie soll ich es sagen, lief ich standhaft an den Tefillin vorbei. Das war auch leicht, weil ich nur am Schabbat morgens in die Synagoge ging, und am Schabbat werden keine Gebetsriemen angelegt, einzig an Werktagen.

Eines Tages suchte ich aber dennoch an einem normalen Werktag die Synagoge auf, weil der Rabbi der Konversionsabteilung dazu gemahnt hatte. Ich war so früh da, dass ich, typisch deutsch oder typisch ich, sogar viel früher als alle anderen da war und warten musste, bis aufgeschlossen wurde. Einer nach dem anderen kam herein und legte den Tallit, den Gebetsmantel, an und holte die Tefillin aus dem Beutel, wickelte sie aus und legte sie an. Ich wunderte mich, mit welchem Ernst die Leute das machten, dachte, sie müssten doch mal lachen, denn irgendwie sah das nach meinem Empfinden sehr lustig aus mit den schwarzen Dosen auf dem Kopf. Oder seltsam, wenn man es etwas seriöser betrachten wollte. Kannst du dir vorstellen, selbst welche anzulegen?, fragte ich mich. Nein, das konnte ich nicht, oder konnte ich?

»Noam, legst du Tefillin an?«, fragte ich, als wir mal wieder zusammen in einem Lokal auf dem Rothschild Boulevard saßen. Wir hatten Steak gegessen und tranken nun einen Espresso nach dem anderen, zwei Koffeinjunkies unter sich. In dieser Zeit trank ich in Cafés höchstens Espresso, aber Noam hatte mich wie immer zum Essen eingeladen, weil er meine Einkommenssituation kannte. Das habe ich ihm nicht vergessen.

»Nö«, erwiderte er. »Ich hab welche, aber wie du weißt, nehme ich es mit dem Frommsein nicht so genau.« Demonstrativ schaute er drei hübschen Frauen hinterher, die, betrachtete man ihre Tüten, die sie baumelnd trugen, gerade auf Shoppingtour waren.

»Du hast welche, aber legst sie nicht an?« Das kam mir dann doch seltsam vor.

»Früher hab ich das mal gemacht, ich habe sie geschenkt bekommen, zur Konversion.«

»Aber was war es für ein Gefühl, als du es damals gemacht hast?«

»Puh, das ist Jahre her.« Noam legte seine Stirn in Falten, er schien tatsächlich nachzudenken, und nach einer Weile sagte er: »Eigentlich hat es sich gut angefühlt.«

Ich sah die ernsthaften Gesichter der Männer in der Synagoge vor mir aufsteigen und konnte nachvollziehen, was er damit meinte.

»Die schwarzen Lederriemen haben mich immer an Bondage erinnert.« Er sprach aus, was ich vielleicht gedacht, aber nicht zu sagen gewagt hätte.

»Na ja, ist aber schon nicht das Gleiche, Noam,« relativierte ich.

Noam lachte. »Stimmt. Irgendwann wurde mir das sowieso alles zu umständlich. Ich hab die Dinger noch bei mir zu Hause rumliegen, sie sind verdammt teuer. Wenn du willst, kann du die mal ausprobieren, bevor du auf die Idee kommst, dir selbst welche zu kaufen.«

Da ich noch mitten in der Konversion war und gute Tefillin umgerechnet bei 500 Euro anfingen, nahm ich Noams Angebot an. Jeden Tag übte ich, sie anzulegen, allein zu Hause, nur ein paar Minuten, für ein kurzes »Sch'ma Jisrael«, das zentrale Gebet und Glaubensbekenntnis im Judentum. Ein paar Monate nach der Konversion besorgte ich mir dann eigene besonders koschere Gebetsriemen, und weil mein Vater meinte: »Du hast doch so wenig Geld«, bezahlte er mir sie. Was mir viel bedeutete, da er ja meine Konversion eher skeptisch begleitet hatte. Ich hatte Gefallen an diesem »schwarzen Ritus« gefunden, erkannte auch, dass die Riemen der schönste Schmuck für einen jüdischen Mann waren, aber nicht nur die Riemen, sondern ebenso der Abdruck auf dem Arm, der meist noch lange nach dem Abnehmen der Tefillin zu sehen war. Da das Morgengebet mindestens eine Dreiviertelstunde dauert und die Riemen fest gebunden werden, sind die Nachwirkungen unübersehbar.

»Alles klar«, bemerkte Noam, als er mich zum ersten Mal mit meinem Muster auf dem Arm sah, »du gehst in eine andere Richtung als ich.«

Aber war eine Kehrtwendung je in Frage gekommen? Hatte ich trotz aller Schmerzen und Ängste je den Wunsch verspürt, wieder als Anwalt zu arbeiten, womöglich sogar als Anwalt in Deutschland? Gekleidet in feinem Zwirn und mit einem optimistischen Lächeln auf den Lippen, überzeugt davon, dass man den Fall gewinnen wird, im Prinzip jeden Fall? Und selbst wenn nicht, bekommt man trotzdem sein Geld. Ich konnte es mir nicht mehr vorstellen. Dabei hatte ich wie jeder Anwalt von einer tollen Familie, Kindern, einem Haus mit Garten, exklusiven Reisen und nicht minder exklusiven Autos geträumt. Wann war der Punkt gekommen, an dem das alles nicht mehr wichtig war? Vielleicht war er schon immer in mir gewesen, ich hatte ihn nur nie bemerkt, weil ich den Konventionen folgte, um dazuzugehören.

11

IN DER SYNAGOGE BRENNT DER SICHERUNGSKASTEN DURCH – UND NICHT NUR DORT

Wieder wurden in den Straßen die Laubhütten aufgebaut, das Laubhüttenfest oder Sukkot stand bevor, es wird fünf Tage nach Jom Kippur gefeiert, der Versöhnungstag ist der höchste jüdische Feiertag und wird, berechnet nach dem jüdischen Kalender, im September oder Oktober begangen. Davor hatte es noch Rosch ha-Schana gegeben, das zweitägige Neujahrsfest – diese Ansammlung von Feiertagen konnte einen ziemlich schwindlig machen. Ich selbst aber liebte im Herbst das siebentägige Sukkot. In Erinnerung an den Auszug aus Ägypten, bei dem die Juden ihre Häuser verlassen mussten und nur in notdürftigen Behausungen lebten, werden zu diesem Fest überall kleine Hütten aus Ästen und Blättern errichtet. Auch bei meiner Ankunft in Israel, um die Wahlstation zu machen, war Sukkot gewesen. Als ich durch die Straßen lief, weil ich nicht gleich mit meinem Referendariat beginnen konnte, hatten mich diese Laubhütten, insbesondere abends, wenn sie hell erstrahlten, wie magisch angezogen. Ich hätte so gerne in einer gesessen und mit den Menschen gefeiert.

Natürlich machte ich in der Zeit meiner Konversion zum ersten Mal alle Feiertage mit, selbstverständlich mit richtig langen Gebeten, an einigen Tagen war ich bis zu fünf Stunden am Stück in der Synagoge, bei Jom Kippur sogar länger. Noch immer war ich nicht in der Lage, alle Texte mitzulesen, geschweige denn, sie zu verstehen. Unglaublich anstrengend war das, es war wirklich schwer, dabei bei Laune zu bleiben. An Jom Kippur, an dem man Gott darum bittet, dass er einem alle Übertretungen vergibt und einem einen Neuanfang ermöglicht, ging es morgens um acht Uhr los und hörte um sieben Uhr abends auf, mit einer Unterbrechung von vielleicht zwei Stunden. Es ist der Tag, an dem man fastet, fünfundzwanzig Stunden lang darf man nichts essen und trinken, um mit sich ins Reine zu kommen und Reue zu zeigen. Ich war hinterher fertig, noch nie in meinem Leben hatte ich über einen derart langen Zeitraum so streng gefastet. Zwar hatte ich mal den einen oder anderen Tag nichts gegessen, was alles kein Problem bedeutet, wenn man genügend trinkt. Das war aber nicht erlaubt. Hinzu kamen die noch immer heißen Temperaturen, bei jedem Gang in die Synagoge geriet man ordentlich ins Schwitzen. In der Synagoge selbst lief eine Klimaanlage, die den Körper aber noch mehr austrocknete. In dem Jahr, als ich Jom Kippur zum ersten Mal mitmachte, fiel sie mittendrin aus. Peng! Die Sicherung war herausgesprungen, die nachträglich eingebaute Anlage war den ganzen Tag gelaufen und hatte dann durch Überbelastung ihren Geist aufgegeben.

Rund fünfzig Männer sahen sich an. Jeder dachte dasselbe: Am Versöhnungstag hat man alle Vorschriften wie am Schabbat einzuhalten, schon gar nicht darf man mit Strom herumhantieren. Die Lösung des Problems kann man nur einem Nichtjuden überantworten. Rund fünfzig Augenpaare richteten sich auf mich. Es gab da einen in der Gemeinde, der noch kein Jude war, und das war ich. Alle wussten, dass meine Konversion noch nicht beendet war. Der Rabbi sah mich eindringlich an und nickte, ich begriff sofort, was er von mir wollte. Ich ging zum Sicherungskasten hinüber, der offen stand, die herausgesprungene Sicherung war schnell identifiziert, nicht weniger schnell die Sicherung reingedreht. Es war dennoch ein komisches Gefühl. Einerseits fühlte es sich gut an, etwas für die Gemeinde zu tun, andererseits fand ich diese Aufforderung fast ein wenig diskriminierend. Ich kam mir vor wie ein

Schabbesgoi, ein Nichtjude, der früher angestellt wurde, um am Schabbat Dinge zu erledigen, weil man sie selbst nicht machen durfte.

Der Rabbi sagte später, als es wieder an Jom Kippur passierte, mit einem schelmischen Lachen im Gesicht: »Beim dritten Mal bekommst du ein Eis.«

Tatsächlich sollte noch mehrmals die Sicherung herausspringen, aber am nächsten Jom Kippur durfte ich sie nicht mehr reindrehen. Jemand anderes musste als Schabbesgoi gefunden werden.

Als sämtliche Feiertage zelebriert waren, fühlte ich mich regelrecht high von dem Gebetsmarathon. Vergleichbar war das mit den letzten fünf Kilometern bei einem realen Marathonlauf, jedenfalls dann, wenn man gut drauf ist, noch mal Gas gibt und merkt: Hey, ich habe es gleich geschafft, ich kann sogar noch was, ich habe noch Reserven. Plötzlich macht es wieder Spaß und man ist bereit, die nächste Herausforderung anzunehmen, egal wie geschafft man körperlich ist.

Beten hin oder her, das sollte mich nicht davon abhalten, mich wieder neu zu verlieben. Nach Ora war ich einige Zeit allein geblieben, ihre rapide Metamorphose hatte mir lange in den Knochen gesteckt. Doch dann begegnete ich Elina, die mich in dieser Zeit der Konversion sehr beeinflusste und eine große Bedeutung für mich gehabt hatte. Elina war – ähnlich wie Ora – gut sieben Jahre älter als ich, eine Jüdin mit osteuropäischen Wurzeln. Ich bemerkte sie auf einer Veranstaltung, ihre dichten, dunklen Haare umrahmten ihr Gesicht äußerst eindrucksvoll. Ich konnte sie nicht als hübsch bezeichnen, nicht im klassischen Sinne, aber sie hatte eine Ausstrahlung, die sie ungemein attraktiv machte. Ich war augenblicklich von ihr eingenommen, und auch hier beruhte das auf Gegenseitigkeit. Wir tauschten unsere Handynummern aus, und nach diesem Abend schickten wir uns gegenseitig viele SMS, es war offensichtlich, dass sie mich näher kennenlernen wolle.

Elina und ich trafen uns, zwei Tage hintereinander, es waren sehr intensive Begegnungen, doch nach diesen beiden Tagen war sie auf einmal verschwunden. Abgetaucht, ohne mir vorher einen Grund zu nennen. Jede SMS, die ich ihr schickte, blieb unbeantwortet, bei jedem Anruf landete ich auf ihrer Mailbox. Es ging mir gar nicht gut damit. Ich lag auf dem Bett, und auf mir lastete die Schwerkraft eines Schwarzen Lochs. Umgehen konnte ich damit gar nicht. Was hatte das zu bedeuten? Was sollte ich machen? Nun gut, im Grunde konnte ich gar nichts machen, das war ja das Dilemma. Doch diese Erfahrung war eine wichtige, denn auf brutale Weise verstand ich, was ich brauchte, um mich in einer Beziehung glücklich und wohl zu fühlen.

Früher hatte ich es genau andersherum erlebt: Meist war ich nicht sehr nett zu Frauen gewesen. Nicht, weil ich es nicht wollte, aber ich hatte herausgefunden, dass ich, wenn ich nett war und meine Gefühle ehrlich zum Ausdruck brachte, überhaupt nicht angesehen wurde. Also hatte ich mich zu jemandem entwickelt, den man von außen betrachtet als »Arschloch« bezeichnen konnte – und kam damit gut an. Aber nicht nur Männer konnten sich mies verhalten, auch Frauen waren dazu in der Lage. Und es funktionierte nicht minder gut. Ich durchschaute auch das auf einmal: Behandelte mich eine Frau schlecht, war ich viel eher an ihr interessiert, als wenn sie freundlich, verständnisvoll und einfühlsam gewesen wäre. Hatte mir eine Frau zu verstehen gegeben, dass sie mich wollte, fand ich sie schnell langweilig, da konnte sie noch so toll sein. Erst im umgekehrten Fall, wenn sie anfing, mit mir zu spielen, wenn sie dabei war, meine Gefühle ihr gegenüber zu gefährden, war ich auf einmal Feuer und Flamme. Das war ein fataler Mechanismus.

Ich musste mich entscheiden, ob ich weiter mit Frauen zusammen sein wollte, bei denen irgendetwas nicht stimmte, was auch immer es war. Ich war so was von verliebt in Elina, aber letztlich hatte sie mir mit ihrem Schweigen, ihrem Abtauchen zu verstehen gegeben, dass ich ihr nicht passte, ich ihr nicht genügte, ohne es aber zur Sprache zu bringen. War es nicht besser, eine Partnerschaft mit einer Frau einzugehen, die einem deutlich signalisiert, was ihr am anderen gefällt und was nicht? Würde man sich an der Seite einer solchen Frau nicht sicher fühlen, würde man eine solche Frau nicht auch eher glücklich machen können? Bei Elina gewann ich den Eindruck, dass ich es nie schaffen würde, sie glücklich zu machen, ständig würde ich hinter ihren Erwartungen zurückbleiben, nie würde ich von ihr in Erfahrung bringen, was ich hätte anders machen können. Auf einmal kam mir das wie eine Hölle vor, süß aber teuflisch. Eine Beziehung, die auf einer derartigen Basis gründete, die nicht in einer Anziehung zwischen zwei Menschen bestand, weil man sich gegenseitig fühlen konnte, war alles andere als gesund und richtig. Bei einer Frau wie Elina hatte man sich auf der Stelle vom Acker zu machen.

Doch so einfach war das nicht, vielleicht auch deshalb nicht, weil ich meine Lektion gründlich lernen musste, denn bislang hatte ich Elina nur wenige Male gesehen und meine Gedanken waren eher einer verletzten Eitelkeit und ähnlichen Empfindungen geschuldet, mehr theoretisch denn wirklich angenommen. Und so war es mir beschert, ihr noch ein gutes Dutzend Mal zu begegnen, obwohl ich mich dagegen entschieden hatte, mit ihr etwas anzufangen. Doch in dem folgenden Jahr liefen wir uns immer wieder über den Weg, rein zufällig, ohne irgendeine Veranlassung, ohne ein erkennbares Muster, das nachvollziehbar gewesen wäre, an den unterschiedlichsten Orten und Plätzen. Jedes Mal hatten mich diese Treffen dermaßen aufgewühlt, dass ich sagte: »Ach, komm, wir sollten uns mal wieder verabreden.« Die Katastrophe war vorprogrammiert, aber ich konnte nicht anders, ich fühlte mich zu ihr hingezogen. Ich kam aus der Nummer nicht heraus. So sehr ich mich dagegen wehrte, alle Gefühle stiegen in einer Intensität hoch, die mich bei jeder Begegnung umhaute. Nicht ein einziges Mal hatte ich mich gegen sie wappnen können, denn dann hätte ich cool reagieren können und nicht wie ein Teenager, der nichts sehnlicher begehrte, als mit dieser Frau auszugehen. Ich ärgerte mich hinterher über mich selbst, aber ich schaffte es nicht, ihr zu entkommen.

Nach einer Begegnung und unbeholfenen Anläufen, sich anzunähern, tauchte sie wieder ab, bis wir uns wieder zufällig trafen. Und zwar immer dann, wenn ich mich gerade wieder aufgerappelt hatte. Es war schlimm. Obwohl ich eine solche Beziehung nicht wollte, es letztlich auch keine war, blieb ich an Elina gefesselt und musste durch diesen tiefen Sumpf hindurch. Von Ausgeglichenheit und Ehrlichkeit keine Spur. Das war auch in den vorherigen Partnerschaften nicht der Normalfall gewesen, eher die Ausnahme, aber mehr und mehr spürte ich, wie sehr ich mir ein ausgewogenes Kräfteverhältnis wünschte. Das war eine Erkenntnis, eine gute Erkenntnis, denn Elina erschien mir wie eine Sucht, eine emotionale Sucht, von der ich unbedingt loskommen wollte. Gleichwohl war mir dies über anderthalb Jahre lang nicht möglich, trotz aller Einsicht.

Im musste etwas tun, um nicht im Morast zu versinken. Ich wünschte mir eine Beziehung, das war nicht von der Hand zu weisen, aber es musste eine sein, die auf dem aufbauen konnte, was ich gerade mit meinem Leben anstrebte, nämlich die Konversion. Offensichtlich hatte Gott mir die Zufallsbegegnungen mit Elina angeordnet, damit ich einen klaren Kopf bekam. Es war gut, dass ich Elina kennenlernte, ohne sie zu bekommen, und es war gut, dass ich litt.

Lange musste ich nicht nachdenken, um herauszufinden, was meine Rettung sein konnte. Sicher, ich befand mich nicht in Lebensgefahr, aber wie sollte ich je eine Partnerschaft haben, die nicht von einem Ungleichgewicht, von permanenter Aufregung bestimmt war? Dazu schien es nötig zu sein, sich hinzusetzen und alles aufzuschreiben. Alles über meine Vergangenheit. Diese musste ich aufarbeiten, offen und ungeschminkt, keine Untiefe durfte ausgelassen werden, alle meine emotionalen Erfahrungen sollten von mir von sämtlichen Seiten betrachtet und in Worte formuliert werden. Jedenfalls die Seiten, an die ich mich erinnern konnte. Ich war davon überzeugt, dass ich einige so verdrängt hatte, dass sie wohl nie ans Tageslicht kommen würden. Oder vielleicht doch durch den Schreibprozess.

So toll ich mir das überlegt hatte, ich fand keine Ruhe in mir, um mich hinzusetzen und zu konzentrieren. Die Konversion beanspruchte meine gesamte Aufmerksamkeit, und anscheinend waren meine Gefühle auch zu aufgewühlt, um sie zu ordnen. Aber ich beobachtete mich sehr genau und machte mir Gedanken über das, was mich in meiner Vergangenheit geprägt hatte. Manche Ausflüge mit reichlich Drogen und Alkohol hatten viel Spaß gemacht, aber bei genauer Betrachtung: völlig überflüssig. Und die vielen Beziehungen zu den Frauen, die eigentlich keine waren, weil man den Partner nie ernst genommen hatte, das konnte ich auch nicht unter positiven Erlebnissen verbuchen. Im Grunde waren damit keine Erfahrungen verbunden gewesen, die mich dazu befähigt hatten, wirklich auf einen anderen Menschen einzugehen. Es war kein Wunder, dass auch fast alle meine Freunde von damals Schwierigkeiten hatten, sich auf eine richtige Beziehung einzulassen. Und nicht nur auf Frauen, überhaupt auf Menschen. Viele Dinge, die wir in der Jugend gemacht hatten, hätte ich mir rückblickend lieber gespart, wobei ich gleichzeitig so eine Ahnung hatte, dass ich heute nicht der wäre, der ich bin und nicht hier in Israel wäre, wenn ich das alles nicht erlebt hätte. Das alles war eine Conditio sine qua non.

Und dann war da noch meine absurde und verwirrende On- und Off-Beziehung zu Elina. Mit ihr zurechtzukommen raubte mir fast den letzten Nerv. Immerhin kam ich durch sie dazu, mir zu überlegen, welchen Typ Frau ich eigentlich bevorzugte. Und konnte ich daraus bestimmte Schlüsse ziehen? Entscheidend war eher, wie ich nach längerem Nachdenken feststellte, der Konjunktiv: Welche Frau würde ich, wenn ich so lebte, wie ich leben wollte, bevorzugen? Da musste ich die Sache ganz neu aufrollen. Hielt ich Ausschau nach einer Frau, mit der ich zusammen den Schabbat zelebrieren wollte, die eher üppig war oder die den Körper eines Models hatte? Ich weiß auch nicht, warum mich das beschäftigte, es hatte aber etwas damit zu tun gehabt, dass ich mir auf einmal gewiss war, dass ich nach einer Entscheidung für eine Frau nicht mehr zu einer anderen wechseln wollte. Im Judentum ist eine Scheidung grundsätzlich möglich, aber ich wollte, dieses Bedürfnis wurde immer klarer, die Frau finden, mit der ich für immer zusammenbleiben würde.

Ich war mit üppig-fraulichen Schönheiten befreundet gewesen, mit sehr schlanken, grazilen – doch bei welchen Frauen hatte ich mich am wohlsten gefühlt? Dies waren nicht die extrem Schlanken gewesen, musste ich meinen Seiten anvertrauen, frauliche Frauen, die hatten mir am besten gefallen. Das war immerhin schon mal geklärt. Elina fiel nicht darunter, da klaffte endlich mal ein Graben zwischen uns. Es gefiel mir, dass ich zu einer Entscheidung gekommen war, die nichts damit zu tun hatte, was andere von der Person an meiner Seite dachten. Mochten die anderen eine dünne Frau hübscher finden, mir war das egal.

Mit jeder Reflexion, die ich über mich anstellte, wuchs mein Mut, zu mir selbst und und zu meinen Vorlieben zu stehen. Die Selbstbeobachtung brachte mich dazu zu sagen: »Okay, ich will nicht die Norm, sondern ich will das, was mir entspricht. Dann kann ich das auch leben und voll dazu stehen.« Durch das Nachdenken wurde mir bewusst, dass ich ein zweites Mal aussteigen musste. Beim ersten Mal war ich aus Deutschland ausgestiegen, nun musste ich aus mir selbst aussteigen, aus dem, was man vielleicht positiv als »Ausleben« bezeichnen konnte.

Stundenlang durchstreifte ich Tel Aviv zu Fuß, eine unglaubliche Neugierde trieb mich voran. Mit dem Gehen verausgabte ich mich auf eine für mich neue Art und Weise. Zum ersten Mal war ich Single in Tel Aviv, und weil ich mir inzwischen ganz sicher war, dass ich nach meiner Konversion in Israel bleiben wollte, war ich nicht nur Single, sondern auch ein verfügbarer Single, der bald Jude sein würde. Keiner konnte mich als Tourist einstufen, im Grunde war ich ein Mann, der in der Blüte seiner Manneskraft stand. Mit Anfang dreißig durfte man noch ein bisschen pathetisch sein. Wobei mir auch nicht entging: Irgendwie stand das ein bisschen im Widerspruch zu meinen religiösen und spirituellen Anwandlungen. Mit anderen Worten: Das, was ich aufschrieb, und das, was ich beim Flanieren und Beobachten junger Frauen dachte, passte noch nicht so ganz zusammen. Aber wer sah nicht gern Frauen hinterher? Vielleicht Männer, die glücklich verheiratet waren – oder fromm. Aber ich war weder glücklich verheiratet noch fromm.

Ich führte ein merkwürdiges Doppelleben. Wenn ich zwar unbedingt die eine Frau finden wollte, so hielt mich das nicht davon ab, immer wieder Bekanntschaften und Romanzen einzugehen.

Aber nach und nach begriff ich auch hier, dass ich wieder einem Muster folgte. Einer Sucht. Ich kam mit einer Frau zusammen, schlief mit ihr, und in dem Moment, wo ich das tat, wurde ich ihrer quasi schon überdrüssig, da konnte sie noch so toll sein, das spielte keine Rolle. Am liebsten hätte ich noch in der Nacht gesagt: »Bitte geh!«, was ich aber in dieser direkten Form dann doch nicht tat. Aber wenn ich ehrlich war: Ich war schon wieder auf der Suche nach der nächsten Frau.

Irgendwann kam der Durchbruch und die endgültige Erkenntnis, die ich vorher nur beim Aufschreiben meiner Gedanken theoretisch angerissen hatte: Das ist kein normales Verhalten, das ist ein Verhalten, das dir schadet. Du gehst nicht mehr einfach mit den Frauen ins Bett, weil es dir Spaß macht, sondern weil du es brauchst. Du hast in deinem Leben immer mit Süchten gespielt, aber du bist jemand, der es nicht haben kann, wenn er süchtig ist. Ich sagte mir das letztlich nicht zum ersten Mal, aber wie bei den meisten Dingen im Leben ist der Weg von der Erkenntnis bis zur Umsetzung ein langer. Es war nur mühsam zu akzeptieren, dass die Befriedigung keine Befriedigung war. Und wie bei jeder Sucht ist sie von einem Tag auf den anderen nicht beendet. Aber das Eingestehen ist der erste wichtige Schritt zur Heilung.

Ich beobachtete mich immer genauer. Manchmal sah ich einer Frau hinterher, und sie reagierte physisch, als hätte ich sie gerade angefasst, obwohl sie mich nicht bemerkt haben konnte. Ich erschrak darüber. Das war nicht okay. Nicht korrekt. Das war sexuelle Belästigung. Und sexuelle Belästigung war nicht nur körperlich, sondern auch seelisch. Indem ich sie anguckte, getrieben von meiner Sucht, missbrauchte ich irgendetwas, womit ich nicht spielen durfte. Meine Erkenntnisse führten mich in die richtige Richtung: Ich spürte, dass ich langsam reif wurde für eine echt Beziehung.

Doch zuerst hatte ich die Konversion zu bestehen. Beim ersten Mal ließen mich die drei Rabbi-Richter des Konversionsgerichts knapp durchfallen. Die hatten einen guten Eindruck von mir, aber wollten mir Gelegenheit geben, mich zu polieren, wie sie sich ausdrückten. Ich solle in drei Monaten wiederkommen. Das war ganz schön bitter nach der langen Wartezeit und dem vielen Lernen – und ohne Arbeitsgenehmigung. Das war das erste und einzige Mal, dass mein Vater die Vernunft der ganzen beteiligten Institutionen ernsthaft in Frage stellte. Beim zweiten Mal kam der Rabbi aus der marokkanischen Synagoge selbst mit und sprach für mich vor, aber auch ich hatte die Zeit genutzt und wusste mehr.

Es war eine lange Prüfung. Am nächsten Tag durfte ich zur Mikwe, dem Ritualbad, dort schwor ich wieder vor drei Rabbi-Richtern meine Loyalität zu Gott, zur schriftlichen wie mündlichen Lehre der Torah und den 613 Geboten samt allen Vorschriften der Torahweisen. Damit war die Konversion abgeschlossen. Denn da ich schon beschnitten war, war nur ein symbolischer Tropfen Blut als Zeichen des »Brit«, des Abrahamischen Bunds mit Gott, erforderlich gewesen, sonst hätte das vor der Mikwe stattfinden müssen.

Die Mikwe erinnerte an ein Tauchbecken in einer Sauna. In ihr musste ich dreimal vollständig untertauchen. Danach war es geschafft: Ich war Jude! Ich hatte es nun amtlich. Nun gehörte ich *dem* Volk an. Von nun an war ich Tom ben Abraham, der Sohn von Abraham. Ich fuhr sofort nach Jerusalem, mich zog es zur Klagemauer, um mich zu bedanken. Ich war sehr glücklich, auch wenn ich eigentlich keine Veränderung an mir wahrnehmen konnte.

Und in diesem Glück hatte ich in der folgenden Zeit den Lauf meines Lebens, was Frauen anging. Klar, ich hatte alles erreicht, was ich mir so sehr gewünscht hatte, wusste aber nicht so recht, was ich damit anfangen sollte. Vielleicht hatte ich eine andere Ausstrahlung als sonst, jedenfalls lernte ich in den nächsten vier Wochen so viele Frauen kennen, in einem rasanten Tempo, wie ich es mir früher nicht erträumt hätte. Keine Frau ließ ich aus, bis ich mich total leer fühlte und mich vor mir selbst ekelte. Ich war dabei, etwas zu zerstören, was ich mir in den letzten Jahren spirituell aufgebaut hatte. Die Notbremse musste gezogen werden

Wieder lief ich durch die Straßen, doch dieses Mal sprach ich mit mir selbst: »Das mit den Frauen will ich nicht. Ich habe eine Konversion gemacht, ich will das nicht vergeuden, was ich durch sie erreicht habe. Ich habe genug von den belanglosen Affären, ich will nicht mehr eine Frau anmachen und erobern und dann noch eine. Das ist totaler Missbrauch. Ich möchte, dass damit Schluss ist. Ich will jetzt meine Frau kennenlernen, die richtige Frau.« Und dann wandte ich mich direkt an Gott: »Ich bin jetzt bereit, ein jüdisches Haus zu gründen nach den Regeln der Torah, ich will Kinder, und ich werde jetzt abstinent sein, bis ich auf meine Frau treffe, die Frau, bei der ich hundertprozentig hinter ihr stehe und der ich treu sein will.« Ich hatte mich entschieden und mich vor Gott mit einem Gelübde verpflichtet.

Wie ein Trinker, der die Flaschen in die Spüle ausschüttet, oder wie ein Raucher, der seine letzten Zigaretten zerbricht und ins Klo wirft, schloss ich das Kapitel Frauen ab, indem ich daraufhin alle Kontakte, die ich noch zu Frauen hatte, mehr oder weniger freundlich verbindlich beendete und sämtliche Telefonnummern aus meinem Handy löschte, die mich mit irgendwelchen Frauen verbunden hätten.

Ich hatte immer noch Lust und stellte mich auf einen kalten Entzug ein, denn in Tel Aviv war es nicht einfach, die Richtige zu finden unter den vielen schönen Frauen. In einer Stadt, in der Frauen aufregend gekleidet an Bushaltestellen saßen, und wie man sich in Deutschland wünschen würde, einmal ein Blind Date mit so einer zu haben, nur ein Mal. Ich hoffte und betete, dass Gott ein Einsehen hatte und mir die Richtige zeigen würde – und mich nicht zu lange hängen ließ.

12 MRS RIGHT – GEFUNDEN AUF EINER PARKBANK

Es klingelte an meiner Haustür. Stürmisch. Wer konnte das sein? Als ich die Tür öffnete, stand Mira vor mir, in Begleitung ihrer Dänischen Dogge Daisy.

»Kommst du mit in den Hayarkon Park?«, fragte mich meine Nachbarin, die in einem ihrer hübschen selbst geschneiderten Kleider steckte, die sie auf Märkten verkaufte. Die wilden braunen Locken hatte sie mit einem geblümten Stirnband gezähmt. »Daisy braucht Auslauf.« Wie zur Bestätigung kläffte die Dogge einmal kurz auf, da konnte ich nicht Nein sagen, schön öfter waren Mira und ich mit dem Hund spazieren gegangen, der so groß war, dass niemand ihn übersehen konnte. Ich fand es wahnsinnig, dass man in einer so kleinen Wohnung ein derart großes Tier hielt, aber Mira war Tierärztin und sollte eigentlich wissen, was sie tat. Daisy war aber so cool, sie verhielt sich so, als wäre das schmale Treppenhaus ein Palasteingang. Ich mochte den Hund sehr gerne.

Es war später Nachmittag an einem heißen Tag Mitte Juni 2007. Mira nähte gern und schwärmte von einem Stoff, den sie gerade bei einem alten Schneider auf dem Boden entdeckt hatte. »Jersey, eigentlich old-fashioned, aber so irre kariert, das wird der Hingucker, wenn ich am Po noch Taschen draufnähe ...«

Ich hörte nur halb zu, denn ich sah zwei Frauen auf einer Bank sitzen, an der Yirmiyahu Street, noch hatten wir den Park nicht erreicht. Die eine beachtete ich nicht, doch die andere gefiel mir außerordentlich. Lange glatte schwarze Haare, unglaublich große, dunkle und intensive Augen, gut gebaut, auch wenn das bei einer sitzenden Frau nur schwer einzuschätzen war. Die Beine übereinandergeschlagen und an den Füßen elegante schwarze Schuhe mit hohen Absätzen, aber das war letztlich weniger wichtig, es war der Blick aus ihren Augen, der mich völlig faszinierte. Als Mira, Daisy und ich die Bank hinter uns gelassen hatten, wusste ich, dass ich noch einmal in diese tiefen Augen blicken musste.

»Mira … ähm …«, stotterte ich. »Ich glaube, ich habe gerade eben etwas verloren, so kurz vor der Bank, ich muss noch mal zurück und nachschauen.«

»Aha«, sagte meine Nachbarin und zupfte an einer Locke herum. »Wenn das mal nicht ein Vorwand ist.« War ich so leicht zu durchschauen? Egal, ich ging zurück, sah auf den Boden, aber nur bedingt, die dunklen Augen hatten mich sofort wieder in ihren Bann gezogen. Ich konnte mich nicht dagegen wehren. Aber die, die da auf der Bank saß, sie guckte auch zurück. Gern hätte ich sie angesprochen, aber meine Lippen blieben verschlossen, so wagemutig war ich nicht, hatte ich doch gerade vor vier Tagen Gott zu verstehen gegeben, dass ich nicht mehr jede Frau, die hübsch war, ansprechen wollte. Aber war diese Frau überhaupt jede Frau?

»Ich hab's nicht gefunden, ich muss den Weg nochmals ablaufen«, erklärte ich Mira und streichelte in meiner Verlegenheit das weiche silbergraue Fell von Daisy.

»Kein Problem, wir warten, wir sind ja geduldige Wesen.« Mira konnte sich ein Lachen nicht verkneifen.

Langsam wurde es schon ein wenig peinlich, als ich wieder vor den beiden Frauen aufkreuzte. Die Dunkeläugige lächelte, aber kein Wort kam aus meinen Mund. Ich traute mich wieder nicht. So ging das nicht weiter.

»Können wir jetzt unseren Spaziergang fortsetzen?«, fragte Mira.

»Klar, warum nicht.« Ich versuchte, so locker wie möglich zu wirken.

Wir waren ein paar Schritte gegangen, als ich abrupt stehen blieb. »Geh schon mal mit Daisy in den Park, ich muss noch mal zurück. Tut mir leid, aber ich habe das Gefühl, dass ich diese Frau kennenlernen muss.«

»Kann ich verstehen«, sagte Mira grinsend und dachte sich ihren Teil, schließlich waren wir schon ein gutes Jahr Nachbarn, und sie kannte meine Marotten.

Ich hörte nicht mehr hin. Weg war ich. Es waren ungefähr fünfzig Meter bis zur Bank, und auf diesen fünfzig Metern überlegte ich, wie ich sie ansprechen konnte. Viel Zeit hatte ich nicht, also blieb nur die übliche Tour, und die bestand darin, nach der Telefonnummer zu fragen.

Als ich bei der Bank ankam, sah ich, dass sie nur noch alleine dasaß. Mit klopfendem Herzen ging ich auf sie zu und sagte meinen Spruch auf: »Entschuldigung, aber als ich dich sah, hatte ich das Gefühl, dass ich dich gerne kennenlernen würde. Würde es für dich okay sein, mir deine Handynummer zu geben?«

Die Angesprochene zögerte. Sie sagte weder Ja noch Nein. Dieses Zögern kannte ich, und es konnte einen Mann in einer Situation, in der alles in der Schwebe war, ganz schnell das Selbstbewusstsein kosten. Zwei, drei Sekunden dauerte ihr Zögern, mehr waren es nicht gewesen, aber es war eine gefühlte Ewigkeit zu viel. »Ich kann dir auch meine Telefonnummer geben«, fügte ich hastig hinzu, »dann kannst du dir in Ruhe überlegen, ob du mich anrufen willst.«

»Nein, ist schon in Ordnung«, sagte sie. Ich holte innerlich Luft. »Ich will dir meine Nummer geben.« Sie diktierte mir ihre Nummer.

»Und wie heißt du?«, fragte ich.

»Dana«, sagte sie.

»Und ich bin der Tom.«

Augenblicklich bedankte und verabschiedete ich mich, lief los, um Mira und Daisy einzuholen. Die ganze Angelegenheit war aufregend genug gewesen, jetzt brauchte ich wieder ruhigere Gefilde.

»Mission erfolgreich?«, fragte Mira, als ich sie keuchend erreicht hatte. Daisy bellte vor Freude, als ich das Trio wieder komplett machte.

»Ich werde alles dafür geben, dass es so wird«, erwiderte ich, verwundert über meine eigenen Worte.

Am nächsten Tag rief ich Dana an, und wir verabredeten uns noch am selben Abend im Hafen von Tel Aviv. Als wir uns gegenüberstanden, merkte ich erst, wie klein sie war, das hatte ich, als sie auf der Bank saß, nicht wahrgenommen. Sie ging mir gerade bis zu den Schultern, dabei trug sie Schuhe, schwarze Pumps mit recht hohen Absätzen. Die enge schwarze Hose mit dem tief ausgeschnittenen Oberteil waren für Miras Geschmack sicherlich ein wenig zu elegant. Ich blickte zur Seite, blickte hinunter. Dana konnte klasse in den High Heels laufen, es war erstaunlich, wie selbstbewusst sie auf diesen Schuhen neben mir ging, und so selbstverständlich, als hätte sie nie etwas anderes an ihren Füßen getragen. Aber es war trotzdem sicherlich besser, wir liefen nicht zu lange herum.

Nach wenigen Minuten setzten wir uns in eine Bar an der Wasserkante. Mein Herz klopfte laut vor Nervosität, ich hatte sogar ein wenig Angst, dass sie es hören konnte. Dana war eine Frau, das hatte ich sofort gespürt, die ich nicht einfach wie üblich erobern wollte. Sie war etwas Besonderes, aber war ich das auch für sie?

»Das war ein hübscher Hund gestern«, sagte Dana, »fast so groß wie ich.« Ihre dunklen Augen lachten.

»Ja, Daisy ist ein Unikum, und ihre Besitzerin ist es auch«, bestätigte ich. Und um mögliche Missverständnisse auszuräumen, fügte ich hinzu: »Mira ist meine Nachbarin, und weil ich den Hund sehr mag, drehen wir öfter zusammen eine Runde. Und du, wer war die Frau neben dir auf der Bank?« Das war nicht unbedingt die intelligenteste Frage, aber irgendwie musste ich ja das Gespräch am Laufen halten.

»Eine Kollegin«, erklärte Dana. »Wir warteten darauf, bis es Zeit wurde, ein Restaurant ganz in der Nähe aufzusuchen. Wir haben dort das Essen getestet.«

»Wie? Bist du Restaurantkritikerin?« Mein Interesse für Dana war noch mehr entfacht – da hatte ich mich mit einer Frau verabredet, die beruflich mit Essen zu tun hatte?«

Dana lachte jetzt nicht nur mit den Augen, ihr weicher, sinnlicher Mund ließ wunderschöne Zähne aufblitzen. »Nein, nein«, wehrte sie ab, »so ist es nicht. Aber ich mache PR für einige Restaurants, Köche und Hotels, bin also im weitesten Sinne beruflich in der Food-Branche unterwegs, das mache ich nun schon seit acht oder neun Jahren. Dazu gehört, dass ich viel auswärts esse, um neue Gerichte kennenzulernen, neue Standards und neue Trends aufspüre, um sie entsprechend zu vermarkten.«

»Das heiß, du kennst dich in der Kochszene so richtig aus?«

»Klar, ist ja mein Job.«

»Ich koche auch gern«, sagte ich und fügte schnell hinzu, damit sie nicht auf die Idee kam, ich würde mich vor ihr brüsten wollen. »Ist ein Hobby von mir.«

»Da hättest du dir kein schöneres aussuchen können.«

Es schien, als hätten wir beide ein großes Bedürfnis, uns zu offenbaren – und ich hatte das Gefühl, in Vorleistung gehen zu müssen, weil ich wollte, dass sie wusste, mit wem sie es zu tun hat. Ausführlich erzählte ich ihr, wie ich mich in das Land Israel verliebt hatte, wie ich meiner Heimat Deutschland den Rücken gekehrt hatte, wie meine Konversion abgelaufen war. Ich sagte ihr auch, dass ich vor wenigen Tagen HaSchem zu verstehen gegeben hatte, dass ich jetzt meine Frau kennenlernen möchte, um ihr ewig treu zu sein. Ich hatte mir vorher nicht überlegt, warum ich es Dana erzählte, intuitiv war ich einem Gefühl gefolgt, in dem Glauben, dass es nicht einfach ein Zufall war, dass wir uns begegnet waren und ich sie angesprochen hatte.

Dana hörte mir schweigend und aufmerksam zu, unterbrach mich nicht ein einziges Mal. Auch als ich geendet hatte, sagte sie nichts, schaute mich nur intensiv an. Ich hatte das Gefühl, ein wenig verloren zu sein, verloren, um am Ende doch anzukommen.

»Warum hast du eigentlich so gezögert?«, fragte ich, um unser Schweigen zu beenden. Wir bestellten noch ein Getränk. Cocktail für sie, Bier für mich.

Erneut zögerte sie. Schließlich rang sie sich ebenfalls durch, mir nicht irgendwelche Ausflüchte aufzutischen, sondern ihre Situation so darzulegen, wie sie war. Ernst sagte sie: »Ich bin gerade am Ende einer fast zehnjährigen Ehe. Er wollte Kinder, aber weil ich diesen Mann nicht wirklich liebe, hatte ich überhaupt kein Bedürfnis gehabt, mit ihm welche zu kriegen. Ich litt unter dieser Beziehung, hatte aber keine Ahnung gehabt, wie ich aus ihr herauskommen sollte. Immerhin waren wir schon sehr lange zusammen, verheiratet, hatten uns die Treue geschworen, außerdem hatten wir auch sehr glückliche Momente gehabt. Dann, vor ein paar Tagen, kam es zu einem furchtbaren Streit, und im Verlauf dieser Auseinandersetzung sagte er, dass ich doch gehen solle, und das habe ich dann wörtlich genommen, habe meine Sachen gepackt und bin zu meinen Eltern gezogen. Und weil das gerade eben erst einige Tage her ist, wusste ich nicht, ob ich schon bereit sei, jemand Neues kennenzulernen und dir meine Nummer zu geben.«

Ich hatte Dana nur angeschaut, während ihre Stimme immer leiser wurde. »Ich kann mir gut vorstellen, dass das für dich ein merkwürdiger Moment war. Da komme ich auf einmal daher, und man selbst hat für sich noch keine klare Entscheidung getroffen.«

Dana nickte. »Ich stecke in einer Phase, in der ich aus einer Ehe ausbrechen will, aber noch gar nicht weiß, wie ich das anstellen soll. Als ich zu meinen Eltern zog, hatte ich noch nicht gewusst, ob dies tatsächlich die Trennung von meinem Mann ist.«

Sie stockte einen Moment, als wollte sie noch etwas hinzufügen, was sie bislang zurückgehalten hatte. Und tatsächlich war sie mit ihrer Erzählung noch nicht fertig gewesen.

»Seltsam«, fuhr Dana fort. »Einen Tag, nachdem ich bei meinen Eltern untergekommen war, habe ich einen Brief an HaSchem geschrieben. In ihm klagte ich über mein Leid, schilderte darin die Probleme meiner Ehe. Und am Ende habe ich HaSchem, wie soll ich es sagen, einen Wunschzettel aufgesetzt. Und auf diesem Wunschzettel stand, wie der Mann meines Lebens aussehen soll, also nicht unbedingt, wie er äußerlich aussehen soll, aber ich habe ein paar bestimmte Eigenschaften formuliert, und natürlich, das war sicher auch etwas naiv gedacht, aber bestimmt meiner Verzweiflung geschuldet, wünschte ich mir, dass er mich aus meiner Ehe rettet.«

Brennend gern hätte ich gewusst, welche Eigenschaften sich Dana so vorgestellt hatte, aber ich hielt mich in meiner Neugierde zurück, das ging denn doch etwas zu weit.

»Und was ich noch zu meinem Zögern sagen will – als du mich nach meiner Telefonnummer gefragt hast, habe ich mit meiner alten Beziehung abgeschlossen. So viele Jahre hatte ich mit meiner Ehe gehadert, und nun brauchte ich nicht mehr als ein paar Sekunden, um zu entscheiden, dass ich bereit bin, mit meinem bisherigen Leben abzuschließen und eine neue Beziehung zu führen. Und jetzt bin ich hier.«

Ich musste schlucken. Da war ich an ihr vorbeigegangen, und sie hatte eine Antwort auf ihre Fragen gefunden. Aber das hieß noch lange nicht, dass ich der Mann war, den Dana auf ihrem Wunschzettel skizziert hatte. Und auch wenn sie einen Brief an Gott geschrieben hatte, so musste es ebenfalls nicht bedeuten, dass sie fromm war. Aber vielleicht gläubig. Ein Mensch, der einen Brief an Gott schreibt – da musste doch ein Glaube vorhanden sein. Aber fromm, also ein Glaube innerhalb von Religionsregeln, davon konnte ich nicht ausgehen. In Tel Aviv waren ja die wenigsten fromm, und all die Frauen, die ich in der Vergangenheit kennengelernt hatte, hatten es zwar toll gefunden, dass ich Jude werden wollte, aber keine von ihnen hatte etwas davon hören wollen, vielleicht auch fromm zu werden. »Nee, bloß nicht. Schabbat halten? Das ist mir viel zu umständlich. Und dann noch diese Mode, diese züchtige Kleidung, das ist überhaupt nicht mein Ding.« Bei keiner Frau – außer Ora – waren mein Vortasten nach möglichen frommen Ambitionen auf fruchtbarem Boden gefallen, aber keinesfalls hatte ich so viel investiert, um dann alles wieder aufzugeben. Doch mir war klar, dass es nicht einfach sein würde, in Tel Aviv eine religiöse Frau zu finden, sie waren eine kleine Minderheit in dieser Stadt und liefen nicht in ihr, nach einem Mann Ausschau haltend, durch die Straßen, geschweige denn, dass sie in Tel Aviv rumliefen und sich auf der Straße ansprechen ließen. Ob es in Gottes Sinne war, dass es mit Dana, die fünf Jahre jünger war als ich, 1978 geboren, und mir passte, würden wir herausfinden.

Als wir uns mit Küsschen auf die Wange verabschiedeten, sagte, Dana: »Es ist beeindruckend, was du alles gemacht hast, nur um eine Religion anzunehmen, das nehmen sicher nicht viele Menschen auf sich.«

Wir trafen uns am nächsten Tag wieder und am Tag darauf und immer weiter. Wir beide wurden ein Paar. Ich erfuhr, dass Dana aus einer nichtreligiösen Familie kam, aber sie stand wohlwollend der Religion gegenüber. Ihr Vater war ein Zionist, nicht in der historischen Bedeutung, als der Zionismus Ende des 19. Jahrhunderts eine Bewegung war, um den Juden in Palästina einen selbstständigen Nationalstaat zu schaffen, sondern eher als jemand, der hinter dem Staat und den Rechten des jüdischen Volks am Land Israel stand. Er hatte in fast allen Kriegen Israels gekämpft und hatte sein Haus mit seinen eigenen Händen gebaut. Ab und zu besuchte er die Synagoge, aber sonst war er nicht weiter fromm, beachtete auch weiter keine besonderen Regeln. Aber Dana hatte noch vier Geschwister, drei Brüder und eine Schwester, von denen die drei Brüder alle religiös geworden waren, als sie im Ausland gelebt hatten. Dort, in der chassidischen Strömung Chabad, die besonders im Ausland aktiv ist, um Juden überall auf der Welt die Möglichkeit zu geben, Jüdischkeit zu erleben und zu leben. Die Strömung ist stark fixiert auf die Führungspersönlichkeiten, den Lubawitscher Rebben, wobei der letzte 1994 starb. Die Bewegung bleibt jedoch ihrer Philosophie verhaftet und gewinnt laufend neue Anhänger.

»Durch das Frommwerden deiner Brüder – bist du selbst nicht bereit, fromm zu werden?«, fragte ich sie an unserem zweiten gemeinsamen Abend.

»Es ist gut möglich, dass ich dafür reif bin«, sagte sie. »Ich habe mich immer zur Religion hingezogen gefühlt, sie aber nie gelebt. Mein Mann hatte nicht einmal die Bereitschaft gehabt, am Freitagabend Kiddusch zu machen, was ich aber gerne gehabt hätte. Weil er nicht an Gott glaubte, wollte er so etwas nicht, wie er immer erklärte.«

»Wenn du willst, können wir ja mal zusammen den Schabbat feiern«, schlug ich vor.

»Warum nicht, das ist eine schöne Idee.«

Ich wurde ganz aufgeregt. Wie war das möglich? Wie konnte es zwischen zwei Menschen so viele Gemeinsamkeiten geben? Na ja, so viele kannte ich noch nicht, aber es kam mir so vor. Rational war das Gefühl nicht zu erklären. Bei vorherigen Partnerschaften hatte ich häufig erlebt, dass schon nach kurzer Zeit Diskrepanzen auftauchten. Noch kein Grund, sich sofort zu trennen, aber Anzeichen für unterschiedliche Lebensauffassungen, die schließlich die Beziehung unlebbar machten. Häufig machte man Kompromisse oder sein Ding alleine. Bei Dana gab es bei allen Dingen von Anfang an ein Einverständnis, wir mussten uns gar nicht lange abstimmen.

Bezeichnend für unsere Beziehung war, dass wir keine normale Beziehung führten. Statt wie andere Paare abends ins Kino zu gehen, fuhren wir, wenn Dana mit der Arbeit fertig war, nach Jerusalem an die Klagemauer. Als wir diese Tour zum ersten Mal machten, wunderte ich mich, dass sie sich nicht umzog.

»Willst du nicht andere Schuhe anziehen?«, fragte ich.

»Wie andere Schuhe? Was meinst du damit?« Dana schaute mich erstaunt an.

»Na, flache Schuhe.«

»Ich besitze keine flachen Schuhe, die gibt es bei mir nicht, nicht ein einziges Paar.«

»Okay«, sagte ich gedehnt. Ich mochte es gern, wenn Dana Pumps trug, sie konnte sich toll in ihnen bewegen, aber bislang war mir noch keine Frau über den Weg gelaufen, die nicht wenigstens ein Paar Sneakers oder Ähnliches besaß.

»Und wie sieht es mit Turnschuhen aus?«

Sie lachte schallend. »Sehe ich wie jemand aus, der Sport macht?«

Bei genauer Betrachtung musste ich zugeben, dass sie nicht gerade muskulös gebaut war.

»Findest du flache Schuhe doof?«

Dana antwortete salomonisch: »Vergiss nicht, man muss nicht nur am richtigen Ort zur richtigen Zeit sein, sondern man muss auch die richtigen Schuhe anhaben.«

Gut, dann eben in High Heels durch die Altstadt von Jerusalem, lange Steigungen und Treppen rauf und runter, und an die Klagemauer. Wenn das der richtige Ort für diese Schuhvariante war, so sollte dies denn sein. Wer war denn ich, mich da einzumischen?

Von Tel Aviv sind es nur siebzig Kilometer nach Jerusalem, die wichtigste Stätte des Judentums, doch die Straße führt bergauf, da die Stadt in den judäischen Bergen liegt. Die Klagemauer war deshalb unser Ziel, weil es uns immer wieder überwältigte, mit welcher Intensität die Menschen dort beteten, sie nahm jedes Mal unser Herz gefangen. Auf der Rückfahrt, den Berg hinunter, waren wir beide jedoch so erfüllt und gleichzeitig so müde, dass die letzten vierzig Kilometer oft ein Kampf gegen den Schlaf waren. Häufig nickte ich kurz ein, doch zum Glück passierte nie etwas, weder anderen noch uns, wir mussten einen Schutzengel gehabt haben. Zu Hause angekommen, zog ich ihr die Schuhe aus und massierte ihre Füße vor dem Einschlafen.

Am Wochenende gingen wir auch nicht aufs Partys oder nahmen sonstige Einladungen an, sondern besuchten abends zusammen die Synagoge. Anschließend spazierten wir durch die Stadt, die sich erst gegen neun wieder füllte. Ich betrachtete all die, die unterwegs waren, um in den Bars und Clubs ihre Zeit zu vertreiben, so wie ich es früher selbst getan hatte. Was war ich froh, nicht mehr weggehen zu müssen, nicht mehr den Druck zu verspüren, womöglich etwas zu verpassen.

Nach und nach bauten Dana und ich unsere Beziehung auf und füllten sie mit religiösen Inhalten, ohne dies diskutieren zu müssen.

Nach einem Monat hatte ich immer noch nicht für sie gekocht. Das lag aber daran, dass wir oft in einem Restaurant aßen, sie war in der gastronomischen Szene von Israel zu Hause, kannte sich bestens in ihr aus, das war ihre Welt. Wo wir auch aufkreuzten, Dana wurde persönlich von den Köchen begrüßt, und das, was wir zu essen bekamen, war fast immer sensationell.

Aber auch sie selbst kochte unglaublich gut. Wir waren schon einige Male zum Kiddusch bei Uri und Zohar gewesen, aber einmal hatte sie für uns zum Schabbat gekocht, und es war fantastisch gewesen. Da sie es gewohnt war, dass das Zubereiten der Schabbat-Speisen Frauensache war, mischte ich mich nicht ein. Sie war begeistert, wie gut meine Küche ausgestattet war. Am liebsten backte sie, das tat sie mit einer solchen Liebe, dass manchmal, wenn sie Teige knetete oder rührte, Laute aus ihrer Kehle drangen, die eine totale Wonne zum Ausdruck brachten. Es faszinierte mich, wie jemand sich so fürs Backen und Kochen begeistern konnte. Ich hatte jemanden gefunden, der in diesen Bereichen ähnlich aufging wie ich. Na ja, nicht unbedingt fürs Backen, Kuchen und Torten mussten bei mir nicht gerade ein gutes Essen abschließen, aber für Dana gehörten insbesondere am Schabbat süße Dinge dazu. Ich hielt sie nicht davon ab.

»Willst du nicht mal für mich kochen?«, fragte Dana eines Abends, als wir wieder einmal mit den tollsten Speisen verwöhnt wurden, und das alles noch, ohne dass wir dafür etwas bezahlen mussten. Mehrere Teller wurden uns hintereinander gebracht, verschiedene Vor-, Haupt- und Nachspeisen, um sich einen Eindruck von dem Lokal zu verschaffen. Hier ging es nicht ums Aussuchen und Bestellen, hier ging es einzig und allein ums Probieren von dem, was einem vorgesetzt wurde. Dana sollte sich danach überlegen, wie sie diese spezielle Speisekarte, dieses Restaurant oder den Koch PR-mäßig für Food-Journalisten aufbereiten konnte, damit diese über das eine oder andere Thema berichteten. Und das machte sie gut, das hatte ich inzwischen selbst erfahren, von allen wurden ihre Ideen und Meinungen geschätzt.

Ich ließ nichts zurück, locker schaffte ich zwei Hauptspeisen, ganz abgesehen von den diversen Vorspeisen, denn durch die Konversion, für die ich unentwegt gelernt hatte, war kaum Zeit geblieben, viel und großartig für mich zu kochen. Ich war ausgehungert, auch ein wenig ausgemergelt, mein Körper freute sich über jeden Happen, den ich ihm zuführte. Mit anderen Worten: Ich futterte Unmengen leckerer Dinge, und sowieso war ich es nicht gewohnt, etwas übrig zu lassen. An der Seite von Dana befand ich mich in einem Schlaraffenland.

»Ich für dich kochen?« Fast verschluckte ich mich an dem herrlichen Lammkotelett in einer süß-sauren Sauce.

»Du hast doch gesagt, dass du Hobbykoch bist und gern am Herd stehst.«

»Aber du bist all das hier gewohnt«, ich zeigte über die vielen Teller mit Fleisch und Salaten, alles nur von erstbester Qualität. »Das wäre eine große Herausforderung für mich, irgendwie habe ich einen ziemlichen Bammel davor.« Aber letztlich hatte Dana recht, ich hatte Essen genommen, ich musste Essen geben.

»Na und? Das hast du nicht gekocht. Ich möchte gern mal etwas probieren, was du nur für mich zubereitet hast.«

»Aber ich kann das Rad nicht neu erfinden, ich bin auch nicht so stylisch. Nie hatte ich fürs Kochen ein großes Budget, ich habe immer einfache Sachen zubereitet.« Für Dana zu kochen war schon eine Herausforderung vor ihrem kulinarischen Hintergrund.

»Du musst nicht mit den Köchen, die du durch mich kennengelernt hast, in einen Wettstreit treten.«

Das stimmte. Dennoch ...

TRÄNEN NACH DEM ERSTEN BISSEN 13

Nun war ich an der Reihe, nun musste ich für Dana kochen. Fieberhaft überlegte ich, was ihr schmecken könnte. Viele Rezepte hatte ich von meiner Mutter übernommen und nach meiner Vorstellung umgewandelt. Würde sie Frikadellen mögen? Hering in einer Sahnesauce? Lachs mit Pilzen? Ich hatte so viele Gerichte im Kopf hin und herüberlegt, dass ich heute nicht mehr weiß, was ich zum ersten Mal Dana vorgesetzt habe (und seltsamerweise kann sie sich auch nicht mehr an die Speise erinnern). Auf jeden Fall war es es nichts Ausgefallenes, nichts mit siebenundzwanzig verschiedenen Zutaten, ich wollte tatsächlich nicht mit den Szeneköchen konkurrieren.

Was ich aber bis heute erinnere, ist ihre Reaktion. Sie saß an meinem Küchentisch, ich hatte ihn nicht einmal hübsch dekoriert, alles ganz normal belassen. Ich hatte ihr gegenüber Platz genommen füllte ihren und meinen Teller.

»Na dann«, sagte ich. »Lass es dir schmecken in meiner kleinen Küche.«

Sie nahm das Besteck zur Hand, schnitt etwas ab und führte den ersten Bissen zum Mund. Nachdem dieser dort verschwunden war, dauerte es nicht lange, bis sie Messer und Gabel beiseitelegte, genauer gesagt: Sie ließ sie fallen. Und dann fing sie an zu weinen. Tränen liefen ihr aus den dunklen Augen und über die Wangen. Ich erschrak? Hatte ich etwas falsch gemacht? Zu viel Pfeffer? Oder ein anderes Gewürz, das ihr Tränen in die Augen trieb? Versalzen? Würgt sie, weil alles so grausig ist und ihr deshalb Tränen in die Augen schießen? Ich hatte keine Ahnung. Hilflos schaute ich auf meinen Teller. Ich probierte das Gericht, aber es schien alles in Ordnung zu sein. Also sah ich Dana an, in der Hoffnung, sie würde mich aufklären.

»Woher kannst du denn so kochen?«, sagte sie schließlich, nachdem sie zu Ende gekaut und geschluckt hatte. Es klang eindeutig positiv, nach einem großen Kompliment.

»Ganz einfach«, erwiderte ich, »ich koche so, wie es mir eben schmeckt.« Ich konnte es immer noch nicht fassen, da hatte eine Fachfrau wie Dana, die bei den besten Köchen Tel Avivs zu Tisch saß, wegen eines doch recht schlichten Gerichts nasse Augen bekommen. Das ging bestimmt nicht mit rechten Dingen zu. Außerdem waren ihr gleich nach dem ersten Bissen die Tränen gekommen, sie hatte den Teller nicht einmal leer gegessen. Es war nur ein einziger Happen!

Dana schüttelte den Kopf. »Das kann ich nicht glauben, das ist unfassbar – so, wie du kochst, das ist kein normales Kochen. HaSchem hat dir ein Geschenk gegeben, du kannst aus einem Essen einen Geschmack hervorzaubern, der weit über das hinausgeht, was man üblicherweise erzielen kann. Das ist eine ganz besondere Begabung. Du schaffst es, einfachste Zutaten genau auf den Punkt zu bringen. Mit deinen Händen gelingt dir der richtige Touch. Dabei entsteht etwas, was nur ganz wenige Köche können.«

So viel Lob hatte ich noch nie zu hören bekommen, und nun auch von einer Frau, in die ich mich rasend verliebt hatte. »Es soll doch nur schmecken«, wiederholte ich verlegen. »Sicherlich ist dir auch schon bei den Chefköchen, die du kennst, Ähnliches passiert. Die kochen für ein großes Publikum, jeden Tag in gewaltigen Mengen, die haben wesentlich mehr Erfahrung als ich, die beherrschen Techniken, von denen ich nicht die geringste Ahnung habe. Und sie können Teller hübsch anrichten.« Es war mir wichtig, eine gewisse Relation herzustellen.

»Das stimmt«, gestand Dana. »Aber noch nie habe ich dabei geweint. Du bist hochtalentiert.«

Das war das Siegel auf unserer Beziehung, es war das Zeichen, dass sie die Eine für mich war. Aber es war auch der Startschuss für einen kulinarischen Honeymoon.

Zumal Dana in ihrer Ehe mit einem Mann zu tun gehabt hatte, dem Essen letztlich egal war, er bevorzugte Hamburger und Pommes. Über raffiniert angerichtete Speisen äußerte er sich abfällig, und er aß nichts, was er nicht kannte. Und nun war ich in ihr Leben getreten, der Essen nicht nur wertschätzte, sondern es auch zubereiten konnte. Es konnte gar nicht besser sein. Kochen und Essen wurde unser Ding.

Dana hatte sofort eine Idee: »Wollen wir zum Kiddusch nicht einmal meine Eltern, meine Schwester, meinen jüngeren Bruder und Freunde einladen? Wir könnten zusammen etwas für sie auf den Tisch zaubern.«

Der Gedanke gefiel uns, und so fingen wir schon am Donnerstagabend mit den ersten Vorbereitungen an. Wir probierten alles Mögliche aus, inspirierten uns gegenseitig, freuten uns über jede Speise, die uns gelungen erschien. Am Freitag hatte Dana frei, sodass wir nach einem Einkaufsspaziergang über den Carmel-Markt vormittags weiter kochen konnten. Letztlich wurde bis zum Schabbat durchgekocht. Der immense Aufwand lohnte sich jedoch immer, denn die Gäste, ihre Familie oder Freunde, ließen nichts zurück, sie aßen alles auf, als hätten auch sie gerade eine Konversion durchgestanden.

Kochen war für uns keine Pflicht, sondern Kür, einzig durch Lust bestimmt. Einmal saßen wir in einem Bus nebeneinander und unterhielten uns darüber, was wir zum nächsten Kiddusch vorbereiten könnten, schlugen Rezepte vor, verwarfen einige, weil uns andere noch besser vorkamen. Wir machten das wohl so intensiv, dass ein junger Mann, der uns gegenübersaß, uns in einer Redepause ansprach.

»Sagt mal, habt ihr ein Catering-Unternehmen?«, fragte er.

»Nein«, antwortete ich. »Wir überlegen nur, was wir am Freitag für unsere Gäste kochen sollen. Wie kommst du darauf?«

»Na, ihr habt so professionell geklungen.«

Auch die gemeinsamen Restaurantbesuche mit Dana wurden für mich immer spannender. Anfangs hatte ich immer ehrfürchtig zugeschaut, wenn der Chefkoch an unseren Tisch trat und Dana begrüßte. Außer wenigen Worten sagte ich nie etwas, doch nun fing ich auf einmal an, den Küchenchef zu fragen, wie er dieses oder jenes Gericht gemacht hatte. So erfuhr ich Tricks, Geheimnisse, Hintergrundinformationen, die ich dann bei meinen Speisen verwertete. Immer öfter sah ich mir zudem die Küchen selbst an, die in Israel seit jeher offen sind, während sie sich damals in Deutschland meist noch hinter Schwingtüren versteckten, aus denen Kellner und Kellnerinnen mit den Tellern herausstürmten. Den Köchen auf die Finger zu schauen, das brachte eine Menge.

In kurzer Zeit lernte ich auf diese Weise viel, und weil ich anscheinend in der Küche eine natürliche Begabung besaß, wie mir Dana versichert hatte, konnte ich anhand der Erklärungen sofort alles umsetzen. An jedem Schabbat kreierten wir Gerichte, in die die Fertigkeiten der verschiedenen Küchenchefs mit einflossen. Nie aber übernahm ich etwas eins zu eins, nur die Idee kam zu meinem kulinarischen Schatz an Grundgerichten und -techniken, in der Praxis arbeitete ich weiter an dem, was ich gehört und gesehen hatte. Viele, die bei uns aßen, sagten hinterher: »Wow, das hat ja wie im Restaurant geschmeckt!« Sie hatten Dana und mir damit ein Kompliment machen wollen, aber für uns war es keines. Ein Kompliment wäre es gewesen, wenn derjenige erklärt hätte: »Es schmeckt bei euch ja besser als im

Restaurant!« Genau das war unser Anspruch. Denn selbst in einem Toprestaurant wird immer noch vorproduziert, niemals kann alles ganz frisch sein, da wird noch hin und wieder gemogelt. Doch wer kann das schon unterscheiden?

Ich war es gewohnt, morgens einen Spaziergang am Meer zu machen, und wollte Dana mitnehmen – was natürlich mit hohen Schuhen nicht möglich war.

»Ich habe wirklich Mitleid mit dir, und so schön es auf jeden Fall aussieht, aber wir können nicht gemeinsam zur Küste runter, wenn du nicht bereit bist, dir Sportschuhe zu kaufen.«

»Vergiss es, ich ziehe solche Dinger nicht an.«

Tagelang musste ich Überzeugungsarbeit leisten. Auch wollte ich es ihr erleichtern, zur Synagoge zu gehen, eine Strecke von vielleicht zwei Kilometern.

»Nein.«

»Du musst ja nur bis zur Synagoge bequeme Schuhe anziehen, und wenn wir angekommen sind, kannst du wieder in deine Pumps steigen. Was ist das Problem dabei?«

Schließlich war sie bereit, sich Sportschuhe zu kaufen, für Dana ein großes Eingeständnis. »Aber nur, wenn du mir trotzdem die Füße massierst«, sagte sie augenzwinkernd.

Wir liebten den Strand, die Wellen- und Lichtspiele, die Wolkenformationen, die über uns hinwegzogen. An einem Morgen, in bequemen weißen Sneakers, war sie bereit, mehr über die Vergangenheit ihrer Familie zu erzählen. Ich hatte geahnt, dass sie unter den Nazis gelitten hatten, da ihre Mutter zwar in New York geboren war, aber ihre Familie aus Osteuropa stammte, hatte aber nicht weiter in sie dringen wollen, wollte warten, dass sie mir von sich aus ihre Familiengeschichte erzählte.

Ganz unvermittelt fing sie an, unter unseren Schuhen spürten wir den feinen Sand, wie er unter unseren Füßen nachgab: »Aus der Familie meiner Mutter Adele haben nur wenige die Schoah überlebt. Ich möchte, dass du das weißt.«

Ich sagte kein Wort, ließ sie weiter berichten, ging neben ihr, hoffte, sie würde fühlen, dass ich bei ihr war. Dana war die dritte Generation, doch ihre Großmutter Rose hatte ihr eine Menge Geschichten erzählt, die sie traumatisiert hatten. Zeitweise war sie jede Nacht mit Albträumen aufgewacht, gequält von Bildern und Geschehnissen in den Konzentrationslagern. Über diese hatte sie schon in jungen Jahren alles gelesen, was sie zu Hause oder in der Schulbibliothek hatte finden können. Wieder und wieder hatte sie sich mit dem Thema befasst, und die Spuren, die es hinterlassen hatte, hatte auch ich zu spüren bekommen, ohne dass ich damals die genauen Zusammenhänge kannte.

»Diese Kartoffeln kann ich nicht essen«, sagte sie einmal.

»Wieso denn nicht?«, wollte ich wissen. »Das sind doch ganz normale Salzkartoffeln.«

»Von weißen Kartoffeln, die in dreckigem Wasser gekocht wurden, hat mir meine Großmutter erzählt. Sie hatten im KZ nichts weiter als diese Kartoffeln zu essen gehabt.«

Ein anderes Mal erklärte sie, während sie einen Teller Suppe weit von sich wegschob: »Diese klare Suppe, wo auf dem Boden das Gemüse zu erkennen ist, kriege ich nicht runter.«

Ich nahm ihre Hand. »Erinnert sie dich an deine Großmutter?«

Sie nickte. »Sie ist für mich der Inbegriff von Hunger und Not. Die Menschen in den Lagern standen Schlange, um sich in einen Napf ihre Suppe zu schöpfen. Eigentlich war es nur Wasser, und auf dem Boden schwamm dann etwas faules Gemüse, das jeder versuchte, aus dem Trog herauszufischen. Meine Großmutter konnte das nicht, sie konnte mit der Kelle nicht bis auf den Boden dringen. Sie nahm nur von dem Wasser.«

»Wieso musste ich ausgerechnet an einen Deutschen geraten?«, sagte sie halb schluchzend, halb lachend.

Sie zuckte nur mit den Schultern, gab mir zu verstehen, dass ich nichts damit zu tun hätte. Es sei ja auch inzwischen genügend Zeit vergangen, nur ihre eigenen Erinnerungen würden sie plagen. Sie erzählte auch, dass man mit ihr an Jom haScho'a, jenem Tag, an dem für die Opfer des Holocausts gedacht wird, nichts anfangen könne, dann würde sie sich die Augen ausweinen, sie könne nichts dagegen tun.

»Magst du mir noch mehr von der Familie deiner Mutter erzählen?«, fragte ich. Dana hatte bislang viel von ihrer Ehe berichtet, auch von ihrem Beruf, aber die Herkunft und die Vergangenheit der Familie während der Zeit des Nationalsozialismus hatten wir bislang weitestgehend ausgeklammert. Ich hatte nie gewagt zu fragen, ob ihre Großmutter Rose das KZ überlebt hatte. Womöglich intuitiv, weil ich aus dem Land kam, aus dem man in Israel nicht unbedingt kommen wollte.

»Meine Großeltern stammen aus Lemberg, damals Lwów, heute gehört die Stadt zur Ukraine und heißt Lwiw. Als beide dort lebten, war es polnisches Gebiet mit einem hohen Anteil an Juden.« Dana blickte an mir vorbei, in die Ferne, als würde sie sich gerade das Leben in Lwów vorstellen. »Die Familie meiner Großmutter und die meines Großvaters waren jeweils mit vielen Kindern gesegnet, und die Großeltern meiner Mutter besaßen einen Schlachtereigroßbetrieb und waren sehr wohlhabend. Mein Opa hatte zwölf Geschwister, sie alle kamen ums Leben. Als man ihn ins KZ abtransportierte, war er verheiratet gewesen, mit seiner ersten Frau, zusammen hatten sie einen

Sohn, der David hieß. Auch David und seine Frau wurden getötet.«

»Du musst nicht alles erzählen, wenn du nicht möchtest«, bot ich an.

»Es ist richtig so, du sollst alles erfahren«, sagte Dana. »Mein Opa heiratete, nachdem er überlebt hatte, meine Oma, die selbst die einzige Überlebende aus ihrer großen Familie war.«

»Und wo lernten sie sich kennen?«, fragte ich.

»In irgendeinem Camp, das die Alliierten für überlebende Juden eingerichtet hatten. Gemeinsam wanderten die beiden aus, in die USA. In New York gründeten sie eine neue Familie, meine Großmutter gebar drei Kinder, darunter meine Mutter. 1973 kam sie nach Israel, um ähnlich wie du in diesem Land ihren Freiwilligendienst zu absolvieren – und lernte meinen Vater kennen. Und weiß du, wie?«

Ich verneinte.

»Meine Mutter saß auf einer Bank, auch an einer Straße, genauer an einer Bushaltestelle. Mein Vater war fünfzehn Jahre älter als sie, Gärtner von Beruf, und er fuhr mit seinem Pick-up an meiner Mutter vorbei. Weil sie ihm gefiel, stoppte er, fuhr einige Meter zurück und fragte sie, wo sie denn hinwolle. Sie erklärte es ihm, woraufhin mein Vater sagte: ›Sei vorsichtig, dass dich keiner mitnimmt, leicht kann irgendetwas passieren, was du nicht willst. Aber du kannst bei mir mitfahren.‹«

Ich konnte mir die Szene gut vorstellen, Danas Vater, dessen Familie aus Aleppo in Syrien stammte, ist noch heute ein markanter Typ mit einem unglaublichen Charme, gut aussehend, kräftig gebaut mit einer dunklen Gesichtsfarbe vom Arbeiten im Freien. Obwohl er einen guten Kopf kleiner ist als ich, sind seine Füße eine Nummer größer als meine, und in seinen Händen, mit denen er sein Haus selber gebaut hat, fühlen sich meine an, wie die eines Kindes.

Lachend sagte ich: »Ich wette, dass er deiner Mutter so viel Angst gemacht hat, dass sie glatt bei ihm eingestiegen ist.« Ich kannte ihn ja inzwischen schon ein wenig.

Danas dunkle Augen, die bei den schrecklichen Erinnerungen vorhin tiefschwarz geworden waren, hatten sich wieder aufgehellt. Die Schatten der Vergangenheit hatten sich verflüchtigt. »So war es. Der Rest ist Geschichte. Sie sind dann zusammengekommen. Für meinen Vater war es die zweite Ehe. Meine beiden Brüder in Kanada sind aus der ersten Ehe, mein kleiner Bruder, meine Schwester und ich aus der Beziehung von meiner Mutter Adele und meinem Vater Shimon. Lustig ist noch, dass er nach seiner Scheidung zu einer Wahrsagerin gegangen war. Sie sagte ihm, dass er eine Frau treffen würde, die über das große Meer kommen würde, zu erkennen sei sie an ihren grünen Augen.« Adele hatte tatsächlich grüne Augen, und sie hatte den Atlantik überqueren müssen, bevor sie Israel erreichte.

Auch wenn Dana mir versichert hatte, dass es ihr keine Schwierigkeiten bereiten würde, dass ich Deutscher war, so stimmte das nicht ganz. Zwar war ich kein typischer Deutscher, der sich gerade als Backpacker durch Israel schlug, ich hatte eine Vorleistung gebracht und war zum Judentum konvertiert und konnte mich mit ihr in Hebräisch unterhalten, doch es beschäftigen Dana Fragen wie: Wie hatte ein solcher Massenmord an einem Volk in einem Land wie Deutschland passieren können? Warum hatten die Nichtjuden ihn nicht verhindert? Waren wir später in Deutschland und besuchten meine Eltern, und sie sah irgendwo einen alten Mann oder eine alte Frau, die noch Nazi-Deutschland erlebt hatten, fragte sie: »Was hat diese Frau, die da am Stock geht, was hat sie damals gemacht? Was hat der Mann getan, der da mit seinem Enkel spazieren geht, um diese Unmenschlichkeit zu verhindern?« Diese Fragen begleiteten uns, sie bildeten kein persönliches Hindernis, aber sie waren und sind Teil unseres Lebens.

Bei Danas Mutter Adele hatte ich nie irgendwelche Ressentiments mir gegenüber verspürt. Sollte sie welche gehabt haben, dann besaß sie ein großes Talent, sie zu verstecken. Bis heute habe ich sie jedenfalls nicht bei ihr entdecken können. Der Vater von Dana hatte von Anfang an einen klaren Standpunkt vertreten, er hatte sehr geschätzt, dass ich aus eigenem Willen, aus eigenem Antrieb konvertiert und Jude geworden war. Er hatte mich mit offenen Armen aufgenommen, sowohl mein Deutschsein wie mein Frommsein hatten ihm keine Probleme bereitet.

Und dafür, das alles seine Richtigkeit hatte, dafür gab es auch ein Zeichen: Nachdem Dana und ich einen Monat zusammen waren, hörten ihre Schoah-Albträume auf.

TAGE UND NÄCHTE IN JERUSALEM

14

Zu Jerusalem hatte ich eine ganz eigene Beziehung entwickelt. In den vergangenen Jahren war ich etwa einmal im Monat dort hingefahren, um durch die Stadt zu streifen und zu beten. In letzter Zeit war ich oft mit Dana an diesem Ort gewesen, ich hatte ihr »mein« Jerusalem nähergebracht.

Nach einem halben Jahr ermutigte mich Dana, das, was ich mir kurz vor meiner Konversion vorgenommen hatte, nämlich, das bislang Erlebte schriftlich festzuhalten, in die Tat umzusetzen. Und so schrieb ich in den nächsten zwei Jahren jeden Tag, mal drei, mal fünf Stunden, es war eine Art Selbsttherapie. Alles, was mich plagte, musste zu Papier gebracht werden. Und was kam da nicht alles zum Vorschein, Seite um Seite füllte ich, mehrere Hundert wurden es. Auch der ganze Mist, den ich seit meinem sechzehnten Lebensjahr gebaut hatte, musste formuliert werden – oft musste ich den Kopf schütteln; vieles davon hätte ich mir sparen können.

Ich arbeitete meine Kindheit auf, meine Beziehungen, analysierte, wie mein Gefühlsleben funktionierte und meine Sexualität. Ich hinterfragte, wie ich von Abschluss zu Abschluss, von Beziehung zu Beziehung, von Ziel zu Ziel gelebt hatte – und verstand, dass in der Zeit dazwischen das eigentliche Leben stattgefunden hatte. In der Zwischenzeit. Die Zwischenzeit war 99 Prozent unserer Lebenszeit, die es zu nutzen und zu leben galt, anstatt sie mit Streben und Warten zu überbrücken. Wenn ich bewusst leben wollte, um »das Mark des Lebens in mich aufzusaugen«, würde ich mich ändern müssen. Ich hatte schon zu viel Zwischenzeit verschwendet in meinem Leben.

In der ersten Zeit hatte ich mich für meine »Therapie« in Tel Aviv in Cafés gesetzt, wobei ich mir welche ausgesucht hatte, in denen es ruhig war und ich mich zurückziehen konnte, die aber zugleich Atmosphäre und Charme hatten. Meist nahm ich morgens den ersten Bus, um mir ein Café zu suchen, das mir gefiel. Zum Schluss hatte ich einige Stammplätze, hatte »meinen« Tisch in den Cafés, der meist auch frei war, wenn ich regelmäßig frühmorgens auftauchte, so wie ich einst ins Büro gegangen war.

Dana hatte mich darin bestärkt, nur ja nicht mit dem Schreiben aufzuhören, sondern es erst für beendet zu erklären, wenn ich der Meinung war, dass es stimmig für mich war. Sie war nach kurzer Zeit bei mir eingezogen und machte mir auch keinen Druck, viel Geld verdienen zu müssen (es gab immer eine paar kleine juristische oder Übersetzungsjobs zu erledigen), sie würde genug verdienen, es würde für uns beide reichen. Nicht jede Frau hätte so reagiert, ich rechnete ihr das hoch an.

Vom Busbahnhof ging es quer durch die Neustadt und dann durch die Altstadt zu Fuß. Der eigentliche Tag in Jerusalem fing aber dann an der Klagemauer mit dem Morgengebet an. Dabei hatte ich einen Rucksack, in dem ich die von meinem Vater bezahlten Tefillin verstaut hatte, meinen Computer zum Schreiben und schließlich noch eine neu erworbene Spiegelreflexkamera, auch ein Geschenk meines Vaters, der früher selbst gerne fotografiert hatte. Nach dem Gebet lief ich mehrere Stunden mit der Kamera im Anschlag durch die Altstadt, innerhalb des ummauerten Quadrats von 1,2 x 1,2 Kilometern und um sie herum. Intensiv nahm ich die alten Häuser aus dem Mittelalter wahr, die vielen Synagogen, die christlichen Kirchen und Moscheen, die sich hier auf engstem Raum drängten. Ich lernte das jüdische Viertel kennen, das christliche, auch das arabische und armenische. Wenn sich etwas ergab, drückte ich auf den Auslöser, nie fotografierte ich eine gestellte Szene. Wunderbare Bilder entstanden, zeitweilig war ich davon überzeugt, besser fotografieren als kochen zu können. Ich will nicht sagen, dass der *MasterChef* das Gegenteil bewiesen hat, aber da hatten andere über mich geurteilt, und dies war meine Meinung. In gewisser Weise zählte auch sie.

Viele Bilder entstanden an der Klagemauer. Menschen kommen dorthin, um an ihr zu beten, und betende Menschen zu fotografieren ist etwas sehr Intimes. Da ich aber selbst oft dort betete und mit ihnen betete, Teil ihrer Gemeinschaft wurde, störte sie es nicht, wenn ich sie ablichtete. Für manche Menschen schien die Klagemauer ihr Lebensmittelpunkt zu sein, sie bewegten sich von ihr kaum fort. Dabei war es nur eine hohe weiße Mauer, errichtet aus mächtigen Kalksteinquadern, der sichtbare Teil ist achtundvierzig Meter lang und achtzehn Meter hoch, wobei sie verdeckt viel länger und höher ist. Das Verhältnis von Mensch und Mauer berührte mich sehr. Menschen steckten Zettel mit ihren Wünschen in sie hinein, sie guckten zum Himmel, sie beteten, riefen und weinten, sie küssten die Mauer, sie fassten sie an, streichelten sie. Es gab so viele Interaktionen an dieser Mauer, und unbedingt wollte ich diese typischen Gesten mit meiner Kamera festhalten. Durch das Fotografieren entwickelte ich ein Gespür für die Gläubigen, was zugleich den eigenen Ausdruck meines Glaubens förderte, denn ich war ja in einer Welt aufgewachsen, in der man nicht glaubte und bestimmt nicht offen mit einer Mauer »kommunizierte«. Und an dieser Mauer waren Profis am Werk, die ihrem Glauben und ihren Gefühlen freien Lauf ließen. Sie sagten nicht nur irgendetwas daher, sie glaubten wirklich. Für mich konnte es keine bessere Schule des Glaubens geben.

Die Mauer war für viele Menschen und wurde für mich zu einer örtlichen Verdichtung göttlicher Anwesenheit auf dieser Welt. Sie ist Teil der Westmauer des Tempelbergs, eines befestigten Plateaus über dem Hügel Moria. An dieser Stelle befanden sich der erste und der zweite jüdische Tempel, wobei letzterer 70 n. Chr. von den Römern zerstört wurde. Dort, wo Abraham seinen Sohn Isaak opfern wollte und wo einst die Lade mit den Bundestafeln mit den zehn Geboten gestanden hatte, war aus mehreren Gründen das heiligste Heiligtum der Juden. Heute stehen dort der Felsendom der Muslime mit der goldenen Kuppel und gleich daneben die Al-Aqsa-Moschee. 2016 verabschiedete die UNESCO eine Resolution, die den Tempelberg als heilige Stätte der Muslime bezeichnet und die viel ältere Beziehung der Juden zum Tempelberg ignoriert.

Der war schon vor 3000 Jahren, lange bevor das Christentum und der Islam überhaupt entstanden, der heiligste Ort des Judentums. Näher kann man Gott nicht sein als an dieser Mauer, dachte ich, sie war für mich der ideale Ort, mein Beten zu intensiveren. Ich hörte erst damit auf, nach Jerusalem zu fahren, als unser erster Sohn David auf die Welt kam, nach einer ziemlich schweren Geburt, da war es nicht mehr möglich, einen ganzen Tag lang von zu Hause fernzubleiben.

Damals übernachtete ich öfter in der Altstadt von Jerusalem, ich hatte in der Via Dolorosa ein Gästehaus entdeckt, in dem man für wenig Geld einen Schlafplatz in einem Saal mit vielen Betten zugewiesen bekam. Die Via Dolorosa ist für Christen jene Straße, die Jesus vor seinem Tod vom Amtssitz des römischen Statthalters Pontius Pilatus bis zur Hinrichtungsstätte auf dem Hügel Golgatha zurücklegen musste. Kaiser Franz Joseph soll in dem Gästehaus übernachtet haben, als er im Zuge seiner Orientreise 1898 die Grabeskirche weihte. Ich schlief aber kaum dort, stattdessen lief ich bis spätabends durch die Stadt, saugte die Atmosphäre auf, nahm jede begehbare Gasse mit, jeden Hinterhof, kletterte über Mauern und Dächer, zu denen es einen Zugang gab, stieg über Trümmer, wanderte dort umher, wo kein Weg existierte. Hoch und runter, kaum war es möglich, hundert Meter auf gerader Ebene voranzukommen

Es war ein exzessives Gehen, manchmal bei über vierzig Grad im Schatten, ich wollte mich erschöpfen, wollte etwas von der alten Geschichte der heiligen Stadt spüren, von ihrer Patina, wollte fühlen, dass da wirklich ein Tempel mit der Bundeslade gestanden hatte. Es war eine erschöpfende Wanderung, bestimmt durch die äußeren Gegebenheiten der Stadt, aber im Grunde war es ein innerer Prozess, ein Michfreilaufen, eine Suche nach mir, ein Suchen nach Gott, eine Suche nach Gott in mir. Nicht einmal die Friedhöfe ließ ich aus, und es gab viele Friedhöfe in und außerhalb der Altstadtmauern. Ich fand auf dem Zionsberg Oskar Schindlers Grab und auf dem Ölberg – wieder eine Steigung, eine Erhebung nordöstlich des Tempelbergs – das von Danas Urgroßmutter väterlicherseits. Es befand sich auf einem ausgedehnten jüdischen Friedhof in Hanglage. Für Juden wird der Messias über den Ölberg nach Jerusalem einziehen, und es berührte mich zu wissen, dass es hier ein Familiengrab meiner Freundin gab. Nach und nach fühlte ich mich als Teil der Landschaft und der Gemäuer, als Teil der Menschen, die in Jerusalem lebten oder begraben waren.

Hatte ich mich müde gelaufen, pausierte ich unter schattigen Bäumen oder setzte mich zum Schreiben hin, wofür ich mir das Teenim (»Feigen«) auserkoren hatte, ein vegetarisches Restaurant, ein bisschen esoterisch angehaucht, aber in bester Lage, von einer offenen Fensterfront hatte ich einen wunderbaren Blick auf die ottomanische Altstadtmauer aus hellem Gestein. Ungestört konnte ich da sitzen, weil sich hier selten Touristen verirrten. Manchmal überlegte ich mir, wie es wohl aussähe, wenn ich alle meine

Spaziergänge, die ich in dieser Stadt bislang gemacht hatte, auf Folien gezeichnet übereinanderlegen würde. Was für ein Muster würde dabei herauskommen? Welche Orte hatte ich in diesem verworrenen Netz am häufigsten aufgesucht? Ich konnte mir kaum vorstellen, dass in diesen Jahren, in denen ich nach Jerusalem fuhr, je ein Mensch diese Stadt so intensiv abgelaufen und wahrgenommen hatte wie ich – schon gar nicht den Ost- *und* den Westteil.

Es hatte mich nach Jerusalem getrieben, weil ich begriffen hatte, dass es verhältnismäßig einfach war, ein Land zu verlassen und in einem anderen ein neues Leben aufzubauen. Es war sogar einfach, die Religion zu wechseln und fremde Gebräuche anzunehmen, obwohl man Jahrzehnte lang überhaupt nicht geglaubt hatte. Aber das Schwierigste war, sich selbst zu verändern. Nicht von ungefähr gibt es im Judentum eine Definition eines Helden, die ich als besonders empfinde. Nach ihr ist jemand ein Held, der seine schlechten Triebe und Angewohnheiten überwindet. Ein Held ist also nicht derjenige, der viel Geld verdient, Macht hat, gut aussieht oder besonders stark ist. Ein Held ist, der seine schlechten Eigenschaften meistert, seinen Charakter nach Gottes Willen formt. Tikun, ich hatte es schon mal erwähnt – es geht dabei um die Selbstkorrektur.

Früher liebte ich den Film *Und täglich grüßt das Murmeltier*, mindestens fünfzehnmal hatte ich ihn mir angeschaut, obwohl ich ihn damals anders verstanden hatte. Klar, ich fand die Schauspielerin Andie MacDowell toll, und lustig war die Komödie auch, doch den tieferen Sinn und was so großartig an dem Film ist, erfasste ich erst jetzt so richtig. Der Protagonist in ihm, Phil Connors (Bill Murray), ist in einer Zeitschleife gefangen, in einem Tag, der sich ständig wiederholt. Er muss ihn wieder und wieder durchleben, denn er entkommt erst der Zeitschleife, wenn er diesen bestimmten Tag gemeistert, alles richtig gemacht hat. Wenn er also zu einem guten Menschen geworden ist, nachdem er so viel Mist angestellt hat, Menschen glücklich macht und rettet, was zu retten ist. In diesem Moment ist es ihm auch möglich, Liebe zu finden.

Dieser Film wurde für mich plötzlich zu einem Sinnbild dessen, wie ein Jude lebt. Ein Jude hat ein unglaublich geregeltes Leben, dreimal am Tag beten, jeden Freitag Schabbat – alles wiederholt sich. Von außen sieht Erstrebenswertes anders aus, es sieht mehr nach einem Murmeltiertag aus, an dem ein Mensch an jedem Tag in den gleichen Tag einsteigt. Aber genau in diesem sturen Rhythmus, dem Geregelten, den Wiederholungen, eröffnet sich die Möglichkeit zu Kontemplation, zu Vertiefung, zu Verständnis, zum Sich-Polieren. Die Hauptarbeit liegt nicht im Außen, sondern im Innen, eine Bewegung, die sich idealerweise wie eine Spirale nach oben dreht. Daher gleicht kein Gebet dem anderen, kein Schabbat dem darauffolgenden. Im Endeffekt zeigt uns das Leben jeden Tag die Möglichkeit, etwas besser zu machen, denn Baustellen, an denen wir uns abarbeiten können, sind genug vorhanden. Die Kontinuität gibt den Rahmen vor, in dem wir das tun können. Als Jude ist man bestrebt, den Tag zu nutzen. Man ist auch bestrebt, einen Tag zu erleben, an dem nichts mehr übrig bleibt, was hinterher korrigiert werden müsste. Man hat dann alles so gemacht, wie es sein soll. Das war ebenso das Ziel von *Und täglich grüßt das Murmeltier*.

Nur: Diese Vollkommenheit oder Perfektion ist nicht existent. Je mehr man vorankommt und je korrigierter man ist, desto feiner wird zwar die Arbeit, aber das Maß bleibt gleich. Bis man hilft, ohne zu zögern, bis man niemanden verletzt oder beleidigt, bis man sich nicht mehr aufregt (selbst dann nicht, wenn es berechtigt ist), sondern über diese Dinge hinweggehen kann, hat man eine Menge zu tun. Gleichmütig und freundlich zu bleiben, wenn der Nachbar einem den Parkplatz wegnimmt, jemand einem die Vorfahrt stiehlt oder sich an der Supermarktkasse vordrängelt, ist verdammt schwer. Aber das Judentum lehrt, dass die schwerste Arbeit zu Hause stattfindet, gegenüber Frau und Kindern, wenn man alleine ist. An der Güte des Hausfriedens misst sich die spirituelle Stufe, kann man feststellen, wie weit man ist mit seinem Tikun. Erst wenn ein Mann sich so verhält, dass er seine Frau wirklich glücklich macht, kann man von einem Erreichen des Tikun sprechen.

Ich dachte auch daran, wie es wohl mit meinem Glauben weiterging. In dem Konversionskurs hatte ich eine Menge gelernt, und den meisten reichte dieses Wissen. Doch ich hatte das Bedürfnis, mehr zu erfahren, hatte den Wunsch, mit dem Lernen nicht aufhören zu wollen. Wie sehr ich fromm werden wollte, das konnte ich immer noch nicht für mich beantworten, aber wenn ich schon eine Religion annahm, dann wollte ich sie auch in ihrer Tiefe verstanden haben, zum Kern der Wahrheit vordringen. Und das hieß, ich hatte mich intensiver mit der Torah zu beschäftigen. Jemand hatte mir von dem Kolel auf der Dizengoffstraße erzählt, einer Torah-Schule für erwachsene Männer, in der Männer Männern jeden Tag acht Stunden lehrten, wofür sie ungefähr 500 Euro bekamen. Dieses Kolel war offen, jeder, der wollte, konnte sich hier kostenlos unterrichten lassen. »Schau sie dir doch mal an«, schlug Dana eines Tages vor.

Die Einrichtung war in einer Synagoge in der Nähe unserer Wohnung, in der wir auch schon manchmal am Schabbat gebetet hatten. Ich betrat sie und ging ins zweite Stockwerk, wo alle in einem großen Raum zu zweit an kleinen Tischen saßen.

Im Flur hingen schwarze Hüte und Mäntel in einer langen Reihe, sofort musste ich an Michael Endes Roman *Momo* denken, an die grauen Männer mit ihren grauen

Hüten, der fahlen Haut, den grauen Mänteln und den »Zigarren aus getrockneter Zeit im Mund« – wobei ich sicher sein konnte, dass die Zigarren hier fehlen würden. Mir war klar, hier saßen Ultraorthodoxe aus Bnei Brak mit Bärten und Schläfenlocken und überhaupt. Die waren im Mittelalter stehengeblieben und der Welt entfremdet, wollten vom modernen Leben nichts wissen, hatte man mir erzählt. Das kam für mich nicht in Frage. Ich schaffte es nicht einmal, die Tür aufzumachen und in den Raum hineinzusehen. Ich sah an mir runter: T-Shirt, Jeans, und Flip-Flops. Nein, dachte ich, das ist nicht nur nichts für mich, sondern auch ich bin nichts für sie. Ich drehte mich um und verließ das Kolel.

Es dauerte Wochen, bis ich einen zweiten Versuch startete. Ganz unerwartet machte mir der Unterricht von Anfang an Spaß. Die hoch spezialisierten Gelehrten hatten von klein auf nichts anderes gemacht als die Torah studiert – und man konnte sie fragen, was man wollte, sie hatten auf alles eine Antwort und erklärten mit einer Engelsgeduld, einer großen Begeisterung und Hingabe. Nie hatte ich das Gefühl, dass man von mir wie zu Schulzeiten erwartete, dass ich etwas verstand. So passiv ich mich auch anfangs verhielt, weil ich noch viel zu wenig wusste, so blieb der Eindruck eines Dialogs zurück, eines gegenseitigen Spiels. Kritik? Nein. Stattdessen positive Bestärkung für das, was man geschafft hatte und tat. Nicht im Ansatz hatte ich so etwas zuvor erlebt. Ich kannte Motivation als Ansporn zu Leistung und dem Erreichen von Zielen, nach denen gleich nur das nächste Ziel angekündigt wurde. Lernen war hier Selbstzweck, war Gottesdienst.

Mit der Zeit hatte ich mich mit einigen Avrechim, so hießen die Torahstudierenden, angefreundet, hatte ihre Lebensweise kennengelernt, dabei aber auch bemerkt, dass es ebenso in ihrer Gesellschaft Hierarchien gab. Es war nicht so egalitär, wie ich anfangs angenommen hatte. Die Elite sah hier nur anders aus – wer etwa als Rabbi besonders hervorstach, wer seine Kinder am besten vermählte, wer eine große Gelehrsamkeit besaß. Gute Familien waren also nicht die, denen es finanziell gut ging, sondern die, die ein großes Wissen angehäuft hatten. So konnte man auch seinen sozialen Stand definieren. Ich fand das alles verwirrend. Großes Wissen konnte ich nicht mehr anhäufen, dazu war ich viel zu spät ins Lernen eingestiegen, das wäre ein aussichtsloser Kampf. Wenn ich Glück hatte, um ein Bild aus der Musik zu bemühen, konnte ich gerade ein Xylophon anschlagen, dabei müsste ich die Sologeige spielen können, um in diesem Kreis »Karriere« zu machen. Welten lagen dazwischen.

Aber nicht nur Gedanken wie diese verkürzten meinen Schlaf in der Herberge in der Via Dolorosa. Frühmorgens wurde ich von dem Ruf des Muezzins wach, wie wohl jeder, der keine Schlafmittel genommen hatte. Er forderte zum ersten Gebet des Tages auf, ab Beginn der Morgendämmerung. Gleichwohl ich mir der Probleme zwischen Juden und Muslimen bewusst war – die Moscheen auf dem jüdischen Tempelberg waren zum Beispiel eine schon Jahrhunderte währende Provokation für Juden, für die Muslime war es die Herrschaft Israels über die Stadt –, entwickelte ich ein Faible für den Ruf des Muezzins. Er war fürchterlich laut, erschall gegen drei Uhr morgens von verschiedenen Türmen über die Dächer von Jerusalem, aus einer Lautsprecheranlage, als wolle man einen Soundcheck für ein Rockkonzert machen. Es gab nicht die geringste Chance, diesen Ruf zu überhören, selbst wenn man im Keller des Gästehauses lag.

Ich stieg dann auf das Dach der Herberge und konnte von dort über alles schauen, die ganze Altstadt, den Tempelberg, den Ölberg. Tief durchatmen. Es war ein wunderbarer Moment. Danach machte ich mich auf zur Klagemauer, wo Hunderte Juden jeden Morgen ihr Schacharit, das Morgengebet, so anfingen, dass das »Sch'ma Jisrael« beim »Nets« – das ist der Moment, wenn die Sonne den Horizont berührt – synchron gesprochen wurde. Alles ohne Verstärker, denn Gott hört eigentlich ganz gut.

In der Vergangenheit hatte sich das Nebeneinander von Juden und Muslimen als wesentlich schwieriger gestaltet. Juden hatten keinen Zugang zur Klagemauer bekommen und konnten dort nicht beten, in jener Phase, als Ostjerusalem, das die Altstadt umfasst, nach dem Unabhängigkeitskrieg 1948 von Jordanien besetzt war. Erst nach dem Sechstagekrieg neunzehn Jahre später war dies wieder möglich, als Israel die Herrschaft über seine uralte Hauptstadt zurückgewann. Der politische Status ist bis heute umstritten und steht im Mittelpunkt des Konflikts. Die größte Kunst ist es, zu gewährleisten, dass die Menschen in Jerusalem alle ihren Glauben ausüben dürfen. Das hat noch keine andere Herrschaft je gewährleisten wollen.

Als ich durch die Altstadt wanderte, sah ich immer wieder Soldaten, auch waren in den langen Gassen und an wichtigen Kreuzungen Kameras installiert, aber ich hatte das Gefühl, mich frei bewegen zu können. So, wie ich über den Mahane-Yehuda-Markt in der Neustadt schlenderte, so frei lief ich auch durch die arabischen Souks. Eifrig fotografierte ich. Das war aber noch zu einer Zeit, als ich äußerlich nicht als Jude erkennbar war, heute ist es anders.

In einem arabischen Basar fängt der Orient an, das kann man vom Erscheinungsbild eines jüdischen Markts nicht so sagen. In ihnen herrscht ein anderes Flair, ein anderes Feeling, ein anderes Handeln. Auch unterscheiden sich die angebotenen Waren. Zu gern beobachtete ich, wie diese Waren auf die Märkte kamen, insbesondere war für die Anlieferung der arabischen Lebensmittel das Damaskustor ausschlaggebend, es ist eines der ältesten Tore der Stadt und ein Nadelöhr schlechthin.

Durch dieses Tor fuhr man nicht mit Lastwagen oder sonstigen Autos, alles wurde auf kleinen Schubkarren hineingeschoben – meist Holzkisten mit zwei angeschraubten alten Reifen darunter und zwei seitlich angebrachten Griffen. Bis oben hin waren sie vollgepackt mit Kartons, in denen sich Gemüse befand, oder mit Paletten voller Obst. Ich schätzte, dass manchmal Hunderte Kilo auf diesen rollbaren Untersetzern gestapelt waren, zusammengehalten mit Seilen. Den Händlern zuzusehen, wie sie ihre Waren heil die steilen Wege hinunterbekamen, oft mit Treppen als Hindernis, und alles ohne Bremsen, das grenzte an Wahnsinn. Sie hätten eigentlich mit den Handwagen an eine Hauswand knallen müssen, aber das geschah nie, sie schrien, und dann halfen Umstehende, die von allen Seiten wie aus dem Nichts hervorsprangen. Schlimmstenfalls fiel mal eine Ladung um, und kistenweise kullerten Äpfel übers Pflaster. Stundenlang konnte ich diesen waghalsigen Manövern zusehen und auf Fotos festhalten. Doch dann wollte ich wieder heim, zu Dana.

Unsere Beziehung wurde immer fester. Und als sie anfing, jede Woche mindestens drei Kuchen zu backen, die ich alle aufessen musste, denn sie aß kaum davon, wusste ich: Es wird Zeit, eine Familie zu gründen. Dana war die Richtige, das spürte ich. Sie war die ausgeglichenste Person, die ich kannte. Sie liebte sich selbst so, wie sie war, und konnte daher mich lieben. Sie akzeptierte mich, wie ich war, ohne zu kritisieren. Sie gab unumwunden zu, wenn ihr etwas gefiel und ich ihr Freude machte, und motivierte mich so, sie glücklich zu machen.

Eine Familie zu gründen hieß, ans Heiraten zu denken. Bislang hatte ich das hinausgezögert, denn ich war noch in traditionellen Mustern gefangen, fand, dass man erst eine Ehe schließen konnte, wenn man als Mann ein halbwegs gesichertes Einkommen hatte, um damit eine Familie ernähren zu können. Irgendwie hatte ich mir vorgestellt, dass ich eine solch gewichtige Entscheidung erst dann fällen konnte, wenn alles in meinem Leben etwas geregelter ablaufen würde, als es momentan der Fall war. Das lag wohl an meiner deutschen Mentalität und sicher auch an meiner Erziehung.

Ich kam nicht darauf, dass man es auch umgekehrt sehen konnte: Man heiratet und bekommt Kinder, und dann braucht man ein Einkommen und Gott sorgt dafür, dass eines herbeigeschafft wird. Dana erklärte mir, dass das gelebtes Gottvertrauen sei. Diese Logik war mir äußerst fremd, zu sehr war ich noch von einem Denken bestimmt, das von einem materiellen Sicherheitsbedürfnis geprägt war. Ich hatte zwar während der Konversion nicht anders gelebt, leben können, aber für die Familienplanung kam mir dieses Konzept doch etwas frivol vor. Ich sagte das Dana, und sie antwortete nur: »Bei deinen ultraorthodoxen Freunden funktioniert es.« Sie hatte recht, aber die waren auch mit Gottvertrauen aufgewachsen und ich mit Theorien vom Urknall und von der Evolution.

Als ich Dana sagte, dass ich sie gern heiraten würde (und ich wollte das wirklich), ich aber dieses finanzielle Problem hätte, antwortete sie: »Aufs Heiraten hast du mich lange warten lassen. Und das mit dem Geld kommt auch noch.« Wir umarmten uns lange. »Übrigens«, fügte sie noch hinzu, »ich wusste schon, als ich dich das erste Mal sah, dass wir heiraten würden.« Mit der weiblichen Intuition sollte man nicht hadern.

Ich hatte ihr von meinem bunten Vorleben erzählt, und durch das Aufschreiben meiner Erfahrungen erlebte sie ganz nah mit, wie ich meinen Weg, den ich früher einmal eingeschlagen hatte, aus eigener Kraft korrigierte. Letztlich war es eine »Tschuva«, eine Umkehr zu Gott. Dana war, zweieinhalb Jahre nach meiner Konversion, fest davon überzeugt, dass wir eine Beziehung führen konnten, so wie wir es uns vorgestellt hatten. Ich war der Mann, den sie, als sie ihren Wunschzettel an Gott geschrieben hatte, im Blick gehabt hatte. Warum dann nicht heiraten? Um meine spirituelle Verantwortung für das jüdische Haus, das wir gründen wollten, zu übernehmen, fing ich an, dreimal am Tag zu beten.

TERROR VOR DEM HOCHZEITSTAG 15

»Wie viele Leute wollen wir denn einladen?«, fragte Dana, als wir mit den Hochzeitsvorbereitungen begannen.

Ich hatte befürchtet, dass sie diese Frage stellen würde. In Israel wird nicht im engsten Familienkreis gefeiert, da werden Säle gefüllt mit bis zu 1500 Gästen, Dimensionen, in denen man sich in Deutschland vor Schreck an den Kopf fassen würde.

»Ich hatte so an die fünfzig gedachte«, sagte ich vorsichtig.

»Was? Nur fünfzig? Ich komme alleine mit Familie und engen Freunden und sonstigen Verpflichtungen locker auf dreihundert.«

Wir einigten uns dann auf die Mitte, ein Kompromiss, mit dem wir beide leben konnten.

»Ich würde gerne in einer Synagoge heiraten«, sagte ich nun zu Dana. Was so normal klingt, ist es gar nicht, denn in Israel finden die Hochzeiten in großen Veranstaltungssälen statt, wobei die Zeremonie selbst unter einem weißen Baldachin stattfindet.

Dana und ich beteten in dieser Zeit häufig in einer recht großen Synagoge, wo wir uns wohlfühlten. Da wir mit den Gemeindemitgliedern schon gut befreundet waren, fragten wir, ob wir dort heiraten dürften. Man erklärte sich bereit, unseren Wunsch zu erfüllen. Für uns beide war das ein erhabener Moment.

Nun gab es viel zu planen. Wir wollten die Synagoge an dem Tag unserer Vermählung von den Gebetsbänken geleert haben, stattdessen sollten dort Tische und Stühle aufgestellt werden, ein Catering musste organisiert werden, auch buchten wir Musiker vom Israel Philharmonic Orchestra, ein Quartett, das den Kanon in D von Johann

Pachelbel spielen sollte, wenn Dana zum Baldachin schreiten würde.

Meine Familie wollte sich den Tag nicht entgehen lassen. Mein Bruder Robert kam natürlich, für ihn war es bereits sein zehnter Israelaufenthalt, ebenso wenig meine fünf wichtigsten Freunde aus Deutschland, Stephan, Daniel, Sven, Jérôme, Michael, einige hatten mich schon in Israel besucht, zwei waren noch nie in diesem Land gewesen. Alle kamen einige Tage eher, was mich sehr freute. Danas Halbbrüder aus Kanada reisten an, ihr Bruder, der in Costa Rica lebte, ihre Familie mütterlicherseits aus den USA. Am Ende kamen wir dann doch auf – nach israelischen Maßstäben immer noch bescheidene – hundertsechzig, hundertachtzig Gäste. Auch viele Mitglieder aus unserer Gemeinde waren eingeladen. Für uns war das dennoch ein ziemliches Unterfangen, ebenso eine Investition. Obwohl Dana arbeitete, so war sie keine Großverdienerin.

Zehn Tage vor der Hochzeit hatte sie immer noch kein Brautkleid, und so ein Kleid war aber eine wichtige Angelegenheit. Wir wohnten weiterhin an der Dizengoffstraße, an der sich ein Ladengeschäft nach dem anderen reihte. Und gerade in unserem Abschnitt gab es eine Menge Boutiquen, fast alles Designergeschäfte mit Hochzeitskleidern. Für Paare, die heiraten wollten, war das hier die Pilgermeile.

In dieser Zeit ging ich während der Woche morgens in eine kleine Synagoge, eigentlich war es nur ein Keller in einem normalen Wohnhaus, aber eine Synagoge war überall dort, wo sich zehn erwachsene Juden versammelten, ein sogenannter Minjan, dann war es möglich, einen Gottesdienst abzuhalten. Viele der hier betenden Juden waren Perser oder kamen aus Usbekistan. Beim ersten Gebet des Tages waren selten Frauen dabei, aber jeden Morgen erschien Emi, Dana und ich hatten sie auch schon manchmal am Schabbat auf dem Weg in die Synagoge getroffen.

»Ich habe gehört, dass ihr heiraten wollt«, sprach mich Emi eines Morgens nach dem Gebet an.

»Ja, in zehn Tagen«, erwiderte ich strahlend.

»Hat Dana schon ein Kleid?«

»Nein, hat sie nicht«, gestand ich. »Dana kümmert sich um alles bei den Hochzeitsvorbereitungen, aber sie denkt an sich immer zuletzt. Sich ein Kleid auszusuchen, hat sie bisher noch nicht geschafft. Dabei wird es höchste Zeit.«

Es stellte sich heraus, das Emi, die aus dem Libanon stammte, von Beruf Näherin war, Näherin von Hochzeitskleidern, das hatte sie noch in ihrer alten Heimat gelernt. Und wie es das Glück wollte, arbeitete sie gleich nebenan in einem der besten Geschäfte auf der »Brautmeile«, nur zwei Häuser von der Synagoge entfernt.

»Gut«, sagte Emi resolut, »dann mache ich für sie das Kleid.«

Widerrede zwecklos.

Es wurde ein wunderschönes Kleid, natürlich ganz in Weiß, mit transparenten Ärmeln und einem durchsichtigen Schleier, hinten bauschig gefaltet. Dana sah einfach zauberhaft darin aus, aber Emi wollte für all ihre Mühen nichts haben, sie meinte, es sei ihr Geschenk für die Braut. So ein kostbares Geschenk, wir wussten gar nicht, wie uns geschah.

Dana und ich konnten nun dem Moment der Trauung gelassener entgegensehen, wir empfanden nichts als pures Glück. Doch einen Tag vor der Hochzeit wurde dieses Glück getrübt, ein Schatten legte sich besonders auf Danas Seele. Die Synagoge lag eingebunden in einer Nachbarschaft, und durch die diversen Vorbereitungen hielten in ihrem Umfeld mehrere Lieferanten. Einer der Nachbarn echauffierte sich darüber, dass wegen dieser »Veranstaltung«, also unserer Hochzeit, seine Einfahrt zeitweise zugeparkt sei – dabei war es nicht einmal ein Wagen unserer Lieferanten gewesen, der vor seinem Haus gestanden hatte, aber das war diesem Mann, der ein Anwalt war, ein durchgeknallter Anwalt, ein gefährlicher, egal. Ein Jahr später stand er vor Gericht, bei dieser Verhandlung entzog man ihm seine Anwaltslizenz, weil er sie mehrfach missbraucht und sogar Richter bedroht hatte.

Dieser Mann fing also an, uns zu terrorisieren, forderte, die Hochzeit abzusagen, drohte, die Veranstaltung zu sprengen, fände sie statt. Ein Mitglied der Synagoge musste ihm, ohne dass er sich bewusst war, was dieser Mann vorhatte, Danas Telefonnummer gegeben haben. Mehrfach rief er sie an, stieß schreiend eine wilde Verfluchung nach der anderen aus, kündigte eine einstweilige Verfügung an, wenn wir nicht ein Dokument unterschrieben, dass wir falsch geparkt hätten und die Hochzeit absagten. Er redete so aggressiv, dass Dana schließlich nicht ein einziges Gespräch mehr annahm. Sie ist nicht hysterisch, aber im Laufe des Tages wurde sie es. Und das alles, während sie sich auf die Hochzeit und ihr Brautsein vorbereiten sollte.

Sie war am Rande eines Nervenzusammenbruchs und vollkommen durch den Wind. Ich war es nicht minder, denn alle unsere spirituellen Vorbereitungen für den nächsten Tag standen unter dem Einfluss dieses Psychopathen. Und zu diesen Vorbereitungen gehörte, dass Braut und Bräutigam sich am Tag vor der Hochzeit nicht sehen dürfen – ich konnte sie nicht einmal in den Arm nehmen. Ich war nicht zu Hause, sondern tagsüber mit meinen Freunden zum Sightseeing in Jerusalem, dort würde ich auch mit Sven übernachten, der ein Zimmer im King David Hotel gebucht hatte.

Abends stand ich am Fenster des Hotels – es war das einzige Mal in meinem Leben, dass ich in diesem Nobelhotel übernachtete. Einst hatte es Büros der britischen

Mandatsregierung beherbergt, die Juden verweigerte, nach Israel einzuwandern, weshalb damals, im Juli 1948, die zionistische Untergrundorganisation »Etzel« einen Bombenanschlag auf das Hotel verübte, dazu wurden Milchkannen mit Sprengstoff ins Hotel geschmuggelt. Nach der Explosion stellte sich heraus, dass nicht ein einziger britischer Soldat getötet worden war, sämtliche Opfer waren Zivilisten, Briten, Araber, Juden, mindestens neunzig Menschen waren durch das Attentat ums Leben gekommen.

Ich blickte vom obersten Stockwerk hinüber auf die Altstadtmauer, die weißen Steine wurden in der Dämmerung dunkler und dunkler. Mussten wir die Warnungen des Psychopathen ernst nehmen? Würde er in allerletzter Instanz tatsächlich die Synagoge während der Hochzeit sprengen wollen? Es war alles möglich, nichts war auszuschließen, Drohungen konnten nur Drohungen sein, sie konnten aber auch in die Tat umgesetzt werden. Ich war verzweifelt, dass ich in dieser schweren Stunde nicht bei Dana sein konnte, verzweifelt auch darüber, dass ich nicht wusste, was ich tun sollte.

Mit freiem Oberkörper und ausgebreiteten Armen stand ich im geöffneten Fenster und blickte zum Himmel. »Wenn du willst, dass wir morgen heiraten, dann kann dieser Typ uns nicht davon abhalten. Aber bitte, hilf mir, denn ich weiß nicht, was ich machen und wie ich Dana beschützen soll.«

Den größten Teil der Nacht verbrachte ich an der Klagemauer, um zu beten. Nach dem Schacharit brachen wir auf, um nach Tel Aviv zurückzukehren. Auf Danas Bitten begab ich mich am Morgen meiner Hochzeit auf die Polizeistation in der Nähe der Synagoge und erstattete Anzeige gegen den drohenden Anwalt. Anschließend organisierten wir einen Sicherheitsmann, der sich mit einer Waffe vor der Synagoge postierte. Der Druck fiel erst von uns ab, als die Musik erklang und Dana in ihrem Kleid die Synagoge betrat. Der Verrückte tauchte nicht auf.

Es wurde dann eine ganz tolle Hochzeit, ohne jedwede Störung. Der Rabbi erklärte den Ablauf auf Englisch, sodass die nichtjüdischen Gäste verstehen konnten, wie die Trauung ablief. Dana hatte ihre schwarzen Haare hochgesteckt, die ihre Perlohrringe zur Geltung brachten, ihr einziger Schmuck außer dem Verlobungsring. Mit beiden Händen trug sie einen Strauß mit weißen Rosen vor sich. Ich hatte mein langes Haar zu einem Zopf gebunden, trug ein weißes Hemd und eine schwarze Hose, kein Jackett. So standen wir unter dem weißen Baldachin in der Synagoge. Wir hatten für unsere frommen Gäste eine Trennung von Männern und Frauen vorgesehen, aber nicht bei der Zeremonie und beim Essen, sondern erst hinterher, als getanzt wurde.

Nach zehn Uhr, als das Kolel zugemacht hatte, kam eine ganze Busladung voll von ultraorthodoxen Kollegen, die dann, um es salopp zu sagen, die Party stürmten. Diese Freunde wollten nichts trinken und auch nichts essen, ihr einziges Sinnen und Trachten war es, uns, das Brautpaar, zu erfreuen. Und das taten sie, indem sie für und mit dem Bräutigam tanzten. Meine Freunde aus Deutschland wussten nicht, wie ihnen geschah, verloren aber bald ihre Scheu und tanzten mit. Die Ultraorthodoxen verschwanden so schnell, wie sie gekommen waren. Am Schluss legten meine deutschen Freunde Musik auf, nicht die großen Rocksongs aus den Siebziger- und Achtzigerjahren, sondern die besten Karnevalslieder aus Köln. Die Gäste sollten wissen, aus welchem Kulturkreis der Bräutigam kam. Für die Israelis war diese Musik etwas ungewohnt und außergewöhnlich, aber warum nicht, auch danach konnte man ausgelassen das Tanzbein schwingen. Das letzte Lied, bevor die Lichter angingen, war »In unserem Veedel« von den Bläck Fööss.

»Hast du das schon mal erlebt«, flüsterte ich Dana später fröhlich zu, als wir uns von den Gästen verabschiedeten und uns mit meinen Freunden aus Deutschland auf den Weg ins Hotel machten, um dort den Abend ausklingen zu lassen. Ich ging neben Dana und hielt ihre Hand, nun zum ersten Mal als verheiratetes Paar. Es fühlte sich gut an.

Sie drückte meinen Arm, der Schrecken von gestern war aus ihren Gesichtszügen längst wieder verschwunden, als hätte es diesen Terror nie gegeben. Ein Grund, warum ich sie auch geheiratet hatte, war der – abgesehen davon, dass sie überhaupt eine wunderbare Frau ist –, dass sie sich rundum in ihrer Haut wohlfühlte. Wie viele Frauen hatte ich getroffen, die mit sich gehadert hatten, selbst wenn es überhaupt nicht angebracht war, doch Dana war auf beeindruckende Weise von diesem Virus nicht infiziert. Sie war rundum zufrieden und glücklich mit sich und ihrem Körper. Sie sagte: »HaSchem hat mich so geschaffen, und ich bin genau so, wie ich sein will. Kein bisschen will ich anders sein. Ich liebe meinen Körper.« Und das strahlte sie aus, das zeigte sich in ihren Bewegungen, in ihrem ganzen Verhalten, was ich sehr schön fand und bislang bei keiner anderen Frau erlebt hatte. Nie hatte ich bei ihr das Gefühl, performen zu müssen, vom ersten Augenblich an war es ein Zusammensein, ein Wohlfühlen, ein Nachhausekommen. In ihr war alles vereinigt, was ich unter weiblich kennengelernt hatte, alle positiven Momente spiegelten sich in ihr wider. Sie war eine Fraufrau, wie ich das für mich formulierte, und jetzt meine Frau.

Schon lange vor unserer Hochzeit hatte Dana angefangen, sich modest zu kleiden, also lange Röcke und langärmelige Oberteile ohne tiefe Ausschnitte, alles in Weiß. So wurde sie zur weißen Dana. Eine tolle Erscheinung, denn das Weiß betonte das Schwarz ihrer Haare und ihrer rot geschminkten Lippen, die dunklen Augen sowieso.

»Es war eine wundervolle Hochzeit«, sagte Dana am Morgen nach unserer Hochzeit. »Und von nun an werde ich ein Kopftuch tragen.«

»Wie meinst du das?«, fragte ich überrascht.

»Ich werde eine jüdische Frau, eine religiöse Frau, und diese bedeckt sich nach der Hochzeit die Haare, und das werde ich tun.«

»Willst du das wirklich? Wegen mir muss du das nicht machen, ich mag deine langen offenen Haare.«

»Ich weiß, du hast es mir ja erklärt, in Deutschland ist ein Kopftuch etwas, womit man nicht gut umgehen kann. Du kennst es nur von Muslima, und es steht für die Unterdrückung der Frau, für etwas, das man nicht mit Emanzipation und starken Frauen in einen Zusammenhang bringt. Aber das sehe ich anders. Jüdische Frauen tragen kein Kopftuch mit Beginn der Geschlechtsreife, sondern erst nach der Hochzeit, und dann mit Stolz und Würde. Es signalisiert allen Männern, dass sie nicht zu haben sind. Und das will ich.«

»Ich habe schon öfter Frauen mit Kopftuch gesehen, meist sind sie in ultraorthodoxe Kreise hineingeboren, doch das bist du nicht.« Ich appellierte noch einmal an ihre Entscheidungsfreiheit, denn die Haare zu bedecken, das fand ich damals immer noch zu extrem. »Ich trage doch auch keine Kippa im Alltag«, gab ich weiter zu bedenken.

»Dann bin ich eben die Frau mit dem Kopftuch und du der Mann mit den langen Haaren und ohne Kippa.«

Umstimmen konnte ich meine Frau nicht, Dana hatte in der Armee gedient, in einer Kampfeinheit am Gazastreifen, in einer Eliteeinheit. Auch in diesem Fall war es genau umgekehrt, sie war in unserer Beziehung die Kämpferin, ich derjenige, der Zivildienst gemacht hatte. Insofern musste ich mich also an das Kopftuch gewöhnen. Leicht fiel es mir nicht. Auch deshalb nicht, weil nun alle dachten, ich hätte wegen Dana konvertiert, dabei war es genau umgekehrt, ich hatte sie zur Religion gebracht.

Sie drückte mich nun noch fester. »Und hast du dir inzwischen überlegt, in Zukunft etwas mit Kochen zu machen?« Mehrmals hatte Dana dieses Thema angesprochen, für sie war es eine abgemachte Sache, dass ich mit meinem Talent, wie sie meinte, etwas anstellen müsste, es dürfte nicht einfach brachliegen.

»Es macht mir Freude, so wie es ist.«

»Du könntest viel mehr Anerkennung erhalten.« Dana wusste, wo sie mich kriegen konnte. »Ich werde mit Charlie sprechen, damit du mal in seiner Küche vorbeischauen kannst.« Charlie Fadida war ein bekannter Chefkoch und mit Dana gut befreundet.

»Okay, mach das«, hörte ich mich sagen.

Ich stellte mich bei Charlie Fadida in die Küche. Abendschicht. Die Kleidung, die man mir gab, war mehr als knapp, die Hosen saßen verdammt eng und reichten mir gerade bis zum Knöchel, die rutschfesten Küchenschuhe waren eine Nummer zu klein. Auf einmal war ich mittendrin. Anfangs habe ich nur zugeguckt, mir die Abläufe angesehen, hinterher Klamotten in der richtigen Größe gekauft, sodass ich in der Küche bequem stehen konnte. Gleichwohl fühlte ich mich seltsam. Wechselte ich etwa meinen Beruf? Ich war doch Anwalt und kein Koch! Jetzt steckte ich in einer Uniform, wobei ich zugeben musste, dass die Kochjacke schon sehr schick aussah und ich mich in ihr wohler fühlte als in einem Anzug, obwohl ich als einfacher Hilfskoch erkennbar war.

Kochen durfte ich nicht, ich war abgestellt für die Hilfsdienste, schälte und schnitt Zwiebeln, über das Blanchieren kam ich nicht hinaus, aber ich beobachtete genau, was die Köche machten, wie sie mit den langen Chefmessern umgingen, jeder Handgriff brannte sich bei mir ein, bis hin zur Handhabung der Pfannen und dem perfekten Garen von Fisch und Fleisch. Dennoch genoss ich diese Abende, stand sicher zwanzigmal in Charlies Küche, aber trotz dieser Erfahrung konnte ich mir immer noch nicht vorstellen, tatsächlich meinen Beruf zu wechseln. Ich war fünfunddreißig und hätte wirklich noch mal von ganz unten anfangen und mich dann hocharbeiten müssen. Und nahm man die Tätigkeit eines Kochs ernst, musste man mit Zehn-, Zwölfstundenschichten rechnen, ich wäre also ewig lang von zu Hause fort. Auch dachte ich an meine Eltern, denen ich schon recht viele Veränderungen in meinem Leben zugemutet hatte, mehr mussten es nicht unbedingt werden.

Dana teilte ich alle meine Überlegungen mit, die sie auch nachvollziehen konnte.

»Aber ich hätte eine andere Idee«, sagte Dana. Als PR-Frau war das nicht weiter verwunderlich. »Kennst du das Fernsehformat *MasterChef?*« Ich schüttelte den Kopf. Meine Frau erklärte mit großer Begeisterung: »Das ist ein Kochwettbewerb, der in vielen Ländern ausgestrahlt wird, ich glaube in insgesamt vierzig, Deutschland und Israel sind noch nicht darunter. Aber nun soll sie auch hier gestartet werden. In manchen Ländern ist die Sendung der Renner, mit einer enorm hohen Einschaltquote, um die 30 Prozent, das ist gigantisch. Ich kenne einige Juroren, die dort mitmachen, und aktuell suchen sie Kandidaten für die erste Staffel.«

Erneut schüttelte ich den Kopf. »Da wird man sicher gecastet unter Hunderten von Leuten, das ist nichts für mich.« Ich war eindeutig kein Fan von Casting-Shows, ob Musik oder Kochen, definitiv wollte ich bei einem solchen Fernsehformat nicht teilnehmen. Ich war entschieden dagegen. Als in Deutschland die ersten Folgen von *Big Bro-*

ther oder *Deutschland sucht den Superstar* gelaufen waren, hatte ich mal reingeschaut, nichts hatte ich damit anfangen können.

Dana ging nicht darauf ein. »Ich finde, diese Sendung ist wie für dich gemacht, geradezu maßgeschneidert. Das ist genau das, was du brauchst, es ist deine Chance, als Koch groß rauszukommen, ohne dass du eine Kochlehre machen musst.«

»Nein«, sagte ich. »Und nochmals nein. Ich habe da überhaupt keine Chance, das kannst du komplett vergessen, da werde ich mich auf gar keinen Fall als Kandidat bewerben.«

»Wieso bloß nicht?« Dana ließ nicht locker. »Du kochst so gern, und alle mögen dein Essen.«

»Freunde mögen mein Essen, deine Familie mag mein Essen, aber ich habe nicht das Selbstbewusstsein, vor Juroren, vor Chefköchen zu kochen. Ich würde es nicht sehr toll finden, wenn die mich dann am Ende abkanzeln.«

»Das tun sie bestimmt nicht.«

»Dana, du vergisst, dass ich nicht in diesem Land mit diesen Lebensmitteln hier aufgewachsen bin. Ich komme aus einer ganz anderen Kultur. Ich schätze deine Begeisterung für meine Fähigkeiten sehr, aber das heißt noch längst nicht, dass ich damit weit komme. Alle, die da hingehen, fühlen sich als tolle Hobbyköche, sonst würden sie das nicht auf sich nehmen. Außerdem ist dir bekannt, dass ich Angst vor öffentlichen Auftritten habe. Vor einer Kamera würde ich vor Lampenfieber vergehen. Und falls du noch ein Argument brauchst: Ich müsste alles auf Hebräisch erklären, was ich da gerade tue.«

»Du bist schon fast fünf Jahre im Land, du kannst perfekt Hebräisch, das sind alles Ausreden.«

»Ich kann nicht gleichzeitig reden und kochen. Das muss man aber in diesen Sendungen.«

»Du hast ein falsches Bild von dir.«

Warum wollte Dana bloß nicht einsehen, dass *MasterChef* ein Format war, das *nicht* für mich »maßgeschneidert« war? Ich holte den letzten Grund hervor, den ich bislang bewusst zurückgehalten hatte. »Ich komme nicht nur aus Deutschland, ich bin auch ein Deutscher, und hier sind wir in Israel. Das ist nicht einfach ein Land, das am Mittelmeer liegt und in dem es warm ist. Das ist ein Land mit einer besonderen Geschichte, das Land der Juden, und Deutschland ist das Land der Nazis – und selbst wenn das Vergangenheit ist, gleichwohl sind die Beziehungen beider Länder weiterhin davon geprägt. In einer Casting-Show ist noch kein Deutscher hier angetreten. Es ist immer noch etwas Besonderes, wenn deutsche Politiker in der Knesset sprechen dürfen, aber *MasterChef* ist Reality-TV für das ganze Volk. Da werden Leute ziemlich schnell angegriffen, sogar beschimpft. Die Kritik an meinem Essen kann leicht in Kritik an meiner Person umschlagen. Das wäre ein ziemlich riskantes Spiel. Mir zu riskant.« Ich wollte nicht zur Zielscheibe werden, nur weil ich Deutscher bin.

Dana blieb still, unterließ weitere Überzeugungsversuche, und ich war um diese erste Staffel drum herumgekommen.

Anderthalb Jahre später erfolgte der Aufruf zum Casting für die zweite Staffel. Dana wiederholte, wie toll es für mich wäre, würde ich jetzt am *MasterChef* teilnehmen. Ich zählte alle Argumente auf, die ich schon damals genannt hatte, um nicht zum Casting gehen zu müssen. Ich wurde sogar richtig böse, sagte ihr, sie solle aufhören, mich damit zu nerven. »Ich möchte nie wieder etwas davon hören.«

»Ich habe verstanden«, sagte Dana, »ich akzeptiere auch deine Meinung, aber tu mir einen Gefallen und schau dir einfach mal die zweite Staffel an.«

Ich lebte seit Ende der Neunziger ohne Fernseher, und auch jetzt gab es keinen in unserer Wohnung.

»Wir haben keinen Fernseher, schon vergessen?«

»Du kannst dir die Folgen im Netz ansehen.«

Wieder antwortete ich mit einem klaren Nein.

Den Gefallen konnte ich ihr tun, das war ja ungefährlich für mich. Vom ersten Moment an, ich musste es zugeben, war ich total begeistert, es war eine supergeile Kochshow. Es machte Spaß, den sehr unterschiedlichen Köchen und den Juroren zuzusehen. Da wurde in einem riesigen Studio, dem eine Art kleiner Supermarkt ohne Kassen angeschlossen war, aus dem sich die Köche für ihre Speisen bedienen konnten, nicht nur technisch übers Kochen gesprochen, sondern es wurde übers Essen philosophiert. Ich fieberte mit den Kandidaten mit, und bei jeder Aufgabe überlegte ich mir, was ich kochen würde, und bei jedem Gericht, das die Kandidaten servierten, dachte ich: Würde ich das auch können? Würde ich da mithalten können? Denn was da aufgetischt wurde, hatte richtig Niveau. Irgendwie fühlte ich mich kulinarisch überfordert, zugleich aber auch angestachelt. Es war alles so spannend gemacht, dass es mich regelrecht juckte. Ich kam mir vor wie bei einem sportlichen Wettbewerb, meine Kampfeslust war geweckt. Aber nun war es zu spät, die Staffel lief ja schon.

Keine Folge ließ ich aus, und am Ende gewann Avi Levi, ein Mann, der eine krasse Wendung in seinem Leben genommen hatte. Einst war er schwer drogenabhängig gewesen, hatte deswegen sogar im Knast gesessen. Nachdem er aus der Haft entlassen worden, war, hatte er geheiratet, drei Kinder bekommen – und er hatte sich dem gewidmet, was er liebte: dem Kochen. Als Sieger der zweiten Staffel eröffnete er ein Restaurant, das noch heute hervorragend läuft, das Hamotzi in Jerusalem gleich neben dem Mahane-Yehuda-Markt. Ich gönnte ihm den Erfolg. Der Typ war cool, insofern konnte ich nur froh sein, nicht an dieser Staffel teilgenommen zu haben. Gegen Avi Lewitt hätte ich keine Chance gehabt, und wenn doch, hätte ich nicht gegen ihn gewinnen wollen, weil ich ihn so mochte. Ich schloss meinen Computer und dachte nicht mehr an diese Show, es gab anderes zu tun.

16 EIN UNTERNEHMEN UND EINE FAMILIE GRÜNDEN

»Das kann doch nicht wahr sein. Das ist purer Hohn!«

Dana war jobbedingt in einem Seafood-Restaurant gewesen, auch wenn sie dort kaum noch etwas zu sich nehmen konnte, da in diesem Lokal nicht koscher gekocht wurde. Es war kurz vor Pessach, auch Fest der Mazzot genannt, des ungesäuerten Brots. Verbunden ist damit wieder der biblische Auszug aus Ägypten, und im Gedenken an dieses Ereignis darf an acht Tagen im Frühling nur Ungesäuertes gegessen werden, denn da der Pharao das jüdische Volk so schnell vertrieb, hatte es keine Zeit gehabt, den Brotteig vor dem Backen zu säuern, aus diesem Grund konnten sie nur ungesäuertes Brot mitnehmen. Mehl von Getreide säuert binnen achtzehn Minuten, wenn es mit Wasser in Verbindung kommt, und Mazzen werden so schnell hergestellt und ausgebacken, dass es dazu nicht kommen kann. Sie sind eine ziemlich harte und trockene Angelegenheit, es hat eine Weile gedauert, bis ich sie mochte. Wir nennen Mazzen auch das »Brot der Freiheit«, weil es ein Symbol für den Ausbruch nach jahrhundertelanger Sklaverei war. In der Torah steht, dass man an Pessach nicht nur kein Gesäuertes essen darf, ebenso wenig darf man es auch nicht im Haus aufbewahren und somit zu Gesicht bekommen. Jedes Produkt, das aus Getreide hergestellt wurde, ist aus dem Haushalt zu verbannen, und sicherheitshalber auch noch so manches andere, das eventuell damit in Kontakt gekommen sein könnte. Man isst an Pessach also Mazze-Brote oder eine Hühnersuppe mit Mazzeknödeln, die aus Mazzemehl (gemahlenen Mazze), Eiern und ein bisschen Fett gemacht werden. Es gibt viele speziell hergestellte Produkte, die aus Reis-, Kartoffel- oder Maismehl hergestellt werden. Die sind dann auch glutenfrei.

In dem Lokal, in dem sie gewesen war, wollte man damit werben, dass das Restaurant koscher für Pessach sei und es eine besondere Mazzeknödelsuppe, ein klassisches jüdisches Gericht, gäbe. Dana hatte das mal genauer unter die Lupe nehmen wollen. Koschere Mazzeknödel in einem Seafood-Restaurant. Doch koscher waren diese Knödel nicht im Geringsten, sie waren gefüllt mit Shrimps. Das einzig Koschere im Restaurant waren die Mazzen gewesen, bevor man die gefüllten Knödel draus gemacht hatte. Shrimps gehörten auf die No-go-Liste bei koscherem Essen.

»Ich möchte nicht mehr PR machen«, sagte Dana müde. »Ich habe es satt. Ich kann das nicht mehr – und ich will das auch nicht mehr. Ich will diesen Unternehmen nicht mehr zum Erfolg verhelfen.«

Durch unser Frommwerden hatten wir uns daran gewöhnt, bei der Zubereitung unseres Essens die Regeln einzuhalten, die unsere Religion vorschrieb. Im Grunde konnten wir in vielen der Restaurants, in denen wir früher gern gegessen hatten, höchstens noch ein Glas Wasser trinken. Anfangs hatten wir nur zu Hause wirklich koscher gegessen, und wenn wir auswärts aßen, hatten wir darauf geachtet, dass unsere Teller im Koscher-Style waren, was bedeutete, dass nichts darauf war, was völlig verboten war, und dass Milch und Fleisch getrennt waren. Damit hatten wir eigentlich ganz gut leben können, so halten es viele Juden, ob in Israel oder im Ausland. Doch je religiöser wir wurden, umso genauer nahmen wir es.

»Du willst dich wirklich aus deiner Arbeit zurückziehen? Du bist so gut darin ...« Mehr konnte ich nicht sagen, denn Danas Entscheidung war konsequent, letztlich konnte ich ihr nur zustimmen. »Aber ich vermute, so wie ich dich kenne, dass du schon eine andere Idee hast?«

Der Ausdruck in ihren Augen wurde sofort heiter.

»So ist es.«

»Verrätst du es mir?«

»Ich will ein Modelabel gründen. Sportbekleidung für religiöse Frauen. Zu kaufen im Internet.«

Wir hatten inzwischen angefangen, zusammen zu joggen und Fahrrad zu fahren, deshalb war dieser Einfall nur logisch. Es war schwierig, Sportsachen für fromme Frauen zu finden. Es wurden Leggins unter einem Rock getragen und ein entsprechendes langärmeliges Oberteil. Normalerweise würfelten sich die Frauen ein passendes Outfit zusammen, aber schick war das nicht unbedingt. Und die Badeanzüge konnte man sowieso vergessen.

Wenn sich Dana etwas in den Kopf gesetzt hatte, wurde es auch ohne Wenn und Aber umgesetzt. Sie suchte nach einer Schneiderin – leider war Emi auf Hochzeitskleider spezialisiert, sie fiel daher aus –, fand auch eine, weiterhin einen Produzenten. Eine Homepage wurde entwickelt, das einzige wirkliche Problem war die Finanzierung. Wir wollten ein Darlehen aufnehmen, aber damit gab es Schwierigkeiten. Danas Vater hatte für uns bürgen wollen, aber weil er nicht mehr der Jüngste war, wollte die Bank ihn nicht als Bürgen akzeptieren. Meine Eltern kamen nicht in Frage, weil sie im Ausland lebten. Und so viele Leute gab es dann auch nicht, die man fragen konnte, ein solches Unterfangen mitzutragen. Unter den Freunden von Dana hatten sich einige Freunde bereiterklärt, für eine gewisse Summe zu bürgen, aber dieser Betrag reichte nicht, um ein Internetunternehmen zu gründen.

Schließlich erzählte ich Sven von unseren Problemen. Sven hatte ich kennengelernt, als ich bei Delbrück & Co. meine Ausbildung gemacht hatte, er war inzwischen ein erfolgreicher Bankmanager. Mehrmals hatte er mich in Israel besucht, er war auch bei meiner Hochzeit gewesen, zeitweise hatten wir jeden Tag telefoniert. Sven hatte alle meine Schritte begleitet, es war also nur natürlich, dass ich ihm von unseren Schwierigkeiten berichtete. Spontan sagte er: »Hör mal, da kann ich euch doch helfen. Schick mir mal euren Businessplan, und dann sehen wir weiter.«

Einen Businessplan hatten wir für die Bank gemacht, aber er war natürlich auf Hebräisch. Ich übersetzte ihn, und Sven setzte sich in seiner Freizeit wochenlang hin, rechnete alles mehrfach durch, und ließ sich von Dana die Strategie erklären. Nachdem er sich ein Bild gemacht hatte, erklärte er: »Sieht gut aus. Ich stelle euch die erforderliche Summe zur Verfügung. Ihr müsst mir nur was zurückzahlen, wenn ihr richtig erfolgreich seid, oder wenn ihr das Geschäft mit viel Gewinn verkauft.« Das war eine große Geste, so etwas passiert einem nicht oft im Leben, und ich rechnete dies meinem Freund hoch an, denn mit seiner Hilfe konnten wir Danas Projekt in die Welt bringen.

Parallel wollte aber noch jemand anderes auf die Welt kommen: Dana war mit unserem Sohn David schwanger. Seit zwei Jahren waren wir verheiratet, und wir hatten gefunden, es sei langsam Zeit, nicht nur ein Unternehmen, sondern auch eine Familie zu gründen. David war ein Wunschkind, und weil wir mehrere Kinder haben wollten, schien es sinnvoll, endlich damit zu beginnen. Immerhin träumten wir von sechs Kindern.

Bislang war die Schwangerschaft gut verlaufen, Dana hatte einen wunderschönen großen und runden Bauch, sie sah toll aus. Unabhängig davon arbeiteten wir intensiv daran, dass ihr Label möglichst noch vor der Geburt auf den Markt kam, fast alles war fertig, die Poster, die Flyer, die Homepage. Die Stoffe waren ausgesucht, die Sachen genäht, wir hatten eine palästinische Schneiderei im Westjordanland gefunden, die sich in der Lage gesehen hatte, diese Art der Bekleidung in großen Mengen herzustellen.

Wir hatten sogar ein Shooting mit Models gemacht, und Dana war umhergereist und hatte diverse Verkaufsmessen besucht. Auch unsere Wohnung hatten wir weitgehend vorbereitet, damit wir ein Leben zu dritt beginnen konnten. Alles schien perfekt zu sein.

Wir hatten uns eine natürliche Geburt vorgestellt, jungen Erstlingseltern schwebt das wohl häufig vor, ohne wenige Eingriffe von außen. Wir hatten unseren Wunsch einer Hebamme in einem Vorgespräch mitgeteilt, was von uns ein wenig naiv gedacht war, denn die Realität, wenn man sie kennt, kann alles über den Haufen schmeißen. Und dann ging bei der ersten Geburt tatsächlich auch alles schief, was schiefgehen kann. Nein, es hätte noch viel mehr schiefgehen können, denn am Ende waren Dana und David gesund bei uns zu Hause. Aber es war eine unglaublich schwierige Geburt.

Eines Nachts wurde Dana wach, etwas war in ihrem Körper passiert, sofort weckte sie mich.

»Wasser läuft aus mir raus«, sagte sie voller Panik.

Die Fruchtblase war geplatzt, früher als vor dem errechneten Geburtstermin. Hoffentlich ist nichts mit dem Kind, dachte ich, während ich eilig ein paar Sachen zusammenpackte. Die Hebamme hatte uns erzählt, dass eigentlich zuerst die Wehen einsetzten und erst danach die Fruchtblase platzen würde. Falsche Reihenfolge. Oder hatte ich da irgendetwas in meiner Aufregung durcheinandergebracht?

Die Straßen waren in der Nacht zum Glück kaum befahren, so konnte ich ins Krankenhaus rasen. »Die werden uns sicher dort beruhigen können«, sagte ich zu Dana, die beide Hände auf den Bauch gelegt hatte. Wir hatten uns eine der besten Geburtskliniken des Landes ausgesucht, Ichilov, beim ersten Kind wollten wir auf Nummer sicher gehen.

Auch im Krankenhaus setzten keine Wehen ein. Ein eindeutiges Zeichen, dass nichts normal verlief. Vierundzwanzig Stunden lang passierte nichts.

»Es bleibt immer ein Kaiserschnitt«, sagte ein Arzt.

Ein Kaiserschnitt erschien uns wie eine Bedrohung, einen solchen Eingriff wollten wir vermeiden.

»Gibt es keine Alternative?«, fragten wir.

»Man kann die Wehen künstlich einleiten.«

Irgendwelche chemischen Mittel wollten wir auch nicht, aber wenn es keine andere Möglichkeit gab, war das nicht zu ändern. Wir willigten ein. Man sagte uns, künstlich herbeigeführte Wehen seien sehr unangenehm, sie würden nicht in natürlichen Rhythmen kommen und wären aus diesem Grund heftiger. Man würde mit einer kleinen Dosis starten, diese dann langsam steigern. Die Wehen setzten tatsächlich ein, aber noch immer wurde Dana nicht in den Kreißsaal geschoben. Doch es kam zu keiner Bewegung in ihrem Körper, der Geburtskanal öffnete sich nicht.

Die Ärzte setzten eine Frist von weiteren vierundzwanzig Stunden, sollte dann das Kind nicht gekommen sein, so erklärten sie, müsste der nächste Schritt erfolgen. Und der hieß Kaiserschnitt. Inzwischen war es Freitagnachmittag. Wir hatten uns ausgemalt, am Schabbat unseren Sohn in Armen zu halten, aber davon konnte keine Rede sein. Außerdem: Es war uns als fromme Juden nur erlaubt, den Schabbat zu übertreten, um Leben zu retten und Leben zu geben. Das heißt, alles für Dana und die Geburt Erforderliche durfte ohne Probleme gemacht werden. Aber parallel dazu durften wir nicht, so eben möglich, das Anzünden der Kerzen, die Gebete und Kiddusch vernachlässigen. Doch wie machte man das im Kreissaal? Ich hatte keine Erfahrungen mit Schabbat in einem Krankenhaus, erfuhr aber von einer Organisation, die sich auf solche Fälle spezialisiert hatte. Man bot sozusagen ein Schabbat-Kit an, brachte eine grüne Tasche mit Sachen vorbei, die man von Freitagabend bis Samstagabend benötigte, um den Feiertag nach allen Regeln zu zelebrieren, einschließlich Essen, Wein, Kerzen und die Texte, die zum Beten wichtig sind. Da viele Menschen unvorbereitet in eine Klinik eingewiesen werden, fand ich es einleuchtend, dass es einen solchen Erste-Hilfe-Dienst gab, auch wenn es nicht selbstverständlich ist. Ich meldete uns bei ihm gleich an.

So verbrachten und feierten wir zusammen einen ganzen Schabbat im Kreissaal. Dana zündete die Kerzen an, ich machte die Gebete, sprach den Kiddusch und wir, eigentlich nur ich, aßen gemeinsam die uns gebrachten Speisen. Alles lief nach unseren religiösen Vorschriften ab, dazwischen kamen die künstlichen Wehen, die immer heftiger wurden. Ich massierte Dana am Steiß, so wie ich es in dem gemeinsam besuchten Vorbereitungskurs gelernt hatte.

Sechsunddreißig Stunden waren wir nun schlaflos in der Klinik, noch immer unternahm David nicht die geringsten Anstalten, sich in den Geburtskanal zu drängen. Dana und ich waren völlig erschöpft, wir hatten kaum geschlafen. Und die Zeit lief gegen uns, denn das Fruchtwasser befand sich ja nicht mehr in ihrem Körper, und das konnte gefährlich werden für Mutter und Kind.

»Wenn in den nächsten zwei, drei Stunden nichts passiert«, sagte der Arzt, als der Schabbat vorbei war, »müssen wir einen Kaiserschnitt machen.«

Wir konnten auch nicht mehr. Dana weinte, sie hatte Angst, dass sie danach keine weiteren Kinder auf natürliche Weise bekommen konnte. Ein solcher Eingriff konnte unseren Traum von einer Großfamilie zunichtemachen.

Die Hebamme erschien und versuchte, den Muttermund zu weiten. Ich fand all diese Prozeduren fürchterlich, sagte mir aber: »Das kannst du aushalten, du kannst alles aushalten, du machst alles mit.« Ich massierte und massierte, und in den nächsten beiden Stunden kämpften wir darum, dass sich das Kind bewegte. Auf dem Monitor hörten wir das Klopfen von Davids Herz. Alle halfen dabei, zu drücken, kletterten auf Dana drauf, machten dies und machten das. Nichts.

»Wir können versuchen, Ihren Sohn mit Vakuum zu holen, das wäre noch eine Alternative. Oder wir machen den angekündigten Kaiserschnitt.« Der Arzt sah uns mitfühlend an.

Vakuum gilt noch als natürliche Geburt, letztlich ist es aber ein brutaler Eingriff. Doch besser als ein Kaiserschnitt, und das sagten wir auch dem Arzt. David wurde mit einer Saugglocke geholt, das Köpfchen leicht verformt. Was waren wir froh, als er draußen war, selbstständig atmete und aus Leibeskräften schrie. Zehn Leute standen um Danas Bett herum, Spezialisten für alle möglichen Komplikationen. Doch als bei David keine festgestellt wurden, wollten sie schnell wieder gehen, aber vorher richtete sich Dana mühsam auf und blickte jeden Einzelnen an, um sich zu bedanken: »Danke, dass ihr mir geholfen habt, meinen Sohn auf die Welt zu bringen.«

Ich sah sie überrascht an. »Woher nimmst du die Kraft dafür?«, fragte ich sie, als nur noch die Hebamme im Raum war. Ich hätte in einem solchen Moment nicht einmal daran denken können, mich bei den Helfern zu bedanken.

Statt meine Frage zu beantworten, richtete sie sich wieder mit dieser fast unheimlichen Kraft auf und sah mir fest in die Augen. »Nur dass du es weißt, selbst wenn die nächsten Geburten genauso werden, will ich noch mehr Kinder. «

Im Stillen dachte ich: Wow, was ist das denn für eine Frau? Was hat die denn für Energien?

David war in Ordnung. Doch wer nicht in Ordnung war, das war Dana. Sie war fix und fertig, aber das war naheliegend, niemand hatte nach diesen vielen Stunden eine andere Erwartung gehabt. David kam auf die Säuglingsstation, Dana wurde in ein Zimmer geschoben. Normalerweise verlässt eine frischgebackene Mutter nach zwei Tagen das Krankenhaus, im Fall von Dana wurde mit mehr Tagen gerechnet, wir gingen von vier aus.

Am achten Tag nach der Geburt wird ein Junge beschnitten. Da gibt es nur eine einzige Ausnahme, wenn das Kind eine Beschneidung gesundheitlich nicht verkraften kann, etwa bei einer Frühgeburt oder einer Gelbsucht. Wenn das Kind gesund ist, bleibt die Regel des achten Tages bestehen, unabhängig davon, wie es der Mutter geht. Davids Beschneidung wurde also geplant. Sie sollte in der Synagoge gegenüber unserer Wohnung stattfinden, ich bestellte den Beschneider, den Mohel, für zwei Uhr nachmittags, ebenso das Catering, da Freunde und Familie bei diesem Ereignis dabei sein sollten.

Ab dem fünften Tag fuhr ich jeden Tag mit der Babytrage und der Babyschale im Auto in die Klinik, um Dana und David abzuholen. Doch Dana fühlte sich nicht gut, klagte über Schmerzen, meinte, sie würde sich so nicht kennen, sie sei so schlapp. Ich tröstete sie: »Das ist auch kein Wunder, du hast eine schwere Geburt gehabt.« Es schien mir wirklich verständlich nach *der* Geburt.

Dann kam der Tag von Davids Beschneidung. Ich fragte den Oberarzt, ob ich meine Frau mit nach Hause nehmen könne. Er drückte auf Danas Bauch herum, dabei schüttelte er den Kopf. »Nein, das gefällt mir noch nicht«, sagte er. »Ich kann Ihre Frau nicht entlassen.«

»Kann sie vielleicht mit zur Beschneidung unseres Sohnes?«

»Es wäre ein Wagnis, ich würde es nicht eingehen.«

»Aber meinen Sohn, den kann ich doch zur Synagoge bringen?«, fragte ich weiter.

»Es gibt jetzt keinen Grund, der dagegen spricht. Aber wenn Sie ihn mitnehmen, kann er nicht zurück auf die Säuglingsstation, die Gefahr wäre zu groß, dass er mit irgendwelchen Keimen die anderen Babys ansteckt.«

»Das heißt, ich muss mich dann allein um David kümmern?«

Der Arzt nickte.

Puh, das war eine Ansage. Zum einen musste ich alles allein regeln, aber weitaus trauriger war eine Beschneidung ohne Dana. Direkt vom Krankenhaus aus war ich in die Synagoge mit David gefahren. Vater und Sohn, ohne die Mutter. Auch für die Gäste war das ein trauriger Moment, für Danas Eltern, für meinen Freund Sven, der extra aus Deutschland mit seiner Lebenspartnerin und der gemeinsamen kleinen Tochter, die vor vier Monaten an Jom Kippur geboren worden war, angereist war. Sie alle wollten bei diesem besonderen Augenblick dabei sein und ihn mit uns teilen.

Es war eine schöne und bewegende Zeremonie, bei der David seinen Namen nach dem Sohn seines Urgroßvaters erhielt, der von den Nazis ermordet worden war; Baruch wurde sein Zweitname, nach zwei seiner Urgroßväter. Aber es war nicht so, wie es mit Dana gewesen wäre. Es war nicht das Gleiche. Es war auch traurig, weil sie nicht da war, und eine Beschneidung ist ein freudiges Ereignis. Ich musste an meine eigene Beschneidung vor ein paar Jahren denken, nun hatte ich einen Sohn, der auch beschnitten war. Ein Kreis schien sich zu schließen.

Viele Menschen boten nach der Beschneidung ihre Hilfe an. »Du kannst mit dem Kind nicht allein bleiben, bis Dana wieder zu Hause ist.«

Ich erwiderte: »Das ist mein Sohn, ich bin bereit, diese Herausforderung anzunehmen, und sollte es zu schwer werden, melde ich mich.«

»Aber du musst ihn füttern, die Windeln wechseln, ihn beruhigen, wenn er weint.«

Ich blieb bei meiner Meinung: »Wir bekommen das schon hin.«

Gegen sechs waren David und ich schließlich allein in unserer Wohnung. Er schlief ruhig, die zarten Finger zu kleinen Fäusten geschlossen. Da wusste jemand, dass er leben wollte. Ich war sehr froh darüber, machte mir aber im selben Augenblick Sorgen um Dana. Ihre Eltern waren zu ihr ins Krankenhaus gefahren, um ihr von der Beschneidung zu berichten. Bislang hatte ich noch nichts von ihnen gehört.

Als ich gegen einundzwanzig Uhr genauso müde wie David war, rief das Krankenhaus an: »Kommen Sie so schnell wie Sie können, es haben sich bei Ihrer Frau Komplikationen ergeben.« Ich benachrichtige Danas Eltern, die inzwischen wieder zu Hause waren, und packte David ein. Wir trafen uns in der Klinik, und dort erfuhren wir, dass Danas innere Organe kurz vor dem Versagen standen. Herz, Lunge, Nieren, Leber. Man würde sie auf die Intensivstation verlegen müssen. Mir war, als würde ich in einem riesigen Ozean schwimmen, ohne irgendwo Land zu sehen. Danas Leben stand auf Messers Schneide, und keiner der Ärzte konnte sagen, was ihr genau fehlte. Sie waren besorgt, eine düstere Stimmung hatte sich über alles gelegt.

In dieser Nacht bekamen David und ich ein Zimmer zugewiesen, in dem wir uns hinlegen konnten, für den Kleinen hatte man ein Säuglingsbett in den Raum geschoben. David schlief tief und fest, erschöpft von dem bisher anstrengendsten Tag seines Lebens.

Meine Gedanken fuhren Karussell: Was ist, wenn Dana nicht mehr zu uns zurückkommt? Die Frau, auf die ich mein Leben lang gewartet hatte? Wie würde ich David, wenn er einmal groß war und ich ihm von seiner Mutter erzählen sollte – ja, wie würde ich sie beschreiben? Wie könnte ich ihm erklären, was seine Mutter ausmachte? Konnte ich ihm ohne sie überhaupt genug mit auf seinen Weg geben?

Stopp! Plötzlich hielt ich inne. Dana würde leben, mit Gottes Hilfe. Ich stellte mich mit ausgebreiteten Armen mitten ins Zimmer und schaute nach oben. » HaSchem, ist es das, was du willst? Willst du, dass ich heute Nacht alleine mit meinem Sohn bleibe und Dana geht? Ich meine, wenn du das willst, dann nehme ich das auf mich, aber bitte, erspare mir das. Ich will nicht ohne Dana sein.«

Danach ging ich zu Davids Bett und sagte meinem Sohn: »Hey, kleiner Mann, du bist jetzt schon acht Tage alt, jetzt musst du mir mal helfen.« Ich nahm ihn aus seinem Bett und legte ihn mir auf die Brust, das Kopfteil hatte ich mir etwas hochgestellt. Er schlief sofort weiter, und diese Schlafposition behielten wir anderthalb Jahre bei, jede Nacht lag er so auf mir, nie rutschte er von mir herunter. In diesen dunklen Stunden im Krankenhaus, mit diesen furchtbaren Gedanken, die mich umtrieben, hatte das eine beruhigende Wirkung. Ich war nicht allein, mein Sohn war bei mir.

Dreizehn Fachärzte wurden gerufen, um sich zu beraten, wie Danas Leben zu retten sei. Und dann folgten schreckliche vier Wochen. Dana überstand die Nacht, aber danach war ihr Zustand noch längst nicht als gut zu bezeichnen, auch wenn sie nach ein paar Tagen nicht mehr in Lebensgefahr schwebte. Und welche Untersuchungen man auch anstellte, es blieben Ungereimtheiten. Die Ärzte sprachen über ein Leben ohne funktionierende Nieren, Herzprobleme und anderes.

Es war ein schlimmer Monat. Wir drei waren in einem Zweibettzimmer in der Frauenabteilung untergebracht, ich verließ es nur kurz, um Essen oder Babysachen zu holen.
 Wir waren völlig aus unserem alten Dasein herausgerissen,

verloren jegliches Gefühl für Zeit und Raum, Tag und Nacht verschwammen ineinander. Dana hatte in der ersten Zeit kaum einen Blick für David, er konnte schreien, so viel er wollte, sie hörte ihn nicht. Erhob sie sich aus ihrem Bett, um auf Toilette zu gehen, weiß wie ein Laken, ging sie an mir vorbei, ohne mich zu bemerken. Ihr Körper schien leer zu sein, ohne Kraft, außer jener, die sie selbst am Leben erhielt. Sie war wie eine Greisin. Es war nicht zu übersehen, wie schlecht es ihr ging.

Schließlich ein Aufatmen, Dana konnte wieder nach Hause. Doch es dauerte viele weitere Monate, bis sie sich physisch endgültig erholt hatte. Für ihr eigenes Modelabel fehlte ihr jegliche Energie, es blieb auf der Strecke. Es wäre sicher ein großer Erfolg geworden, hätte sie nicht dieses Trauma erlebt. Es war ihr anzumerken, dass etwas in ihr gebrochen war, sie war nicht mehr dieselbe Frau wie vor der Geburt von David.

Davids erstes Wort war *Abba*, »Papa«, ein halbes Jahr lang war dies das einzige Wort, das er vor sich hinplapperte, in allen möglichen Betonungen. Jedes Bitte, jede Frage, jedes Gefühl wurde mit *Abba* zum Ausdruck gebracht. *Abba* war alles für ihn, aber er war auch alles für mich.

Als gläubige Mutter betet man während der Schwangerschaft für das Kind, dass es gesund sei, hübsch werde, klug und vieles mehr. Dana gestand mir, dass sie Angst gehabt hätte, ich würde mich nicht dem Kind gegenüber öffnen. Meinte, ich sei manchmal zurückhaltend, nicht so zugänglich und mit meinen Gefühlen etwas sparsam. Sie hätte daher auch dafür gebetet, dass ich mich David gegenüber öffnete und wir eine innige Beziehung aufbauen würden. Als sie es erzählte, sahen wir uns an und wurden auf einmal ganz still. Sollten ihre Gebete erhört worden sein? Sollte sie so krank geworden sein, um David und mich zusammenzuschweißen?

Aber die schlimme Phase hatte mich auch in anderer Hinsicht weichgekocht. Dana hatte mich nun so weit, dass ich bereit war, zum *MasterChef*-Casting zu gehen. Sie forderte von mir, dass ich es als »Belohnung« annähme für all das, was ich für sie und David getan hatte. Sie hatte den Leuten, die die Sendung produzierten, schon von mir erzählt, von mir und meiner Geschichte. Nach ihren Angaben waren sie ganz begeistert gewesen und wollten, dass ich zum Casting komme. Unbedingt wollten sie mich kennenlernen. *MasterChef* – das war Danas Traum. Und jetzt war die Zeit da, ihn ihr zu erfüllen.

KOSCHER KOCHEN AUF GOURMETNIVEAU 17

»Wenn Tom teilnehmen will, muss er morgen kommen. Morgen ist der letzte Tag für die Auditions zum *MasterChef*.« Dana hatte den Anruf entgegengenommen und mich dann bekniet: »Bitte, geh dort hin.« Sie warf alles in die Waagschale, was sie aufbieten konnte, damit ich keinen Rückzieher machte. Ich konnte nicht anders, als ihr auf den letzten Drücker ein Zugeständnis zu machen: »Okay, dann gehe ich halt.« Mir war etwas schwummrig bei dem Gedanken, denn seit der ersten Staffel hatte das Format Fahrt aufgenommen, von Mal zu Mal sahen es sich mehr Zuschauer an, es wurde nun, im August 2012, um die dritte Staffel ein richtiger Hype gemacht. Keine Unterhaltungsserie war im israelischen Fernsehen mehr angesagt als *MasterChef*. Diejenigen, die daran teilnehmen wollten, bereiteten sich Monate darauf vor, lernten, was das Zeug hielt. Nach diesen Voraussetzungen war ich ein Seiteneinsteiger. Aber der Enthusiasmus basierte auch auf einem Gewinn, denn dem Sieger dieses Kochwettbewerbs winkten umgerechnet ein Preisgeld von 200 000 Schekel, gut 40 000 Euro.

Ich hatte noch diesen einen Tag Zeit, um mir Gedanken über das Gericht zu machen, das ich mitbringen sollte. Das Casting hatte noch nichts mit der Sendung zu tun, die vom Fernsehsender Keshet TV ausgestrahlt wurde, da wurde man einzig unter Tausenden von Bewerbern ausgemustert – es waren bei dieser Staffel insgesamt 6000. Nebst meiner Kochbegabung musste ich in einem Interview meine Redefähigkeit beweisen.

Mir war klar, dass ich etwas kochen wollte, was ich gut beherrschte. »Und was dich repräsentiert«, warf Dana ein, sie dachte immer noch mit einem PR-Kopf. »Mache was aus deiner alten Heimat.« Und so entschied ich mich für Kartoffelscheibchen in einer Zitronenvinaigrette mit Räucherfisch, genauer gesagt einem Forellenzopf in einer Meerrettich-Orangen-Sauce. Das Gericht war mir eingefallen, als ich an unser traditionelles Weihnachtsessen dachte, zu Hause hatte es an Heiligabend immer Mutters Kartoffelsalat mit geräuchertem Fisch gegeben. Räucherfisch ist eine etwas heikle Angelegenheit, aber man kann ihn in einer Pfanne zubereiten, wenn man schwelendes Holz in diese tut und darüber ein Gitter, auf das man den Fisch legt. Und weil ich das Gericht ja zu Hause kochen musste, konnte ich das in Ruhe bewerkstelligen. Mit den Saucen hatte dieses für mich sehr deutsche Essen eine erfrischend mediterrane Note bekommen.

Bevor ich mich zum Casting begab, besprach ich die ganze Angelegenheit mit einem Rabbi, jedoch keinem gewöhnlichen Rabbi, sondern einem Mekubal, einem Kabbalisten, dem man seherische Fähigkeiten zuspricht. Sucht man einen Mekubal auf, kann dieser innerhalb weniger Minuten Sachen über einen erzählen, bei denen man mit offenem Mund dasitzt. Verwundert fragt man sich: »Woher weiß dieser Mensch das?« Immer wieder gingen Dana und ich zu »unserem« Mekubal, jedes halbe Jahr, und ließen uns von ihm beraten. Er hatte auch Danas Internetbusiness für gut befunden. Diese Treffen dauern nie lange, höchstens eine Viertelstunde, aber jedes Mal hat man hinterher das Gefühl, sicherer in die Zukunft blicken zu können.

»Meine Frau möchte, dass ich beim *MasterChef* mitmache«, eröffnete ich gegenüber dem Mekubal das Gespräch.

»Was ist *MasterChef*?« Klar, er sah nie fern. Der *Kabbalist* mit seinem dichten, grauen Bart und den vielen braunen Altersflecken im Gesicht sah mich mit seinen verschmitzten Augen intensiv an.

Ich erklärte ihm, dass das eine Fernsehshow sei, ein Wettbewerb, bei dem man kochen müsse. Nachdem ich mit meinen Ausführungen geendet hatte, sinnierte der Mekubal eine Weile vor sich hin, bis er schließlich seinen Blick starr und bestimmt auf mich richtete, wobei er seinen Finger hob und auf mich zeigte: »Geh da hin, ziehe das durch – du schaffst es bis ans Ende, du kommst ganz groß heraus. Ich steh hinter dir.« Damit meinte er selbstverständlich nicht, dass er mitkommen würde, aber er würde es mental tun. Damit hatte ich seine volle Bestätigung, was man natürlich als kompletten Quatsch abtun konnte, aber das machte ich nicht, denn so hatte ich den absoluten Segen. »Dann werde ich da hingehen«, sagte ich und verabschiedete mich von dem Rabbi.

Mit meinem Räucherfisch und meinem Kartoffelsalat machte ich mich auf den Weg zum Büro der Produktionsfirma von *MasterChef*. Vor laufender Videokamera stellte ich mein Essen vor unbekannten Köchen vor, beantwortete Fragen, Notizen wurden gemacht, alles lief sehr nüchtern ab. Hauptsächlich wollte man von mir wissen, was denn meine Message sei. Dana hatte mich auf diese Frage vorbereitet, und so sagte ich das, was ich mit ihr abgesprochen hatte: »Also, ich will den Juroren zeigen, dass man koscher auf höchstem Niveau kochen kann, sozusagen Koscher-Gourmet.« Heute ist es in Israel üblich, dass Streetfood koscher ist, aber damals war die hippe Gastro-Szene in Tel Aviv immer noch alles andere als koscher. Und auch der *MasterChef* fand nicht nach koscheren Regeln statt, und die Juroren führten durch die Bank nur unkoschere Restaurants. Gewährleistet waren einzig und allein koschere Lebensmittel und koscher zertifizierte Produkte. Ob man nun Milch und Fleisch zusammenbrachte, blieb den Kandidaten überlassen. Deshalb war meine Botschaft eine besondere Ansage, vielleicht sogar ein wenig provokant. Irgendwie fand ich aber den Mut, mich darauf einzulassen.

Am Schluss dieses Castings wurde ich in ein großes Büro geschickt und mit einem dicken Vertragswerk, natürlich auf Hebräisch, konfrontiert. Da ich es unmöglich so schnell lesen konnte, bat ich mir Zeit aus, den Vertrag zu Hause zu lesen und dann erst zu unterschreiben. Einmal Jurist, immer Jurist. Es war, wie erwartet, ein sehr unfairer Vertrag für die Kandidaten. Aber wer in einer Casting-Show mitmachen will, kann nicht erwarten, die Regeln diktieren zu dürfen. Ich unterschrieb.

Danach folgte die richtige Audition, es war der Beginn der dritten Staffel, die ihren Anfang auf dem Mahane-Yehuda-Markt in Jerusalem nahm. Schon als Zivildienstleistender hatte ich auf diesem größten Markt in Israel eingekauft, als ich meinem Dienst und mit dem Kochen angefangen hatte. Und als ich viel in Jerusalem fotografierte, hatte ich eine intensive Beziehung zu diesem »Shuk« gepflegt. Für mich hatte er eine große Anziehungskraft, war wie ein Magnet, stundenlang hatte ich wie eine Straßenkatze über ihn streunen können. Ich war zu allen erdenklichen Zeiten dort gewesen, nachts, wenn alle Stände geschlossen hatten, morgens, wenn gerade alles aufgebaut wurde, am Freitag, wenn die Menschen für den Schabbat einkauften. Mir war dieser Markt sehr vertraut, die ganze Atmosphäre, und dass hier die Eröffnung der neuen Staffel stattfand, fühlte sich für mich sehr gut an.

Wir bekamen fünfzig Schekel in die Hand gedrückt, gut elf Euro. Eine Dreiviertelsunde lang hatten wir Zeit, um auf dem Shuk für diese elf Euro Waren auszusuchen, mit denen wir ein Gericht für die Audition kochen wollten. Das erste Mal war mir ein Kamerateam auf den Fersen, das war ungewohnt, aber da ich mich bestens auf dem Markt auskannte, übernahm ich das Kommando, indem ich aus dem Einkauf eine Marktführung machte, den Leuten vom Fernsehen alles zeigte, es überall dorthin führte, wo es meiner Meinung nach Interessantes zu sehen gab. Dabei verlor ich jegliche Nervosität – und nebenbei kaufte ich die Sachen ein, die ich für mein Gericht brauchte.

Gekocht wurde in Neve Ilan, ein arabisches Dorf, das sich auf dem Weg von Tel Aviv nach Jerusalem befindet und in dem sich eine Kooperative angesiedelt hatte, die zur anfänglichen Kibbuz-Bewegung in Israel gehörte. Dort befinden sich große Film- und Fernsehstudios, in denen Soaps und Shows produziert werden, darunter *MasterChef*, alles parallel nebeneinander.

Das Studio bestand aus einer riesigen Halle, es war beeindruckend groß. Zum ersten Mal musste ich hier auch vor laufenden Kameras kochen. Es war klar: Wer nicht vor der Kamera bestand, der wurde gleich ausgesiebt. Da konnte jemand noch so gut kochen, wenn sich kein Wort über seine Lippen wagte, kam er schlecht rüber. Bei einer solchen Show ging es nicht nur darum, die besten Köche zu casten, sondern auch um die richtigen Typen. Eine Zuschauerrate von gut 30 Prozent war angepeilt, da musste die richtige Mischung gefunden werden, mit interessanten Biografien und charismatischen Persönlichkeiten. Für mich hätte es vermutlich schlecht ausgesehen, wenn noch ein zweiter Deutscher am Casting teilgenommen hätte, mit ähnlichem biografischen Hintergrund als Anwalt und Konvertit. Einer von uns wäre nicht genommen worden. Natürlich hielt man auch Ausschau nach Klischees, einem Schwulen, einem Piloten oder einer besonders hübschen Frau, da musste ich mir nichts vormachen. Es sollte spannend bleiben, wenn mehrere Hobbyköche gegeneinander antraten.

Wir mussten zwei Gerichte zubereiten, das eine mit den Lebensmitteln, die wir auf dem Markt besorgt hatten, das andere war das Gericht, das wir schon beim Casting mitgebracht hatten, aber jetzt live gekocht. Die Juroren würden nur eins probieren, und nur wenn es nicht gut genug war, auch das zweite. Für beide Gerichte hatte ich nach den Aufnahmen auf dem Shuk eine Woche Zeit gehabt, und ich hatte zu Hause hart trainiert. Täglich bereitete ich sie zu, damit jeder Handgriff saß (zur Audition brachte man auch alle Geräte, Zutaten und Gewürze selbst mit). Nichts wollte ich dem Zufall überlassen, alles sollte sehr profimäßig aussehen.

Da ich aufgeregt war, sprach ich an diesem Tag ein Hebräisch, das einen stärkeren Akzent und mehr Fehler aufwies, als es normalerweise der Fall war. Ich merkte das selbst nach dem ersten Satz, aber die Aufregung hinterließ ihre Spuren, dagegen konnte ich nichts machen.

Doch das Lampenfieber hielt sich in Grenzen. Kurz bevor David auf die Welt kam, hatte ich mir überlegt, dass meine Angst, vor vielen Menschen aufzutreten, nicht so recht zu mir passte. Es gab keinen Grund, nicht sicher und selbstbewusst aufzutreten, und um das Problem nicht noch mit vierzig mit mir herumzutragen, hatte ich mich dafür entschieden, in der Synagoge als Vorbeter anzufangen, so wie es Ora einst prophezeit hatte. Das war mein Durchbruch. Wobei man als Vorbeter einen großen Vorteil hatte, denn ich stand zwar vorne, vor der Gemeinde, aber mit dem Rücken zu ihr. Dennoch musste ich die Texte gut auf Hebräisch aufsagen können, Stottern war da nicht erwünscht. Ich musste dabei immer an Jim Morrison denken, den Frontmann der Doors, den ich einmal sehr verehrt hatte. Auch er hatte bei den ersten Konzerten so schlimmes Lampenfieber gehabt, dass er bei den Auftritten mit dem Rücken zum Publikum sang. Und schon am nächsten Produktionstag sollte ich die Kameras nicht einmal mehr *sehen*.

Schließlich stand ich vor den vier Juroren: Haim Cohen, der Vater vieler Köche, denn er hatte unzählige von ihnen ausgebildet, Michal Ansky, die einzige Frau im Team und

Food-Journalistin, wobei sie auch eine Kochschule besucht hatte, Yonathan Roshfeld, ein weiterer prominenter Koch, und Eyal Shani, der Mann mit der Brille und der grau gelockten Mähne, bekannt unter dem Namen »Tomaten-König«, weil Tomaten Markenzeichen und Steckenpferd von ihm sind, er redet sogar mit ihnen. Er gehört zu jener Restaurantszene, die Hummus und andere Klassiker der israelischen Küche neu interpretiert, manche sprechen bei Eyal Shani auch von einem Küchenhedonismus. Vor diesen Juroren zu stehen war eine Zitterpartie. Ich kannte ihre Gesichter und ihre Namen, ich hatte ja meine Hausaufgaben gemacht und mir die vorherige Staffel angesehen. Bis auf Michal Ansky, die eher in meinem Alter war, schätzte ich die drei Herren um mindestens eine Generation älter, und Eyal Shani, der Philosoph unter den Juroren, ging bestimmt schon auf Mitte fünfzig zu.

Es war kaum zu glauben, ich wurde mit Lob überschüttet, es hätte kaum besser laufen können. Sogar Yonathan Roshfeld, kompakt mit Glatze, der ein sehr begabter Koch ist, aber auch hart austeilen und verletzend sein kann, wenn ihm etwas nicht gefällt, sagte einen unglaublich coolen Satz über das, was ich der Jury vorgesetzt hatte: »So sieht das Gericht aus, das in der dritten Staffel von *MasterChef* gewinnen sollte.« Und dann fügte er nach eine Pause mit einem Lächeln hinzu: »Von mir aus kannst du eine halbe Stunde vor dem Finale wiederkommen.«

Wow! Das ging runter wie Öl! Ich musste an Dana denken, ohne die ich nie hier angetreten wäre, an den Segen des Mekubal, und in diesem Moment machte ich meine Teilnahme bei dieser Show zu meiner eigenen Sache. Ich hatte mich warmgelaufen, nun wollte ich mich richtig reinhängen, ich wollte alles geben.

An diesem Tag hatten mich Dana und David ins Studio begleitet. Hinter einer verspiegelten Scheibe hatten sie zugesehen, wovon ich aber nichts wusste – das taten sie erst wieder beim Finale. Nachdem die Audition vorbei war, umarmte ich die beiden glücklich. »Ich tue das für dich, kleiner Mann«, flüsterte ich David ins Ohr.

Als wir gerade gehen wollten, schob jemand den Rollwagen an uns vorbei, auf dem noch mein Gericht stand, die Juroren hatten nicht alles aufgegessen.

»Meinst du, dass ich davon probieren kann?«, fragte Dana.

»Klar«, sagte ich. »Die Studiomitarbeiter werden es sonst wegwerfen.«

»Super«, sagte sie, nachdem sie gekostet hatte, »das ist dir wirklich toll gelungen.«

Danas Enthusiasmus machte mich noch froher, auf der Fahrt nach Hause war ich regelrecht berauscht – ein bisschen war ich, zugegebenermaßen, auch begeistert von mir selbst. Kein Wunder, denn meine Erwartungen waren vollends übertroffen worden. Ich hatte es nicht nur unter die hundert Teilnehmer geschafft, die in den Wettbewerb einsteigen würden, sondern einer der Juroren hatte mich sogar schon im Finale gesehen. Was war denn da los?

Wir legten David, als wir zu Hause angekommen waren, ins Bett, und Dana und ich feierten noch ein wenig, Schließlich gingen auch wir schlafen, doch nach wenigen Stunden wachte ich auf, stockduster war es noch draußen. Ich war energiegeladen, ich brauchte nicht die geringste Anlaufzeit, um aus dem Bett zu springen. Dana schlief noch, David ebenso, leise verließ ich die Wohnung, um die beiden nicht zu wecken. Im Treppenhaus nahm ich vor lauter Seligkeit drei Stufen auf einmal. Mein Ziel war der Strand, beim Spazieren ertappte ich mich dabei, wie ich beschwingt Pirouetten drehte. Doch da hielt ich inne und dachte: Halt, so geht das nicht. So kannst du keinen Kochwettbewerb gewinnen. Man hat dir gesagt, dass du gewinnen könntest, aber das heißt noch lange nicht, dass du ihn auch gewinnen wirst. Erst eine halbe Stunde vor dem Finale wieder aufzutauchen, das geht bei einer solchen Show nicht, das ist Blödsinn. Du hast dich bis dahin noch gewaltig anzustrengen. The road is long.

Was auch stimmte. Gut vier Monate konnten noch vor mir liegen mit wöchentlich zwei Produktionstagen, die bis zu zwanzig Stunden dauerten sollten – wenn ich jeweils weiterkam. Das war ein richtig, richtig langer Weg – und ich drehte jetzt schon Pirouetten. In welchem Film befand ich mich denn? Blieb ich auf diesem Trichter, würde ich gleich beim nächsten Mal aus der Sendung fliegen.

Ich versuchte mich zu fangen, mich zu sortieren. Willst du den Titel »MasterChef«? Willst du kochen? Wills du dein Bestes geben? Alle Fragen konnte ich mit einem Ja beantworten.

Ich lebte inzwischen seit sieben Jahren in Tel Aviv, war schon vorher in dieser Stadt gewesen, aber noch nie hatte ich hier eine Sternschnuppe gesehen. Als ich an diesem frühen Morgen, mich selbst zur Ordnung rufend, ans Wasser ging, fiel eine Sternschnuppe vom Himmel. Eine Sternschnuppe in diesem Gefühlswirrwarr! Sofort wünschte ich mir was: Ich will MasterChef werden. Völlig klar. Im nächsten Moment dachte ich: Du wünscht dir von einer Sternschnuppe, dass du MasterChef wirst, wie verrückt ist das denn? Wenn ich etwas wollte, konnte ich jederzeit dafür beten.

Ich entschuldigte mich bei Gott dafür, dass ich an Sternschnuppen geglaubt und mich nicht an ihn gewandt hatte. Gleichwohl hatte es die Sternschnuppe gegeben, und spontan hatte ich auch einen Wunsch ausgesprochen, was mir bewies, dass ich es wirklich wollte – und hatte Gott nicht auch die Sterne geschaffen?

18 ISRAELS MENSCHEN UMARMEN EINEN DEUTSCHEN

»Und jetzt einen Meter zurücktreten und an die nächste Kochstation gehen.« Langsam steigerte sich der Schwierigkeitsgrad. Wieder waren wir aufgefordert worden, die Zutaten von zu Hause mitzubringen, nur musste ich nun von meinen Plänen ablassen und mit Dingen weitermachen, die jemand anderes herangeschleppt hatte. Was für ein Gericht hatte dieser jemand sich aber vorgestellt? Keine Ahnung. Ich musste das selbst herausfinden. Einige Sachen durfte man sich noch aus unserem kleinen Supermarkt holen, das betraf jedoch nur Basisprodukte, Mehl, Öl, Eier etc.

Und vor mir lag ein Fisch, dazu haufenweise Gemüse. Das Gemüse war toll, frisch und knackig, aber der Fisch roch, war wässrig und porös und fing auch langsam an zu zerbröseln. Es war tiefgefrorener Fisch, der inzwischen aufgetaut war. Unbegreiflich, wie man so etwas zu einem Kochwettbewerb mitbringen konnte. Es war ein älterer Mann gewesen, so um die siebzig, er hatte sich sicher etwas dabei gedacht. Es war unmöglich, den Fisch zu verwenden, also musste ich es mit einem vegetarischen Gericht versuchen. Ich hatte keine Zeit gehabt, mich darauf vorzubereiten, ich konnte mich nicht mit Dana beraten, niemanden anrufen, nicht auf meinem Handy googeln – wie an jedem Produktionstag hatten wir vor dem Beginn unsere Mobiltelefone abgeben müssen. Meine Mission bestand darin, bei null zu beginnen. Eine halbe Stunde vor dem Finale vorbeikommen – das sollte ich mal schleunigst vergessen.

Angesichts dieser Herausforderung dachte ich: Du brauchst mehr Wissen. Dringend. Du musst flexibler werden und alles noch ein bisschen ernster nehmen. Einen Freund aus Israel, Martin, der gerade in Deutschland war, bat ich noch am selben Abend, ein paar Kochbücher mitzubringen, aber nicht die üblichen Kochbücher mit Rezepten, die jeder im Schrank stehen hat, sondern Kochbücher, die für Auszubildende in der Kochlehre geschrieben wurden, mit allen erdenklichen Techniken. Dazu noch einen Satz mit Büchern, die von Gourmetköchen verfasst waren. Martin schleppte gut acht Kilogramm Bücher mit, ohne sich zu beschweren, und rettete damit den Wettbewerb.

Mit meinem vegetarischen Gericht, das ich aus dem Gemüse zubereitet hatte (den Fisch ließ ich links liegen), war ich nicht durchgefallen, aber von einer Sensation keine Spur. Immerhin war ich noch dabei.

Jeden Tag setzte ich mich nun mit meinen endlich aus Deutschland eingetroffenen dicken Büchern ins Café und lernte mehrere Stunden lang komplizierte Rezepte, um sie dann zu Hause nach meiner Vorstellung auszuprobieren, mit den entsprechenden Grundtechniken des Kochens. Nach einer Weile legte ich mir ein DIN-A5-Heft an, in dem ich alle möglichen Ideen aufschrieb, Techniken, Zusammenstellungen und Geschmackskombinationen, dazwischen fertigte ich Zeichnungen an – ohne dieses Ringbuch wäre ich kaum so weit gekommen, da bin ich mir sicher. Gerade beim Backen hatte ich einiges nachzuholen, ich war Koch und kein Konditor. Backen war Danas Metier. Mit anderen Worten: Ich musste auch auf diesem Gebiet fit werden und mir eine Menge aneignen. All die vielen Teigformen, die konnten einen schaffen. Hierbei war es nicht möglich – anders als beim Kochen –, sich auf seine Intuition zu verlassen. Ich lernte für eine Reihe von Teigen die Zutaten, ihre Proportionen sowie die Zubereitung auswendig, um im Notfall darauf zurückgreifen zu können.

Ich fing bald an, von Rezepten zu träumen. Morgens wachte ich mit einem Kribbeln im Bauch auf, am liebsten hätte ich gleich losgelegt. Ich schaffte mir einiges an Geräten an, dabei fühlte ich mich wie ein Kind im Spielzeugladen. Bei schweren Aufgaben und in schwachen Momenten tröstete ich mich damit, dass es auch die anderen Kandidaten bei dieser Kochmission nicht leicht hatten. Ich sagte mir: »Du musst nicht das beste Gericht der Welt machen, du musst auch nicht das beste Gericht von allen machen, du musst nur besser sein als ein anderer, den sie dann nach Hause schicken.« Am Ende jedes langen Produktionstags schied immer ein Kandidat aus und wurde feierlich und mit viel Emotion verabschiedet. Derjenige wollte ich nicht sein, aber man wollte beim Marathon auch nicht als Vorletzter durchkommen. Dennoch hatte es etwas Beruhigendes, dass man nicht das Gericht des Jahres erfinden musste, um weiterzukommen. Und meistens lief es ohnehin so gut, dass ich gar nicht in die Nähe der Abschussplätze gelangte.

Das Tempo wurde schneller und schneller, die Tage länger und länger. Morgens um fünf wurden wir nun mit dem Taxi abgeholt, das mich nach Neve Ilan fuhr. Ich fühlte mich ein bisschen wichtig, wusste aber, dass man dadurch einzig gewährleisten wollte, dass die Kandidaten auch tatsächlich kamen und nicht verschliefen. Bei Ankunft im Studio wurde einem wie jedes Mal als Erstes das Handy abgenommen. So wollte man auch den Kontakt zur Familie und zu Freunden unterbinden, bei denen man etwa Druck hätte ablassen können. Die Sendung lebte von Emotionen, die Kandidaten sollten Gefühle zeigen, zusammenbrechen, weinen. Und Emotionen zeigte man nur vor Kameras, wenn man nicht vorher mit nahen Menschen über die eigene Verunsicherung, über das Aufgewühltsein gesprochen hatte, hatte ein Gericht etwa nicht funktioniert. Das frühe Aufstehen gehörte auch zur Strategie, müde Menschen ließen ihren Tränen eher freien lauf. Ebenso war der Umgangston rau, manchmal wurde man herumkommandiert, als wäre man in einer Armee.

Im November gab es noch die »Operation Wolkensäule«, eine Militäroffensive mit Luftangriffen gegen die Hamas im Gazastreifen, mit der die israelische Regierung auf verstärkten Raketenbeschuss durch die palästinensische Terrororganisation reagierte. Der Gazakrieg war ein Dauerkonflikt seit vielen Jahren, und bis mal wieder ein Waffenstillstand beschlossen wurde, am 21. November 2012, musste die Produktion gestoppt werden, weil viele der Studiomitarbeiter Soldaten der Reserve waren. Man hatte sie eingezogen.

Danach ging es mit der Sendung weiter, und kam ich nachts um zwei, drei Uhr nach Hause, war ich völlig erledigt und ziemlich kurz angebunden. Dana wollte alles genau wissen, konnte nie genug hören, wie es verlaufen war, was ich gekocht hatte. Maulfaul erwiderte ich nur: »Ich habe es geschafft. Ich bin in der nächsten Runde.« Außerdem war ich hungrig, wir kochten alle die tollsten Gerichte, die aber nur die Juroren vorgesetzt bekamen, wir Kandidaten wurden mit Sandwiches oder einem faden Kantinenessen abserviert – bis ich anfing, mir parallel zum Jurorenessen etwas zu köcheln. Natürlich wurde das bemerkt: »Tom, was kochst du denn da? Ist das auch für die Juroren?« Meine Antwort: »Nein, das mache ich für mich, ich habe Hunger.« Ich war der Einzige, der dafür Zeit fand. Die anderen aßen weiter ihre trockenen Sandwiches.

Wir hatten in unserem »Delikatessenladen« die besten Fische und Fleischstücke, die konnte ich nicht unbeachtet liegen lassen. Und je länger der Wettbewerb dauerte, umso mehr mussten wir unsere letzten Reserven aktivieren. Um genügend Kraft zu behalten, war eine gute Ernährung notwendig, sportliche Betätigung und viel Schlaf, den wir aber kaum an den Produktionstagen bekamen, sodass ich mich bei jeder sich bietenden Gelegenheit im Studio in eine Ecke kauerte und wegdämmerte.

Ich verglich meine Teilnahme an dieser Kochmission oft mit einem Assessment-Center, sie kam mir wie ein langes Bewerbungsgespräch mit vielen Herausforderungen vor, nie hatte ich das Gefühl, hier einfach nur zu kochen. Schließlich ging es darum, mich als Deutscher beim israelischen Volk zu bewerben, auch darum, angenommen zu werden in diesem neuen Beruf, in dem ich mich gerade zu etablieren versuchte. Es war also kein Wunder, dass ich mich so intensiv in die ganze Sache hineinbegeben hatte, mit einem viel höheren Anspruch an mich selbst, als einfach nur das nächste Gericht gut zu kochen.

MasterChef wird zu einem Teil vorproduziert. Die erste Sendung wurde ausgestrahlt, als wir ungefähr zwei Monate im Studio hinter uns hatten (danach konnte man wöchentlich zwei Sendungen im Fernsehen verfolgen). Bis zu diesem Zeitpunkt hatte keiner von uns gewusst, wie das Publikum die einzelnen Kandidaten aufnahm. Wir waren weit gekommen – aber wie wurden wir wahrgenommen? Als ich nach der Erstausstrahlung, in der auch meine Audition zu sehen war und ich meine Geschichte erzählt hatte, am nächsten Morgen wie gewohnt gegen Viertel vor sechs in die Synagoge ging, hielt vor ihr ein Müllfahrzeug. Von dem Auto sprang einer der Männer ab, um eine Mülltonne in die Kippvorrichtung zu heben. Als er mich sah, hielt er inne und sagte: »Dich habe ich doch gestern im Fernsehen gesehen. Du bist der Deutsche. Du warst super.« Ich dachte: Das wird ja noch lustig.

Es dauerte ein wenig, bis ich realisierte, dass die Reaktionen durchgehend positiv waren, und das bezog sich nicht nur auf meine Gerichte, sondern auch auf meinen Lebensweg. Ich erfuhr regelrecht eine Umarmung von den Israelis, und das durch alle Altersstufen hindurch. Und selbst im ultraorthodoxen Viertel Bnei Brak wurde ich angesprochen, wenn ich dort spazieren ging, was mich überraschte, denn seit wann sahen Ultraorthodoxe fern?

Und in einer Autowerkstatt sagte ein Mechaniker ganz spontan, als er mich erblickte: »Du bist unser Held.« Es erwärmte mein Herz, denn er hatte nicht »Du bist ein Held« gesagt, sondern »Du bist *unser* Held«. Zwar war ich in Tel Aviv konvertiert, hatte Dana geheiratet und wir hatten zusammen ein Kind, aber einen richtigen Anschluss hatte ich in der israelischen Gesellschaft noch nicht gefunden, und der war auch schwer zu finden. Doch nun war ich nirgendwo mehr sicher, nicht in Tel Aviv, nicht in drusischen Dörfern im Norden oder in arabischen Vierteln in Jerusalem.

Und als ich einmal an einem nebligen Morgen am Strand entlangging, traf ich auf Jugendliche, die um ein Lagerfeuer saßen. »Hey Tom!«, riefen sie mir zu, und als ich zu ihnen trat, meinten sie: »Bislang hatten wir immer schlecht über die Deutschen gedacht, nie wären wir auf die Idee gekommen, einmal nach Deutschland zu reisen, aber du hast uns ein völlig anderes Bild von deiner Heimat vermittelt, wir denken jetzt anders über Deutschland.« Vor Beginn von *MasterChef* hatte ich Angst gehabt, die Zuschauer könnten wegen der Schoah schlecht über mich denken, aber dass Jugendliche allein durch meinen Auftritt plötzlich ihre Meinung radikal über Deutschland änderten, damit hatte ich nicht gerechnet, das haute mich beinahe um.

Noch mehrmals sollte mir das passieren. Manche älteren Menschen sprachen mich an: »Ich habe den Holocaust überlebt, ich habe die jahrzehntelangen Bemühungen von Deutschland mitverfolgt, die Reparations- und sonstige Zahlungen, doch nie habe ich das annehmen können, nie hat mir das etwas gegeben, aber dein Weg, den du gegangen bist, das versöhnt mich mit dem Land.« Oder: »Meine Mutter war in dem und dem Lager in Deutschland gewesen, dann wanderte sie nach Israel aus, und sie hat jetzt so viel Freude an deinem Essen, das sie an ihre Kindheit erinnert.«

Wenn ich so etwas hörte, bekam ich eine Gänsehaut. Dass ich solche Gefühle auszulösen vermochte, schöner konnte es nicht sein, zumal ich das Gegenteil befürchtet hatte. Es ging weit über das hinaus, was ich mir überhaupt je hätte erträumen können. Es war eine wunderschöne Erfahrung.

Es gab auch einige Anrufe von Leuten, die mir alte Kochbücher auf Deutsch anboten. Sie sagten: »Meine Kinder können kein Deutsch, die werden sie nicht benutzen, wenn ich nicht mehr am Leben bin, sondern nur wegwerfen. Das wäre aber schade.« Ich fuhr zu diesen Menschen hin, und es waren unglaubliche Schätze, die sie mir in die Hand drückten. Kochbücher waren darunter, die Mitte des 19. Jahrhunderts veröffentlich wurden, andere stammten aus der Zeit kurz vor der Schoah, aus Deutschland, Ungarn und Österreich, überall, wo deutschsprachige Juden gelebt hatten. Die Bücher zeugten von einer Hochkultur der jüdischen Küche, sie waren gefüllt mit den tollsten Rezepten, alles ohne Bild, was heute nicht mehr verkäuflich wäre.

Eines der Kochbücher war in Berlin gedruckt, und hinten entdeckte ich Seiten mit Werbeannoncen von allen möglichen jüdischen Geschäften in der Stadt, eine Anzeige pries gekühlte Lieferungen von frischem Fleisch. In diesen Annoncen spiegelte sich ein Teil des Berliner jüdischen Lebens wider, als es noch intakt war, bevor es die Nazis zerstörten. Ich dachte daran, diese alten Rezepte in moderne zu verwandeln und sie mit Fotografien zu versehen, um dieser Küche im Nachhinein eine Ehre zu erweisen, um sie für nachfolgende Generationen zu bewahren. So ein Buch zu machen wäre ein Traum von mir.

Den Zuschauern fiel übrigens besonders mein geordnetes, akkurates Arbeiten auf, wie ordentlich und sauber ich doch meine Kochstation halten würde, wie präzise ich mit dem Messer umgehen würde. Ich benutzte einen Timer und ein Thermometer, um beim Frittieren genau zu gucken, welche Temperatur das Öl hat, oder um beim Fleisch den Gargrad auf den Punkt zu treffen. Ich verwendete spezielle Ringe, um Speisen eine Form zu geben. Ich malte Muster auf die Teller mit großer Präzision und Eleganz. Mit Letzterem überraschte ich mich selbst, nie hatte ich das zuvor gemacht, aber meine neue Kreativität, die durch die Sendung geweckt worden war, fand auch auf dem Teller ihren Ausdruck. Meine ordentliche Arbeitsweise hätte auf Missfallen stoßen können: »Typisch deutsch!« Doch die meisten gaben offen zu: »Man kann von Tom eine Menge lernen.«

Auch mein Glaube hätte auf Ablehnung stoßen können, denn die israelische Gesellschaft ist sehr gespalten, was die religiösen und säkularen Juden betrifft. Es gibt viele Spannungen, die Säkularen wollen den Einfluss der Ultraorthodoxen zurückdrängen, kämpfen gegen die Geschlechtertrennung an (manche Haredim weigern sich, in Bussen, Flugzeugen, Arztpraxen etc. neben Frauen zu sitzen), empören sich, weil viele von ihnen vom Militärdienst befreit sind und selten arbeiten, sie wünschen sich für ihre Kinder lieber einen christlichen Partner als einen ultraorthodoxen. Mancherorts wird sogar von Polarisierung gesprochen. Ich bekam von einem säkularen Juden nach dem Finale zu hören: »Tom, du hast es geschafft, während der gesamten Sendung nicht einen einzigen Nichtreligiösen zu verärgern. Keinem war deine Religion zu viel.« Ich hatte einen Balanceakt absolviert, ohne dass dieser planbar gewesen wäre. Ich hatte meinen Glauben nicht verschwiegen, aber ihn auch nicht zum Thema gemacht – höchstens mal zum Himmel geschaut, um mit Gott zu kommunizieren.

19 WUSSTE ICH DOCH – GOTT KANN MICH ERNÄHREN

Mein Leben nach *MasterChef* veränderte sich komplett, und es hat noch längst nicht damit aufgehört. Ein gewaltiger Prozess, den ich mir in seinen Ausmaßen nie hätte vorstellen können.

Seit meinem Sieg werde ich sowohl in Deutschland wie in Israel in Talkshows eingeladen. Ich koche in Deutschland in Michelin-Restaurants, mache Events, das größte, an dem ich teilnahm, fand im Intercontinental Hotel in Berlin statt, dort kochte ich für tausend Teilnehmer der jüdischen Gemeinde ein koscheres Galadinner. Auch das Jüdische Museum in Berlin meldete sich bei mir, man plane eine Sonderausstellung über modernes jüdisches Leben, ob ich dazu nicht Einiges beisteuern könne, etwa meine Kochschürze vom *MasterChef* und mein erstes Kochbuch, das ich inzwischen herausgebracht hatte. Der deutsch-französische Kultursender ARTE produzierte eine mehrteilige Dokumentation über die israelische Küche, die ich selbst moderierte. Und zwei Kochbücher von mir über die israelische Küche sind mittlerweile im AT Verlag erschienen.

In meiner neuen Heimat engagierte man mich – als ersten Deutschen – als Werbeträger für verschiedene internationale Marken. Im August 2017 wurde ich sogar Werbeträger für die Getränkemarke Pepsi. Ich veröffentliche seit Jahren meine Rezepte regelmäßig in verschiedenen Magazinen.

Zu meiner Überraschung wurde ich nun für Synchronsprechen gebucht, wurde als Handmodel nachgefragt und wurde doch tatsächlich Presenter für Ptitim. Lustig war, dass ich in der besten Satiresendung »Eretz Nehederet« –

zum Glück vorteilhaft – karikiert wurde und Kinder sich an Purim (ein fröhlicher Feiertag, an dem man sich unter anderem verkleidet) als MasterChef Tom verkleideten.

Schon kurz nach *MasterChef* kamen die ersten Anfragen, Vorträge über meine Lebensgeschichte zu halten. In Schulen, Gemeinden, Torah-Schulen, vor Soldaten, Kriegsversehrten, Terroropfern, Holocaustüberlebenden, Journalisten, Touristen, Politikern und Mitarbeitern von Hightech-Firmen erzählte ich meinen Weg nach Israel und zum *MasterChef* – auf Deutsch, Englisch und Hebräisch. Besonders beliebt sind meine Kochpräsentationen und Workshops.

Die Teilnahme an der Kochshow war zu einem Sprungbrett zu einer ganz neuen Karriere geworden, die sich inzwischen verselbstständigt hat und unsere inzwischen gewachsene Familie ernährt. Das habe ich Dana zu verdanken. Sie entdeckte mein Talent, förderte es und unterstützte mich.

Dana ist inzwischen meine Managerin, kümmert sich um meine Termine und Produktionen, für ihr eigenes Modelabel hat sie bislang keine Zeit gefunden. Seinerzeit hatte sie ihren Beruf als PR-Beraterin aufgegeben, weil ihre Kunden nicht koscher waren, heute hat sie ihren koscheren MasterChef, für den sie ihr Wissen einbringt.

Immer wieder werde ich gefragt, ob ich nicht ein eigenes Restaurant aufmachen oder in einem Lokal mit einsteigen möchte, ungefähr fünfzig solcher Angebote habe ich in den letzten Jahren erhalten. Ich bin kein Fantast, bin viel zu realistisch, um mir die Arbeit in einem Restaurant schönzureden. Und als ein Mensch, der auf Gott vertraut, sagte ich mir: Wenn Gott derjenige ist, der mich ernährt und mir mein Einkommen verschafft, dann braucht er dafür kein Restaurant, das kann er auch anders machen. Und so kam es, dass ich noch kein Restaurant eröffnet habe und mehr Zeit für meine Familie habe, als wenn ich bis spät in die Nacht kochen würde.

Dennoch träume ich davon, irgendwann in Deutschland ein koscheres Restaurant mit der tollen Israelischen Küche zu führen.

Der Ausstieg aus Deutschland und meine Konversion waren für meine Eltern am schwersten nachzuvollziehen gewesen. Vieles blieb für sie unverständlich, und sicher hatten sie Probleme damit, zu erzählen, was ich machte. Dass ich am *MasterChef* teilnahm, erzählte ich ihnen erst, als der Artikel in »Die Welt« bevorstand. Im Internet sahen sie sich die letzten Folgen und das Finale an, freuten sich, als zum Schluss Konfetti auf meinen Kopf rieselte. Aber erst als dann der Medienrummel losging und ich im deutschen Fernsehen auftrat, bekamen meine Eltern von allen Seiten zu hören: »Es ist toll, was euer Sohn macht, ganz was Besonderes.«

Im Jiddischen gibt es den Ausdruck »Nachat«, der für Freude und Genugtuung am eigenen Nachwuchs steht. Es ist ein wunderschönes Wort. Meine Eltern bekamen auf einmal das, was ich ihnen durch meinen Ausstieg genommen hatte. Sie waren auf einmal zufrieden und stolz auf mich und konnten allen erzählen, was ich mache – wenn sie es nicht eh schon wussten. Allein dafür hat es sich gelohnt, beim *MasterChef* mitzumachen.

EPILOG

Vor einigen Jahren legte mir jemand im Kolel, während des Minchagebets, dem Nachmittagsgebet, von hinten ein Buch vor mich. Da man sich bei der Amida, dem Hauptgebet, nicht ablenken lassen darf, sah ich nicht, wer dies gemacht hatte – und ich erfuhr es auch nie. Nach dem Gebet schaute ich mir das Buch an, eine alte Ausgabe des Psalmenkommentars von Rabbi Samson Raphael Hirsch. Schon lange hatte ich nach ihm gesucht, da er im Original auf Deutsch geschrieben war. Obwohl ich mich sehr über das anonyme Geschenk freute, dauerte es noch bis zum Sommer 2016, dass ich das Buch tatsächlich zur Hand nahm und darin las. Ich wählte den Psalm »Der Herr ist mein Hirte«, weil wir den beim Kabbalat Schabbat in einer wunderbaren alten Melodie singen. Da die Ausführungen mich tief bewegten, las ich sie mehrfach, aber danach blieb das Buch wieder unangetastet liegen.

Im selben Jahr, am 17. November, fuhr ich mal wieder nach vielen Monaten der Abstinenz nach Jerusalem. Ein Freund aus Schulzeiten, Christoph, den ich seit damals nicht mehr gesehen hatte, war in Israel und hatte sich bei mir gemeldet. Ich schlug vor, ihm die Altstadt zu zeigen. Um halb vier in der Frühe stand ich auf und packte meine Sachen, um beim »Nets« an der Klagemauer zu beten, danach hatte ich mich mit Christoph verabredet.

David schlief unruhig, sodass Dana wach wurde, als ich noch beim Zusammenräumen meiner Sachen war. Wir beide kümmerten uns um David, redeten mit ihn, redeten miteinander, auch als unser Sohn längst wieder eingeschlafen war. Bis ich schließlich losfuhr, war es zwei Sunden später. Das Schacharit beim Nets würde ich nicht mehr schaffen.

Mein Stammparkplatz unterhalb des King David Hotels war wegen Bauarbeiten gesperrt, und so stellte ich das Auto neben dem Restaurant Teenim im pittoresken Yemin-Mosche-Viertel ab und lief in Richtung Zionsberg. Ich gelangte bis zur Hebronstraße, als mir der Gedanke kam, doch auf dem Zionsberg selbst besser parken zu können. Also drehte ich um und lief die fünf bis zehn Minuten zurück zum Auto. Mittlerweile war es Viertel vor sieben.

Über die nun schon recht belebten Straßen fuhr ich am Hotel vorbei und hielt an der Ampel gegenüber der Montefiore-Windmühle. Schließlich startete ich, und als mehrere Autos hupten, wurde ich gewahr, dass ich bei Rot losgefahren war. Ich befand mich mitten auf der Kreuzung. Ich fuhr aber einfach weiter, ohne abzubremsen. Gott sei Dank gab es keinen Unfall, ich kollidierte mit keinem Auto. Alles war so schnell gegangen, dass mein Adrenalin nicht mal Zeit gehabt hatte hochzuschnellen.

Ich blickte in den Rückspiegel. War ein Polizeiauto mit Blaulicht hinter mir her? Nichts. Ich atmete tief durch und sagte zu mir selbst: »Was ist denn mit dir heute los? Fünfundzwanzig Jahre unfallfrei, und jetzt machst du so was?! Und überhaupt, wieso bist du nicht früher von Tel Aviv losgefahren? Wieso hast du nicht den Wagen stehen lassen, wo er geparkt war? Du könntest schon an Davidsgrab sein.« Dort pflegen Chassidim Psalmen und insbesondere den Tikkun HaKlali zu lesen, eine Zusammenstellung von zehn Psalmen des Rabbi Nachman von Breslow, die – wie der Name schon andeutet – zum Tikun förderlich sein sollen. Ich bedankte mich bei HaSchem, dass mir nichts passiert war.

An König Davids Grab las ich den Tikkun HaKlali. Da König David der Verfasser der Psalmen ist, gibt es keinen besseren Ort auf der Welt, um sie dort zu lesen. Normalerweise sind hier rund um die Uhr Betende zu finden, aber heute Morgen war ich fast alleine.

Anschließend machte ich mich auf den Weg zur Klagemauer, wo ich im Minjan beten wollte. Ich hatte den Gebäudekomplex mit den vielen alten Mauerbögen noch nicht verlassen, als mir plötzlich einfiel, dass ich doch noch an König Davids Grab Schacharit beten könnte. Ich kehrte zum Grab zurück.

Angekommen packte ich meinen Tallit aus, um ihn anzulegen. In diesem Moment klingelte das Telefon. Mein Vater. Halb acht. Etwas früh, dachte ich.

»Guten Morgen, Papa.«

»Hallo Thomas. Ich habe gerade einen Anruf aus dem Krankenhaus bekommen. Mama ist heute Morgen nicht aufgewacht.«

Ich reagierte viel betroffener, als ich das nach den letzten Jahren, in denen sie viele Wochen im Krankenhaus gelegen hatte, erwartete hätte. Ihr Zustand war zuvor besser geworden, niemand hatte damit gerechnet, dass sie schon gehen würde. Die Nachricht traf mich völlig unvorbereitet. Es musste kurz vor Beginn des Tages passiert sein, die Ärzte wussten den genauen Zeitpunkt jedoch nicht.

Jetzt hatte ich nur einen Gedanken. Kaddisch sagen. Kaddisch ist das Heiligungsgebet, das zum Totengedenken gesprochen wird, aber nur im Minjan gesagt werden darf. Ich ging, nein, ich rannte schluchzend Richtung Klagemauer. Noch auf dem Weg dorthin setzte sich der seltsame Verlauf des Morgens mit der Todesnachricht in meinem Kopf in Beziehung.

Was hatte HaSchem nicht alles angestellt, damit mich die Nachricht vom Tod meiner Mutter in Jerusalem, am Grab Davids, erreichen würde. Ich würde einen Ort haben, um meiner Mutter zu gedenken, an dem ich in Zukunft für sie Psalmen würde lesen können. Und heute Morgen würde ich an der Klagemauer das erste Kaddisch für sie sprechen können.

Noch bevor ich an der Klagemauer ankam, erfüllte mich tiefe Dankbarkeit in dieser schweren Stunde. Ich fühlte, dass Gott bei mir war.

Aber nun musste ich einen Minjan finden. Als ich die Klagemauer erreichte, fing mich sogleich ein Ultraorthodoxer ab und fragte: »Minjan?« Ich nickte, und er führte mich zu einer Gruppe Männer, die auf den Zehnten gewartet hatten, um anfangen zu können.

Während des Gebets erinnerte ich mich an die rote Ampel. Ich wusste in diesem Moment, dass dies der Zeitpunkt gewesen war, in dem meine Mutter gegangen war. Und ich wusste noch etwas – und bekam eine Gänsehaut. Ich wusste, dass mich meine Mutter auf irgendeiner seelischen Ebene beschützt hatte, wenn nicht gar ihr Leben für meines eingewechselt hatte. Ich sollte leben.

Nach dem Gebet war ich so gefestigt und ruhig, dass ich um neun Christoph treffen und ihm die Altstadt zeigen konnte. Mein Vater rief kurz darauf an und bat: »Thomas, ich weiß, wie stolz deine Mutter auf dich war und wie du deinen Glauben lebst. Ich bin sicher, sie würde wollen, dass du Kaddisch für sie sprichst.« Ich sagte ihm, dass ich das machen würde, ein Jahr lang, bei jedem Gebet im Minjan.

Ich buchte Flüge und machte mich auf die Reise zur Beerdigung meiner Mutter, die am kommenden Schabbat beigesetzt werden sollte. Ich legte den Psalmenkommentar von Hirsch in meinen Koffer, da ich mir vorstellen konnte, eventuell das Bedürfnis zu haben, Psalmen zu lesen.

Als ich bei meinem Vater ankam, verabschiedete sich gerade der Diakon, der die Beisetzung halten würde. Mein Vater hatte ihm erzählt, dass ich konvertiert sei und deswegen nicht beim Gottesdienst in der Kirche teilnehmen würde. Der Diakon hatte daraufhin vorgeschlagen, dass ich doch in der Totenhalle einen Psalm vorlesen könne. Er schlug Psalm 23 vor.

Psalm 23 sagte mir nichts, weil die Psalmen in jüdischer Liturgie mit hebräischen Buchstaben nummeriert werden und nicht mit arabischen Zahlen.

Am nächsten Tag packte ich meinen Koffer aus und fand den Psalmenkommentar. Ich brauchte nicht lange zu suchen, denn das Buch öffnete sich da, wo ich ein Lesezeichen hatte liegen lassen: »Der Herr ist mein Hirte« – Psalm 23. Selbstverständlich würde ich den Psalm vortragen, auf Deutsch und Hebräisch, und sogar singen würde ich ihn.

Am Freitag vor der Beerdigung nahm ich mir eine Torah, um den Wochenabschnitt vorzubereiten. Es war der Abschnitt »Chaje Sara«, die Leben Saras, jener Abschnitt, der von Saras Tod, Abrahams Trauer und davon, wie Abraham die Doppelhöhle Machpela von Efron kauft, berichtet.

Beim Lesen der Geschichte wurde mir die Parallelität bewusst: Wie mein Vater diese Woche mit den Vorbereitungen für die Beerdigung und dem Auswählen der Grabstelle beschäftigt gewesen war. Ich war Thomas, der Sohn von Manfred und Karin. Aber seit meiner Konversion war ich Tom ben Abraham und Sara. Der Kreis schloss sich.

Ich bedanke mich vor allem bei meiner geliebten Frau Dana, ohne die ich nicht der Mann wäre, der dieses Buch schreiben durfte. Dank gilt allen am Gelingen des Buches Beteiligten, vor allem Thomas Schmitz, Programmleiter des Verlages, meiner wunderbaren Ghostwriterin Regina Carstensen, der freundlichen Agentur Drews und meinem Freund und Fotografen Daniel Laylah.

Für alle Lebensliebhaber bietet das Gütersloher Verlagshaus Durchblick, Sinn und Zuversicht. Wir verbinden die Freude am Leben mit der Vision einer neuen Welt.

UNSERE VISION
EINER NEUEN WELT

Die Welt, in der wir leben, verstehen.

Wir sehen Menschlichkeit als Basis des Miteinanders:
Mitgefühl, Fürsorge und Beteiligung lassen niemanden verloren gehen. Wir stehen für gelingende Gemeinschaft statt individueller Glücksmaximierung auf Kosten anderer.

Wir leben in einer neugierigen Welt:
Sie sucht ehrgeizig und mitfühlend Lösungen für die Fragen unseres Lebens und unserer Zukunft. Wir fragen nach neuem Wissen und drücken uns nicht vor unbequemen Wahrheiten – auch wenn sie uns etwas kosten.

Wir leben in einer Gesellschaft der offenen Arme:
Toleranz und Vielfalt bereichern unser Leben. Wir wissen, wer wir sind und wofür wir stehen. Deshalb haben wir keine Angst vor unterschiedlichen Weltanschauungen.

Das Warum und Wofür unseres Lebens finden.

Wir helfen einander, uns selber besser zu verstehen:
Viele Menschen werden sich erst dann in ihrem Leben zuhause fühlen, wenn sie den eigenen Wesenskern entdecken – und Sinn in ihrem Leben finden.

Wir ermutigen Menschen, zu ihrer Lebensgeschichte zu stehen:
In den Stürmen des Alltags geben wir Halt und Orientierung. So können sich Menschen mit ihren Grenzen aussöhnen und zuversichtlich ihr Leben gestalten.

Wir haben den Mut, Vertrautes hinter uns zu lassen:
Neugierde ist die Triebfeder eines gelingenden Lebens. Wir wagen Neues, um reich an Erfahrung zu werden.

Erfahren, was uns im Leben trägt und erfreut.

Wir glauben an die Vision des Christentums:
Die Seligpreisungen der Bergpredigt lassen uns nach einer neuen Welt streben, in der Vereinsamte Zuwendung, Vertriebene Zuflucht, Trauernde Trost finden – und Gerechtigkeit, Barmherzigkeit und Frieden herrschen.

Wir geben Menschen die Möglichkeit, den Glauben (neu) zu entdecken:
Persönliche Spiritualität gibt Kraft, spendet Trost und fördert die Achtung vor der Schöpfung sowie die Freude am Leben.

Wir stehen mit Respekt vor der Glaubenserfahrung anderer:
Wissen fördert Dialog und Verständnis, schützt vor Fundamentalismus und Hass. Wir wollen die Schätze anderer Religionen kennenlernen, verstehen und respektieren.

GÜTERSLOHER VERLAGSHAUS
DIE VISION EINER NEUEN WELT

Bibliografische Information der Deutschen Nationalbibliothek

Die Deutsche Nationalbibliothek verzeichnet diese Publikation in der Deutschen Nationalbibliografie; detaillierte bibliografische Daten sind im Internet über https://portal.dnb.de abrufbar.

klimaneutral
powered by ClimatePartner°
Druck | ID 12559-1708-1001

FSC
www.fsc.org
MIX
Papier aus verantwortungsvollen Quellen
FSC® C014496

Verlagsgruppe Random House FSC® N001967

1. Auflage

Umschlaggestaltung: Gute Botschafter GmbH, Haltern am See
Umschlagmotiv: © Daniel Laylah
Fotorechte Bildteil: Seite 1: Dana Franz. Seite 2: Tom Franz (oben). Unbekannt (unten). Seite 3: Manfred Franz. Seite 4: Unbekannt. Seiten 5 und 6: Dan Perez. Seite 7: Dan Perez (oben). Chaim Afriat (unten). Seite 8: Dana Franz (oben). Tom Franz (unten). Seite 9: Yedid Levy. Seiten 10-16: Tom Franz.

Druck und Bindung: GGP Media GmbH, Pößneck
Printed in Germany
ISBN 978-3-579-08680-4

www.gtvh.de